受国家社科基金项目"新时代高校党建工作研究"(19BDJ008)资助

高校德育成果文库

GaoXiao DeYu
ChengGuo WenKu

新时代大学育人理念与实践

王清义◎著

光明日报出版社

图书在版编目（CIP）数据

新时代大学育人理念与实践 / 王清义著． -- 北京：光明日报出版社，2022.11
ISBN 978-7-5194-6922-1

Ⅰ.①新… Ⅱ.①王… Ⅲ.①高等学校—思想政治教育—研究—中国 Ⅳ.①G641

中国版本图书馆 CIP 数据核字（2022）第 214356 号

新时代大学育人理念与实践
XINSHIDAI DAXUE YUREN LINIAN YU SHIJIAN

著　　者：	王清义		
责任编辑：	宋　悦	责任校对：	阮书平
封面设计：	中联华文	责任印制：	曹　净

出版发行：光明日报出版社
地　　址：北京市西城区永安路 106 号，100050
电　　话：010-63169890（咨询），010-63131930（邮购）
传　　真：010-63131930
网　　址：http://book.gmw.cn
E - mail：gmrbcbs@gmw.cn
法律顾问：北京市兰台律师事务所龚柳方律师
印　　刷：三河市华东印刷有限公司
装　　订：三河市华东印刷有限公司
本书如有破损、缺页、装订错误，请与本社联系调换，电话：010-63131930
开　　本：170mm×240mm
字　　数：229 千字　　　　　　　印　　张：16
版　　次：2023 年 1 月第 1 版　　　印　　次：2023 年 1 月第 1 次印刷
书　　号：ISBN 978-7-5194-6922-1
定　　价：95.00 元

版权所有　　翻印必究

前　言

大学是研究学问、追求真理、培养人才的地方，承担着人才培养、科学研究、社会服务、文化传承创新、国际交流与合作的职能，新时代更好更快推进中国特色社会主义大学建设，办好人民满意的大学，需要科学回答并着力解决好办学政治方向、根本使命、中国特色三个方面问题。

习近平总书记在全国高校思想政治工作会议上指出："我们的高校是党领导下的高校，是中国特色社会主义高校。"办好中国特色社会主义大学首先要坚定正确的政治方向，这是我国高等教育事业发展的根本遵循。扎根中国大地办大学，必须坚持社会主义办学方向，全面贯彻党的教育方针，坚持和加强党对高校的全面领导，把党的领导贯穿办学治校、教书育人全过程，履行管党治党、办学治校的主体责任，坚持党管办学方向、党管改革，建立健全坚持和加强党的全面领导的组织体系、制度体系、工作机制，形成落实党的领导纵到底、横到边、全覆盖的工作格局，自觉肩负起培养社会主义建设者和接班人的重大政治任务，真正做到为党育人、为国育才，使高校成为坚持党的领导的坚强阵地。

习近平总书记强调，高校立身之本在于立德树人。中国特色社会主义的大学要紧紧围绕培养什么样的人、如何培养人、为谁培养人这一根本问题，着力在培养时代新人上下功夫，把立德树人成效作为检验学校一切工作的根本标准。高校必须紧紧抓住思想政治工作这一学校各项工作的生命线，遵循思想政治工作规律，遵循教书育人规律，遵循学生成长规律，坚持不懈用习近平新时代中国特色社会主义思想铸魂育人,坚持不懈传播马克思主义科学理论,坚持不懈培育和弘扬社会主义核心价值观,坚持不懈培育优良校风和学风,构建贯穿学科体系、教学体系、教材体系、管理体系的高质量思想政治工作体系,使青年大学生正确认识世界和中国发展趋势,正确认识中国特色,正确认识时代责任和历史使命,正确认识远大抱负,努力成为新时代的"四有"青年。

党的十八大以来,习近平总书记多次强调,高校要走在教育改革前列,要立足中国大地办大学,办好中国的世界一流大学,必须有中国特色。从高等教育改革和大学发展的实践而言,一所大学立足中国大地办出特色,要牢牢把握"四为"这一根本方向,为人民服务、为中国共产党治国理政服务、为改革开放服务、为社会主义现代化建设服务,更好地融入社会、服务社会、引领社会。高校必须理清思路,对准焦点,结合社会发展和实际,深化高等教育供给侧结构性改革,在变革中回应国家关切,主动融入社会发展,善于发现社会需求,加强政产学研协同创新,深化互利合作,彰显办学特色,培养满足社会需求和适应科技发展的高素质复合型人才,把论文写在祖国大地上,使大学成为引领社会发展的重要引擎,为实现中华民族伟大复兴提供有力支撑。

笔者在长期工作实践中,围绕上述三个方面进行了深入的理论思考和实践探索,就如何加强党的全面领导、如何落实立德树人根本任务、如何促进事业高质量发展等问题提出了一系列可借鉴、可复制的观点和经验。2015年以来,先后在《人民日报》《光明日报》《中共中央党校报告选》《学习时报》等权威报刊发表文章50多篇,既有宏观上的理论诠释,又有解决"怎么办"的方法论,对新时代大学实现全员全过程全方位育人工作具有很强的指导性。本书是把笔者理论文章和工作实践进行了系统梳理并结集成册,反映了笔者按照社会主义政治家、教育家标准严格要求自己的心路历程,也记录了笔者对开创大学思想政治工作新局面的不懈追求,更承载着笔者对办好中国特色社会主义大学的美好期盼。相信本书的出版,能给广大高等教育工作者一定的帮助和借鉴,更好地落实立德树人的根本任务,培养担当民族复兴大任的时代新人。

目 录
CONTENTS

第一编　大学党的建设工作研究

新时代党的组织路线的科学内涵和实践要求 …………………… 3

科学把握新时代加强党的建设新的要求 ……………………………… 7

发挥表率作用　推动党的建设高质量 ……………………………… 12

坚持以政治建设为统领　全面提升高校党建质量 ………………… 16

新形势下严肃党内政治生活净化党内政治生态的根本遵循 …… 22

破解高校党建难题 …………………………………………………… 36

高校党委贯彻"全面从严治党"需要着力处理好的几个问题 …… 39

认真扎实开展"两学一做"全面落实从严治党责任 ……………… 48

领导干部面对失误要敢于承担责任 ………………………………… 56

坚持党的全面领导　加强党中央集中统一领导

　为实现"十四五"经济社会发展目标提供根本保证 …………… 60

坚持党的全面领导　实现"十四五"高质量开局 ………………… 64

把学习贯彻十九届六中全会精神落实到办学治校全过程 ……… 68

第二编　大学思想政治工作研究

高校思想政治工作应遵循三大规律 …………………………………… 75

用好课堂教学主渠道　筑牢意识形态主阵地 ……………………… 78

运用新媒体新技术使高校思想政治工作活起来 …………………… 86

立德　铸魂　育人
　　——办好高校思想政治理论课　筑牢大学生成长成才思想理论根基 …… 94

以爱国主义教育筑牢立德树人之魂 ………………………………… 100

让爱国主义情怀激荡青春力量
　　——学习习近平总书记在纪念五四运动100周年大会上的重要讲话 … 104

学习孟瑞鹏精神　传递社会正能量 ………………………………… 108

以"五个结合"为抓手扎实推进"两学一做"教育 ………………… 114

坚守理想信仰　增强"四个意识" …………………………………… 117

重视理论建设　推动理论创新 ……………………………………… 121

新时代高等教育高质量发展的理论创新与实践指引
　　——深入学习《习近平谈治国理政》第三卷 ……………………… 124

担负起为党育人、为国育才的光荣使命 …………………………… 131

坚持把党史学习教育融入立德树人大课堂 ………………………… 136

明理悟道　增信铸魂　扎实推进党史学习教育 …………………… 142

推动高校党史学习教育走深走心走实 ……………………………… 154

第三编　大学基本使命与责任担当研究

培养社会主义建设者和接班人　深刻理解和把握大学的基本使命 ……… 159

办好新时代中国特色社会主义大学的思考 ……………………………… 161

认清形势　牢记使命　切实肩负起意识形态工作的主体责任 ………… 168

牢牢把握高校意识形态工作的领导权管理权话语权 …………………… 175

造就新时代高素质教师队伍 ………………………………………………… 183

法治化治理校园欺凌 ………………………………………………………… 187

对新时代做好水利教育工作的认识和思考 ……………………………… 190

围绕"水""电"两字做文章 ………………………………………………… 195

把握新时代治水要求　造就高素质水利人才 …………………………… 198

扛稳高校服务黄河国家战略的时代使命与责任 ………………………… 201

以弘扬新时代水利精神拓展特色办学的思考 …………………………… 206

建好新工科　努力开创地方高校建设新局面 …………………………… 212

弘扬红旗渠精神　凝聚决胜脱贫攻坚的强大动力 ……………………… 222

深化新时代高等教育评价改革 ……………………………………………… 224

坚持系统思维　汇聚工作合力
　　加快建设高质量高等教育体系 ………………………………………… 227

旗帜鲜明把新时代马克思主义学院建设好 ……………………………… 239

3

第一编

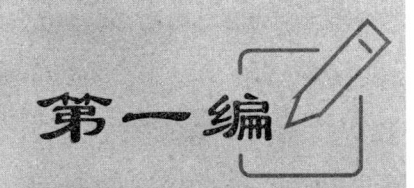

大学党的建设工作研究

新时代党的组织路线的科学内涵和实践要求[①]

2020年6月29日，中央政治局就"深入学习领会和贯彻落实新时代党的组织路线"进行集体学习，习近平总书记发表重要讲话，凸显了坚持和贯彻新时代党的组织路线的极端重要性。我们要认真学习领会习近平总书记重要讲话精神，深刻理解新时代党的组织路线的科学内涵和实践要求，以高度的思想自觉、政治自觉和行动自觉抓好贯彻落实，始终把马克思主义作为行动指南，始终坚持用马克思主义中国化最新成果武装党员干部，持续推进党的建设新的伟大工程。

一、牢牢把握组织工作的政治方向

习近平新时代中国特色社会主义思想是党和国家一切工作的根本方针，也是指引党的组织建设守正创新的指导思想。要把学习贯彻习近平新时代中国特色社会主义思想作为首要政治任务，推动各级党组织和广大党员干部把学习往深里走、往实里走、往心里走，不断提高马克思主义理论水平和运用能力，在学思践悟中坚定理想信念，在奋发有为中践行初心使命，使各级党组织始终保持统一的思想、坚定的意志、协调的行动、强大的战斗力。要自觉用习近平新时代中国特色社会主义思想指导党的组织建设，善于从政治的

[①] 发表于2020年8月26日《河南日报》理论版。

角度看问题，在大局大势中找准着力点、切入点，牢牢把握组织工作正确的政治方向，凝聚战胜一切困难的强大力量。要准确把握习近平总书记关于新时代党的组织路线重要讲话的科学内涵和实践要求，进一步加深对组织建设重要地位、政治责任、首要任务、内在规律的认识，结合工作实际善于创新，使党的组织工作更好地体现时代性、把握规律性、富于创造性。

二、始终坚持党的组织路线服务政治路线

正确的政治路线要靠正确的组织路线来保证。我们党一路走来，始终坚持组织路线服务政治路线。加强党的组织建设，就是要坚持和加强党的全面领导，为推进党的建设新的伟大工程、推动全面从严治党向纵深发展、推进中国特色社会主义事业提供坚强保证。要旗帜鲜明讲政治，教育引导党员干部增强"四个意识"、坚定"四个自信"、做到"两个维护"，严明党的政治纪律和政治规矩，严肃党内政治生活，发展积极健康的党内政治文化。要坚持把政治建设贯穿党的建设和组织工作的全过程各方面，一切工作都要朝着坚持和加强党的全面领导、坚持党中央权威和集中统一领导来推进、来检验，强化党中央定于一尊、一锤定音的权威。要全面推动组织工作各项任务落实落地，着力加强党的组织体系建设，锻造忠诚干净担当的高素质干部队伍，建设爱国奉献、勇于创新的优秀人才队伍，不断提高党的建设和组织工作质量。

三、不断提高组织建设的制度化规范化科学化水平

习近平总书记关于新时代党的组织路线的重要讲话突出强调了制度建设在贯彻落实新时代党的组织路线中的重要作用，为进一步做好党的组织制度建设工作提供了根本遵循。要加强各级党委自身建设，围绕建强贯彻落实党中央决策部署的"中间段"，把各级党委建设成为坚决听从党中央指挥、管理严格、监督有力、班子团结、风气纯正的坚强组织。要坚持大抓基层的鲜明导向，着力补齐基层党组织在组织生活、组织运行、组织管理、组织监督等

方面的短板弱项，构建执行有力的严密制度体系，彻底打通基层党组织抓落实的"最后一公里"，推动党中央决策部署落地生效。要着力推进党内组织法规和中央要求具体化，强化建章立制和已出台法规制度的执行，切实把党的组织建设各项任务落到实处，不断提升党的创造力、凝聚力、战斗力。

四、打造高素质干部和人才队伍

习近平总书记指出，干部工作也好，人才工作也好，本质上都是用人问题，关键是要把党的各级领导班子和干部队伍建设好、建设强。这一重要论述对于我们正确把握新时代党的组织路线的着力点，坚持党管干部、党管人才原则，把干部工作与人才工作紧密结合起来，统筹做好选贤任能工作，具有重要的指导意义。要辩证把握德与才的关系，把提高治理能力作为新时代干部队伍选拔的重要参考，围绕事业发展需要配班子用干部，把干的指向和选的风向统一起来，把政治过硬、品行优良、业务精通、锐意进取的优秀干部选配到领导岗位上来，切实把激励干部担当作为的导向鲜明树起来。要完善干部考察机制，注重通过干部贯彻落实中央重大决策部署、完成重大任务、应对突发事件、解决复杂问题等表现和能力，分析研判干部的政治忠诚、政治定力、政治担当、政治自律，构建理念思路、程序步骤、方式方法科学的考察机制，做到识人重政治表现、用人重政治能力、管人重政治要求、育人重政治锻炼。要进一步优化人才政策，结合不同地区实际，加大人才引进、培养、使用、激励等方面体制机制创新，做到事业留人、感情留人、待遇留人，努力聚天下英才而用之，吸引更多人才为国家和地方经济社会发展服务。

五、压紧压实管党治党的主体责任

党的十八大以来，党中央先后制定和修订了党内政治生活若干准则、党组工作条例、地方党委工作条例、党的工作机关条例、支部工作条例，以及农村、国企、机关、高校基层党组织工作条例等一系列组织建设方面的党内法规，从制度层面解决各级各类党组织的产生、职责和运行问题，对新时代党的组织路线进行了确认、细化和落实。要认真贯彻《党委（党组）落实全面从严治党主体责任规定》，坚持目标导向、问题导向、结果导向相统一，各级党组织和党员领导干部要把责任扛起来，形成一级抓一级、层层抓落实的党建工作格局，全面提升党的建设质量。要从提升国家治理体系和治理能力的高度，正确认识组织制度的重要性，发挥好主观能动性，把日常工作中各项制度建设与制度治党依规治党统筹推进、一体建设，增强制度的系统性、整体性、协同性，着力把党的组织制度优势更好地转化为治理效能。要发挥领导干部带头示范作用，认真履行"一岗双责"，坚决执行好党的组织制度，夯实管党治党的主体责任，全面净化党内政治生态，推动党的组织建设不断取得新成效。

科学把握新时代加强党的建设新的要求①

习近平总书记在党的十九大上所作的报告全面审视当今世界和当代中国发展大势，深刻回答了新时代坚持和发展中国特色社会主义的一系列重大理论和实践问题，对新时代推进中国特色社会主义伟大事业和党的建设新的伟大工程作出全面部署。学通弄懂做实党的十九大精神，做到管党有方、治党有力、建党有效，需要深刻理解党的十九大报告的重要亮点和重大创新、深刻认识十九大报告的重大意义和重要地位、科学把握新时代加强党的建设新的总要求。

一、深刻理解党的十九大报告的重要亮点和重大创新

一是时代新方位。习近平总书记指出："经过长期努力，中国特色社会主义进入了新时代，这是我国发展新的历史方位。"②

二是矛盾新内涵。十九大报告指出，我国社会主要矛盾已经转化为人民日益增长的美好生活需要和不平衡不充分的发展之间的矛盾。中国特色社会主义进入了新时代，"变"的是"社会主要矛盾"，"不变"的是社会主义初级阶段依然是我们的"最大实际"与"最大国情"。

三是历史新使命。十九大报告对新的历史使命作出明确界定，这就是实

---

① 发表于《党的生活》2017 年 12 月上
② 中国共产党第十九次全国代表大会在京开幕 [N]. 人民日报，2017-10-19（01）.

现中华民族伟大复兴。要实现中华民族伟大复兴，就必须推进"四个伟大"。举什么旗、走什么路，即伟大事业；以什么样的精神状态，即伟大斗争；担负什么样的历史使命，即伟大复兴；实现什么样的奋斗目标，即伟大梦想，归根结底要靠党的领导来保障。

四是成果新概括。十九大报告对十八大以来我们党的创新理论成果加以概括提炼，称之为"新时代中国特色社会主义思想"。

五是实践新方略。在十九大中对新时代中国特色社会主义发展战略作出了新安排，对开启全面建设社会主义现代化国家新征程作出了新谋划，对经济、政治、文化、社会、生态、军事、外交、党建等领域的具体工作作出了新部署，完整提出了新时代中国特色社会主义发展的战略安排。

二、深刻认识十九大报告的重大意义和重要地位

一是在政治上统一了全党意志。十九大报告使全党更加坚定不移地走中国特色社会主义道路，坚定不移地高举中国特色社会主义伟大旗帜，坚定不移地把我们党全部理论和实践聚焦到中国特色社会主义这个主题上来。

二是在思想上统一了认识和行动。认真学习十九大报告，贯彻落实十九大精神，结合党的十八大以来这五年，我们党带领全国各族人民取得的历史性成就和发生的历史性变革，全党和全国人民更加在思想上、政治上、行动上自觉同以习近平同志为核心的党中央保持高度一致，更加紧密团结在以习近平同志为核心的党中央周围，呈现出高度的思想认同、理论认同、情感认同。

三是在理论上提出了"具有深远影响的七个重大论断"。提出了中国特色社会主义进入新时代的重大论断，作出了我国社会主要矛盾发生变化的重大论断，深刻论述了新时代中国共产党的重大使命，明确提出了新时代中国特色社会主义的时代课题，系统阐述了习近平新时代中国特色社会主义思想这一重要思想，提出了新时代中国特色社会主义发展的重大战略安排，推进了中国特色社会主义理论体系的重大创新。

四是在实践上把"四个伟大"提升到一个新境界。我们党以永不懈怠的精神状态和一往无前的奋斗姿态,把伟大斗争提升到一个新境界;确保我们党永葆旺盛生命力和强大战斗力,把伟大工程提升到一个新境界;在新的历史条件下继续夺取中国特色社会主义伟大胜利,把伟大事业提升到一个新境界;党的十八大以后,我们站在了实现强起来的新的历史起点上,把伟大梦想提升到一个新境界。

五是在世界历史意义上为解决人类问题贡献了中国智慧和中国方案。中国特色社会主义道路、理论、制度、文化拓展了发展中国家走向现代化的途径,给世界上那些既希望加快发展又希望保持自身独立性的国家和民族提供了全新选择,为解决人类问题贡献了中国智慧和中国方案,进而推进人类社会发展和世界社会主义发展。

三、科学把握新时代党的建设新的要求

一是科学把握新时代党的建设的根本原则。党的十九大报告在新时代党的建设总要求中开宗明义提出"坚持和加强党的全面领导",这是新时代党的建设的根本原则,是全面从严治党的核心。

二是科学把握新时代党的建设的指导方针。党的十九大报告提出:"坚持党要管党、全面从严治党",强调从严治党的领域要全面,各方面都要严起来;从严治党的对象要全面,不允许有不接受监督的特殊党员;从严治党的举措要全面,多方施策、总体治理,不留漏洞、不搞变通。

三是科学把握新时代党的建设的主线。党的十九大报告提出"以加强党的长期执政能力建设、先进性和纯洁性建设为主线"。在"执政能力建设"前面加上了"长期"二字,表明党要时刻防止背离党的性质和宗旨的倾向,时刻防止不正之风和腐败的侵蚀,蕴含着对党实现执政使命长期性、艰巨性的深远考量。

四是科学把握新时代党的建设的统领。党的十九大报告要求,"以党的政治建设为统领"。首次将党的政治建设纳入党的建设总体布局,首次提出发展

积极健康的党内政治文化，强调营造风清气正的良好政治生态，明确要强化政治担当，特别是强调政治属性是政党第一位的属性。

五是科学把握新时代党的建设的根基。党的十九大报告提出，"以坚定理想信念宗旨为根基"，强调的是共产党人的初心、精神支柱和政治灵魂，这是对党的建设规律的深刻揭示，客观上要求全党坚持思想建党、组织建党、制度治党要紧密结合，同向发力、同时发力，把坚定理想信念作为党的思想建设的首要任务。

六是把握新时代党的建设的着力点。党的十九大报告提出，"以调动全党积极性、主动性、创造性为着力点"。伟大事业靠伟大工程，伟大工程体现在490万基层党组织的战斗堡垒作用、8900万党员的先锋模范作用及首创精神。调动党员、干部的积极性、主动性、创造性越来越成为加强党的建设的一项重要而紧迫的课题。

七是科学把握新时代党的建设的总体布局。党的十九大报告指出，"全面推进党的政治建设、思想建设、组织建设、作风建设、纪律建设，把制度建设贯穿其中，深入推进反腐败斗争"。第一次将纪律建设写进党的建设总体布局，把反腐倡廉建设从并列的原"五大建设"中抽出来，专门以反腐败斗争加以表述，这些创新和变化使党的建设总体布局在逻辑上更加顺畅、理论上解释力更强、表述上更加鲜明、实践上更具有可操作性。

八是科学把握新时代党的建设的鲜明指向。党的十九大报告指出，"不断提高党的建设质量"，这是党的建设的一个鲜明指向。不断提高党的建设质量，就要加强组织建设，不断提高干部队伍质量，建设高素质专业化队伍；就要建立健全监督体制，组建国家、省、市、县监察委员会，形成监督合力，提升监督质量；就要不断增强学习、政治领导等八个方面的本领，全面增强执政本领，提高执政质量。

九是科学把握新时代党的建设的目标。十九大报告指出，要建设"始终走在时代前列、人民衷心拥护、勇于自我革命、经得起各种风浪考验、朝气蓬勃的马克思主义执政党"。新时代党的建设目标回答了究竟要建设一个什么样的党的问题，赋予了新时代党的建设高度使命感和更高标准，彰显了新时代中国共产党人的价值取向、政治定力、使命担当。

十是科学把握新时代党的建设的新部署。党的十九大报告提出了"把党的政治建设摆在首位、用习近平新时代中国特色社会主义思想武装全党、建设高素质专业化干部队伍、加强基层组织建设、持之以恒正风肃纪、夺取反腐败斗争压倒性胜利、健全党和国家监督体系、全面增强执政本领"八个方面的要求，把新时代党的建设总要求变成了具体的党建工作和能力建设要求。我们要认真贯彻落实在新时代党的建设中提出的八项党建工作部署，树牢"四个意识"，坚定"四个自信"，坚持"四个服从"，把执政党建设布局落地生根，为决胜全面建成小康社会、夺取新时代中国特色社会主义伟大胜利、实现中华民族伟大复兴的中国梦努力奋斗。

发挥表率作用　推动党的建设高质量[①]

省委十届六次全会暨省委工作会议强调，要突出抓好政治建设，推动党的建设高质量。以党的建设高质量推动经济发展高质量，一步一个脚印实现中原更加出彩的奋斗目标。党员领导干部作为引领时代的"关键少数"，在以党的建设高质量推动经济发展高质量方面责任重大，迫切需要发挥带头作用，自觉做好表率。

落实"两个坚决维护"，自觉作对党绝对忠诚的表率。牢固树立"四个意识"，坚决维护习近平总书记党中央的核心、全党的核心地位，坚决维护以习近平同志为核心的党中央权威和集中统一领导，始终对党绝对忠诚，紧跟习近平总书记的步伐，对党中央决策部署听令而行、闻令而动，带领群众坚定不移听党话、跟党走。党中央权威和集中统一领导，是新时代党领导人民进行具有许多新的历史特点的伟大斗争的战略选择，不仅是党团结统一的保证，也是党和国家事业兴旺发达的保证，已成为全党全国各族人民的共同意愿。作为党员领导干部，应带头牢固树立"四个意识"、坚定"四个自信"，把"两个坚决维护"作为根本政治任务，自觉在思想上政治上行动上同以习近平同志为核心的党中央保持高度一致，全力维护党中央权威和集中统一领导。

坚定理想信念，自觉作投身中原更加出彩的生动实践的表率。"理想信念

[①] 发表于2018年7月6日《河南日报》理论版。

是共产党人精神上的'钙',没有理想信念,理想信念不坚定,精神上就会'缺钙'。"① 我们党之所以能不断从胜利走向新的胜利,归根到底是因为有远大理想和崇高追求。作为党员领导干部,应始终把坚定理想信念作为党的思想建设的首要任务,带头坚定理想信念,加强党性修养,补足精神之钙,挺起共产党人的精神脊梁,解决好世界观、人生观、价值观这个"总开关"问题,自觉做共产主义远大理想和中国特色社会主义共同理想的坚定信仰者和忠实实践者,自觉投身中原更加出彩的生动实践,为中原更加出彩贡献力量。

强化理论武装,自觉作学懂弄通做实的表率。"掌握马克思主义理论的深度,决定着政治敏感的程度、思维视野的广度、思想境界的高度。"② 作为党员领导干部,应带头以高度的政治清醒、理论自觉和学习自觉,把马克思主义理论作为首要的必修课,带着责任学、带着感情学、带着问题学,通过理论学习增强工作的科学性、预见性和主动性,使领导和决策体现时代性、把握规律性、富于创造性,切实提高运用马克思主义立场、观点、方法指导实践、改革创新、推动发展的能力。

厚植党内政治文化,自觉作建设良好政治生态的表率。"政治生态好,人心就顺、正气就足;政治生态不好,就会人心涣散、弊病丛生。"③ 良好政治生态是涵养党的优良传统和作风的土壤,是保持党的生机活力的源泉。"文化"与"生态"互为因果,相互转化。党内政治文化不健康,党内政治生态就会严重恶化;党内政治生态恶化,党内政治文化也不可能正气浩然。作为党员领导干部,应旗帜鲜明抵制和反对个人主义、好人主义、圈子文化、关系学、厚黑学、官场术等庸俗腐朽的政治文化,倡导和弘扬忠诚老实、公道正派、实事求是、清正廉洁等价值观,自觉从焦裕禄精神、红旗渠精神中汲取营养,通过厚植政治文化培育风清气正的土壤,形成健康清朗的政治生态。

---

① 习近平. 坚定理想信念 补足精神之钙 [J]. 求是,2021 (21).
② 二、实现中华民族伟大复兴的必由之路 [N]. 人民日报,2016-04-21 (09.)
③ 习近平. 在第十八届中央纪律检查委员会第六次全体会议上的讲话 [N]. 人民日报,2016-05-03 (02).

树好用人导向，自觉作激励干部担当作为的表率。"用一贤人则群贤毕至，见贤思齐就蔚然成风"。① 2019年12月26日至27日，习近平总书记在"不忘初心、牢记使命"专题民主生活会上指出，"干部就要有担当，有多大担当才能干多大事业，尽多大责任才会有多大成就②。"选什么人就是风向标，就有什么样的干部作风，乃至就有什么样的党风。作为党员领导干部，应带头树立正确用人导向，认真贯彻《关于进一步激励广大干部新时代新担当新作为的意见》，大力选拔敢于负责、勇于担当、善于作为、实绩突出的干部，真正让想干事、能干事、干成事的干部有机会有舞台，让政治强、作风实、不张扬的干部挑重担。

全面提升本领，自觉作涵养干事创业底气的表率。"大鹏之动，非一羽之轻也；骐骥之速，非一足之力也。"（《潜夫论·释难》）唯有本领，才好引领、团结、干事。我们在领导国家建设与社会发展的伟大实践中，始终重视能力建设和本领锻造。习近平总书记在党的十九大报告中强调要全面增强执政本领，并将执政本领概括为八个方面，是党针对新时代党和国家工作的新变化提出的，也是新时代党坚持以人民为中心，解决新矛盾，开启新征程的必然选择。作为党员领导干部，都要有本领不够的危机感，努力增强本领，切实把十九大精神转化为学习本领、政治领导本领、改革创新本领、科学发展本领、依法执政本领、群众工作本领、狠抓落实本领、驾驭风险本领，不断提高改革发展基本问题的能力。

持续转变作风，自觉作赢得人民群众真心拥护的表率。党的作风就是党的形象，关系人心向背，关系党的生死存亡。作风问题本质上是党性问题。对我们共产党人来讲，能不能解决好作风问题，是衡量对马克思主义信仰、对社会主义和共产主义信念、对党和人民忠诚的一把十分重要的尺子。作为

---

① 习近平. 建设宏大高素质干部队伍 确保党始终成为坚强领导核心[N]. 人民日报，2013-06-30（01）.
② 带头把不忘初心 牢记使命作为终身课题 始终保持共产党人的政治本色和前进动力[N]. 人民日报，2019-12-28（01）.

党员领导干部，应身体力行、以上率下，带头转变作风，形成"头雁效应"，把群众呼声作为作风建设的第一信号，把群众满意不满意、高兴不高兴、答应不答应作为衡量工作的第一标准，着力解决好工作不实、面子工程、文山会海、行动少落实差、特权思想等问题，把作风建设贯穿于三大攻坚战的全过程，在决胜全面建成小康社会的新征程中，书写无愧于新时代的壮丽篇章。

深入推进反腐败斗争，自觉作清正廉洁的表率。"政者，正也。"（《论语·颜渊》）"其身正，不令而行；其身不正，虽令不从。"（《论语·子路》）党的十九大报告明确指出，要"夺取反腐败斗争压倒性胜利"，"决心必须坚如磐石"[1]。这是向全党发出的新时代反腐败斗争的动员令，充分彰显了以习近平同志为核心的党中央誓将党风廉政建设和反腐败斗争进行到底的战略定力和矢志不移的坚强决心，反映了全党全国人民的深切期盼。作为党员领导干部，应认真履行全面从严治党主体责任、诚诚恳恳待人，清清白白为官，认认真真干事，堂堂正正做人，坚持不懈深化党风廉政建设和反腐败斗争，营造风清气正的良好政治生态。

---

[1] 习近平在中国共产党第十九次全国代表大会上的报告［N］. 人民网，2017-10-28.

坚持以政治建设为统领　全面提升高校党建质量[①]

习近平总书记指出,"党的政治建设是党的根本性建设,决定党的建设方向和效果,要把党的政治建设摆在首位"。2019年1月31日,中央出台《关于加强党的政治建设的意见》,这是党中央深刻总结历史经验和实践经验对新时代加强党的政治建设作出的重大决策部署。高校肩负着培养社会主义建设者和接班人的重大使命,在加强党的全面领导过程中,要坚持以政治建设为统领,把党的领导贯彻落实到管党治党、办学治校的全过程和全方位,全面提升高校党建质量。

一、要坚定政治信仰,坚持用党的创新理论武装头脑

习近平总书记强调,理论创新每前进一步,理论武装就要跟进一步。高校要牢牢把握学习贯彻习近平新时代中国特色社会主义思想这一主线,用马克思主义中国化最新成果统一思想、统一意志、统一行动。要用好学习方法,把学习重心放在深刻领会习近平新时代中国特色社会主义思想上,把学习重点落在精读细悟习近平总书记关于教育的重要论述上,把学习重音敲在跟进学习习近平总书记最新重要讲话上,用好科学理论这把"金钥匙"切实推动工作、解决问题。要筑牢信仰之基,坚持不懈学思践悟习近平新时代中国特色社会主义思想,同学习马克思主义基本原理贯通起来,同学习党史、新中

---

① 国家社科基金项目"新时代高校党建工作研究"(19BDJ008)阶段性成果。

国史、改革开放史、社会主义发展史和高校办学历史结合起来,在学懂弄通做实上下功夫,在系统全面、融会贯通上下功夫,在知行合一、学以致用上下功夫,学出对党忠诚,学出理想信念,学出使命担当,筑牢做到"两个维护"的思想根基。要砥砺初心使命,把不忘初心、牢记使命作为加强党的建设的永恒课题和全体党员、干部的终身课题常抓不懈,坚持把加强理论学习作为高校党的政治建设的重要内容、作为高校衡量党的政治建设成效的重要标尺,始终以党的创新理论滋养初心、引领使命,把教育报国作为最鲜明的特色、最明确的指向,在持续深化理论武装中,坚定高校党员干部教育强国、教育报国的信念和决心。

二、要坚持政治方向,牢牢把握社会主义办学方向

习近平总书记强调指出,政治方向是党生存发展第一位的问题,事关党的前途命运和事业兴衰成败。高校是立德树人、培养人才的地方,必须走中国特色高等教育发展道路,扎实办好中国特色社会主义高校。要牢牢把握加强党对高校的全面领导这一根本保证,严格执行中共中央组织部、中共教育部党组对新时代普通高等学校党委常务委员会会议议事决策规则和校长办公会议议事规则的新要求,坚持党管办学方向,坚持马克思主义指导地位,建立健全坚持和加强党的全面领导的组织体系、制度体系、工作机制,形成落实党的领导纵到底、横到边、全覆盖的工作格局,使高校成为坚持党的领导的坚强阵地。要牢牢把握"四为"这一社会主义办学方向,把"坚持以人民为中心发展教育"作为根本宗旨,承担起办好人民满意的高等教育的历史重任,牢记为党育人为国育才的初心使命,科学谋划立德树人的顶层设计,激活"德智体美劳"育人要素,完善全员全过程全方位育人工作体系,落实好立德树人根本任务,努力培养社会主义合格建设者和可靠接班人。要牢牢把握马克思主义在高校意识形态工作中的指导地位,从根本文化制度的高度,把加强马克思主义学习研究宣传作为重要职责,把加强思想政治工作摆在重要位置,把加强马克思主义学院建设当作重要工作,坚持把"马克思主义学

院努力打造为第一学院，马克思主义理论学科努力打造为第一学科，马克思主义课堂努力打造为第一课堂"的工作理念，让马克思主义主旋律在校园里更加响亮。

三、要提高政治能力，扛稳办学治校主体责任

习近平总书记在党的十九大报告中指出，全党同志特别是高级干部要加强党性锻炼，不断提高政治觉悟和政治能力。政治能力是领导干部极为重要的能力，是把握方向、把握大势、把握全局的能力，是保持政治定力、驾驭政治局面、防范政治风险的能力。要抓住校级领导这个少数，党委书记、校长要以社会主义政治家、教育家的标准要求自己，把坚定的政治立场、崇高的理念信念、服务国家和人民的价值追求作为终身课题。党委书记要扛稳抓牢党建主体责任，把党的建设与教学科研管理深度融合，抓好顶层设计，把牢办学方向，统筹发展大局，管好干部；校长要有先进的教育理念，能够自觉履行党建职责，成为党建和思想政治工作的主要推动者、积极参与者，要依法行使职权，主动担当作为，与班子成员一道把党委的决策落实好，推动学校事业发展高质量；班子其他成员要各负其责，认真履行一岗双责，主动抓好分管领域的党建和思想政治工作，管好责任田，拉好手中琴，演好协奏曲。学校班子成员要带头严肃党内政治生活，全面落实民主集中制，过好双重组织生活，落实"三会一课"；要一以贯之抓好党风廉政建设责任制落实，以严明政治纪律和政治规矩作保障，持续督查落实中央八项规定精神及其实施细则，深化运用监督执纪"四种形态"，大力整治师生身边的不正之风和"微腐败"问题，营造廉洁干净、风清气正的治学育人环境。要抓住中层干部这个主体，把旗帜鲜明讲政治落实到具体行动上、体现在日常工作中，牢记业务里边有政治、有大局，坚决贯彻党中央的决策部署，确保政治与业务融为一体、高度统一。要按照习近平总书记关于增强"八个本领"的要求，坚持不懈地学习提高，做到会写、能说、善协调，真正在破解难题上下功夫，切实提升能力、锤炼本领。要掌握马克思主义的立场观点方法，坚定理想信

念，增强"四个意识"，坚定"四个自信"，做到"两个维护"，夯实敢于斗争、善于斗争的思想根基，在解决党建问题和破解学校发展难题中增强斗争意识和斗争精神，提高斗争本领。要把率先垂范、忠诚担当作为基本品质，以高度的责任担当，既出发展思路、又抓工作落实，既抓大事要事、又抓热点难点，凝聚起心齐气顺、实干兴校的工作合力。要抓住教师队伍这个基础，按照习近平总书记提出的"四有"好老师、"四个引路人""四个相统一"等一系列要求，把师德师风作为评价教师队伍素质的第一标准，全面加强教师队伍建设。让有信仰的人讲信仰，引导教师坚定"四个自信"，以身作则践行社会主义核心价值观，引导广大教师做到政治素质过硬，以德立身、以德立学、以德施教、以德育德。按照政治强、情怀深、思维新、视野广、自律严、人格正的要求，加强思想政治理论课教师队伍建设，推动思想政治理论课改革创新，采取互动式、启发式、交流式教学，增强思想性、理论性、亲和力和针对性，守好思想政治理论课"主阵地"。加强课程思政建设，引导专业课教师将思政教育与专业教育相融合。专业课教师既要当好授业解惑的"经师"，更要当好为人师表的"人师"，把专业课程和思政课程有机结合，相互配合，形成协同效应，真正培养出能够担当民族复兴大任和具有家国情怀的时代新人。

四、要突出政治标准，全面贯彻新时代党的组织路线

习近平总书记在党的十九大报告中强调，坚持正确选人用人导向，匡正选人用人风气，突出政治标准，提拔重用牢固树立"四个意识"和"四个自信"、坚决维护党中央权威、全面贯彻执行党的理论和路线方针政策、忠诚干净担当的干部，选优配强各级领导班子。要坚持新时代党的组织路线，坚持正确用人导向，把政治过硬、品行优良、业务精通、锐意进取的优秀干部选配到领导岗位上来。校属各单位领导干部要有坚定的政治立场，善于从政治上看问题，运用马克思主义观点分析每个问题产生的政治属性，把好工作方向；要有强烈的事业心、熟悉教育规律、品行作风优良、在师生中有较高威

信。二级学院党务干部的选拔要注重在党建带头人和学术带头人中选拔，注重在有从事党支部书记工作经历的同志中选拔，业务干部的选拔要注重学术素养，熟悉人才培养和学术研究规律，注重从教学一线提拔使用干部。要构建科学的干部考察机制，注重通过干部一贯的表现考察其政治素质，从干部贯彻落实中央重大决策部署、完成重大任务、面临重大考验、应对突发事件、解决复杂问题、对待名利地位和进退留转时的表现，分析研判干部的政治忠诚、政治定力、政治担当、政治能力、政治自律，构建理念思路、程序步骤、方式方法科学的考察机制，使干部政治素质考察有法可依、有迹可循、有绩可证，既使考察工作更加科学、精准、高效，又让广大干部真正服气、认可，做到识人重政治表现，用人重政治能力，管人重政治要求，育人重政治锻炼。要加强干部教育培训，推动学习贯彻习近平新时代中国特色社会主义思想往深里走、往心里走、往实里走。要分层分类举办专题培训班，加强培训统筹，用好红色教育基地，抓好党性教育，采用集中学习研讨、个人自学、专题调研、网络在线学习、红色基地培训等多种方式，促使干部形成又博又专、推陈出新的知识结构，掌握马克思主义看家本领，增强中层干部忠诚、执着、朴实的政治品格，以功成不必在我、功成必定有我的精神境界，为党和人民培养有用人才，以实际行动为办好人民满意的高等教育贡献力量。

五、要增强政治功能，发挥好基层党组织政治核心和战斗堡垒作用

习近平总书记强调，党的力量来自组织。党的全面领导、党的全部工作要靠党的坚强组织体系去实现。高校要在推动基层党组织全面进步、全面过硬上下功夫。要抓好学院党组织建设这个重点，严格执行《学院党委会议议事规则》《学院党政联席会议议事规则》，完善学院党组织会议和党政联席会议决策内容和程序，明确学院党组织会议研究决定、前置讨论以及政治把关的具体事项，保证党的路线方针政策及上级党组织决定的贯彻执行，保证正确办学方向在学院的贯彻执行，保证学院党组织有为有位、有责有权，进一步强化学院党组织的政治功能，将"两个维护"真正内嵌到办院治学全过程

各环节。要抓实支部建设这个基础，强力推动党支部标准化规范化建设，充分发挥党支部在教研室、实验室、教学科研团队、学生班级中的作用。实施党支部联系学生社团全覆盖，发挥党联系和团结师生、做深做细思想政治工作的作用。全面实施"双带头人"培育工程，完善支部书记抓党建责任链条，开展支部书记集中培训，提升教师党支部书记"双带头人"的政治素质、履职能力和政策水平，把他们的学术影响和政治影响有机结合起来，更好发挥"头雁效应"，使基层党支部成为推动学校高质量发展的战斗堡垒。要抓住发展党员政治标准这个关键，坚持把政治标准放在首位，做好在青年大学生中发展党员，加强日常培养考察，严格政治审查，教育引导学生端正入党动机，牢固树立理想信念，防止只看成绩或者用投票等方式推荐入党积极分子；要结合"青年马克思主义者培养工程"，有效对接高中阶段学生入党积极分子培养工作，抓好后续教育培养，以高度的政治责任感做好青年马克思主义者培养工作；要重视在优秀青年教师中发展党员，强化思想引领，建立学院党政班子成员联系青年教师和谈心谈话制度，引导他们争做"四有好老师"；把思想入党作为重中之重，有针对性引导优秀青年教师向党组织靠拢，以青年教师党员队伍建设带动高校师资队伍和党员队伍素质整体提升。

新形势下严肃党内政治生活
净化党内政治生态的根本遵循①

一、关于党的十八届六中全会的重大意义

党的十八届六中全会,是在全面建成小康社会决胜阶段召开的一次十分重要的会议。全会全面分析党的建设面临的形势和任务,系统总结近年来特别是党的十八大以来全面从严治党的理论和实践,就新形势下加强党的建设作出新的重大部署,充分体现了党中央坚定不移推进全面从严治党的坚强决心和历史担当,体现了全党共同心声,对解决党内存在的突出矛盾和问题、确保党始终成为中国特色社会主义事业的坚强领导核心,对统筹推进"五位一体"总体布局和协调推进"四个全面"战略布局,更好进行具有许多新的历史特点的伟大斗争、推进党的建设新的伟大工程、推进中国特色社会主义伟大事业,实现中华民族伟大复兴的中国梦,具有重大而深远的意义。具体说来:

(一)充分认识党的十八届六中全会的重大政治意义:正式提出"以习近平同志为核心的党中央"

六中全会的重大意义首先是政治上的,就是明确了习近平总书记的核心

---

① 2016年11月受省委派,作为省委宣讲团成员在部分地市宣讲十八届六中全会精神时的辅导报告。

地位。全会明确习近平总书记的核心地位、正式提出"以习近平同志为核心的党中央"。

一是习近平总书记成为党中央的核心、全党的核心，是在领导和推进伟大事业、伟大工程、伟大斗争的实践中自然形成的。党的十八大以来，习近平总书记团结带领全党全国各族人民同心协力、苦干实干，统筹推进"五位一体"总体布局和协调推进"四个全面"战略布局，开展"两学一做"学习教育，推动全面深化改革、供给侧结构性改革、国防和军队改革迈出重大步伐，党和国家各项工作取得新的重大进展。明确习近平总书记的核心地位，是全党的共同意志，是全党全军全国各族人民的共同心愿，是党和国家根本利益所在，是坚持和加强党的领导的根本保证，是进行具有许多新的历史特点的伟大斗争、坚持和发展中国特色社会主义伟大事业、推进党的建设新的伟大工程的迫切需要。明确习近平总书记的核心地位，对维护党中央权威、维护党的团结和集中统一领导，对全党全军全国各族人民更好凝聚力量抓住机遇、战胜挑战，对全党团结一心、不忘初心、继续前进，对保证党和国家兴旺发达、长治久安，具有十分重大而深远的意义。

二是习近平总书记成为党中央的核心、全党的核心，是经过历史证明、实践检验的，是群众公认、全党认同的。党的十八大以来，以习近平同志为核心的党中央身体力行、率先垂范，坚定推进全面从严治党，坚持思想建党和制度治党紧密结合，集中整饬党风，严厉惩治腐败，净化党内政治生态，党内政治生活展现新气象，赢得了党心民心，为开创党和国家事业新局面提供了重要保证。习近平总书记在新的伟大斗争实践中已经成为党中央的核心、全党的核心。

三是习近平总书记成为党中央的核心、全党的核心，是实至名归、当之无愧的，是形势所求、水到渠成的。党的十八大以来，以习近平同志为核心的党中央开创了中国特色社会主义伟大事业和党的建设新的伟大工程新局面，在改革发展稳定、内政外交国防、治党治国治军等方面取得了一系列具有重大现实意义和深远历史意义的成就，实现了党和国家事业继往开来，赢得了全党全军全国各族人民衷心拥护,受到国际社会高度赞誉。当今世界正在发生重大而深刻的变化,当代中国正在进行伟大而深刻的变革。中国正日益走近世界舞台中央,中华民族比历史上任何时候都更接近实现伟大复兴的目标。这是一个风云际会、成就大业的时代,这是一个需要雄才大略的政治领袖也能够造就这样的政治领袖的时代。党的十八大以来的实践充分证明,习近平总书记作为党中央的核心、全党的核心当之无愧、名副其实,正式明确习近平总书记的核心地位是众望所归、正当其时的。

(二)充分认识党的十八届六中全会的重大理论意义:提出一系列新思想新观点新要求新举措

六中全会的重大意义还有理论上的,集中体现为习近平总书记在全会重要讲话中提出的一系列新思想新观点新要求新举措,进一步深化了我们对党的建设规律的认识。习近平总书记在全会上的两次重要讲话,科学分析世情国情党情的发展变化,深刻阐明全面从严治党的重大意义,深入回答管党治党的一系列重大理论和现实问题,对贯彻落实全会精神,加强和规范党内政治生活、加强党内监督作出工作部署,对进一步做好党和国家各项工作、迎接党的十九大提出了明确要求。总书记的讲话,视野开阔、总揽全局、求真务实,创造性地提出了一系列新思想新观点新要求新举措。学习好、理解好、贯彻好这些新思想新观点新要求新举措,对于更加自觉地推进全面从严治党,具有十分重要的作用。

(三)充分认识党的十八届六中全会的重大实践意义:全会通过了《关于新形势下党内政治生活的若干准则》和《中国共产党党内监督条例》

六中全会对加强和规范党内政治生活、加强党内监督进行了顶层设计,为深入推进全面从严治党提供了基本遵循。党中央对这次文件起草高度重视。成立文件起草组,由习近平总书记担任组长,刘云山、王岐山同志任副组长,有关部门和地方负责同志参加,在中央政治局常委会领导下进行工作。中央政治局常委专门召开了四次会议,中央政治局召开了两次会议,专门审议文件稿。文件起草组历时8个月,专题调研,征求意见建议。专门听取民主党派中央负责人、全国工商联负责人、无党派人士意见,在这次征求意见过程中,各地区各部门各方面对两个文件稿提出了许多好的意见和建议,各地对一些问题的意见非常一致。据统计共提出1955条修改意见,扣除重复意见后为1582条,党中央责成文件起草组认真梳理和研究这些意见和建议。文件起草组对两个文件稿作出重要修改。可以说,文件起草是充分发扬党内民主、集中全党智慧、凝聚全党共识的体现,是科学决策、民主决策和依法决策的典范。全会通过的《关于新形势下党内政治生活的若干准则》(以下简称《准则》),坚持以党章为根本依据,突出问题导向,着眼增强党内政治生活的政治性、原则性、时代性、战斗性,对新形势下党内政治生活作出了系统规范,从12个方面对加强和规范党内政治生活提出了明确要求、作出了具体规定,其中新提出的重大观点和重大举措就有160多条,既指出了病症也开出了药方,既有治标举措也有治本方略,针对性和操作性很强。这次全会修订后的《中国共产党党内监督条例》(以下简称《条例》),对新形势下加强党内监督作了顶层设计,是规范当前和今后一个时期党内监督的基本法规。《准则》和《条例》,一个重塑造,一个重制约,一柔一刚同向发力,为我们党自我净化、自我完善、自我革新、自我提高指明了具体方向,规划了现实路径,为实现全面从严治党不断向纵深推进奠定了思想基础和制度保障。

(四)充分认识党的十八届六中全会的重大历史意义:六中全会将深刻影响未来

如何读懂这次全会,不同人有不同方式。如果我们把这次全会放在时间的河流、历史的长河中去看,我们就会看到更为清晰的一种维度。首先,我们把它放在当下。之于当下,六中全会有何意义?一个词——"新号角"。六中全会吹响了全面从严治党的"新号角"。这是因为,就全面从严治党,这次全会提出了新的更高要求。全会审议通过了《准则》和修订后的《条例》,就新形势下加强党的建设作出新的重大部署。然后,我们把它放在"十八大以来的近4年"。结合这4年的治党历程,怎么看待六中全会的成果?可以用一个词概括——"新路径"。近4年，在从严治党方面，党走出了一条新的成功之路。从"八项规定"，到"群众路线教育实践活动"，到"三严三实"专题教育，再到"两学一做"学习教育；从抓思想从严，抓管党从严，抓执纪从严，到抓治吏从严，抓作风从严，抓反腐从严……六中全会更是强调，"从严治党必须从党内政治生活严起""党内监督没有禁区、没有例外"，中国共产党走出一条又严又实的治党新路。接着，我们把时间拉得更远，把它放在"历史和未来之中"。之于历史和未来，六中全会有何分量？还是一个词——"里程碑"。回望党史，遵义会议、七大、十一届三中全会等重要会议，都在不同时期，发挥了关键性作用，成为党史上里程碑式的会议。在党的历史、党的执政史上，十八届六中全会也必将留下浓重一笔。36年来，党再次关注"党内政治生活"，制定《准则》，13年后修订《条例》，它们都将影响未来10年、20年、数十年，甚至更远的时光。我们坚信，这不仅将造福中国，而且将影响世界。

总之，党的十八届六中全会，吹响了全面从严治党的新号角，释放了全面从严治党的最强音，是全面从严治党的重要里程碑，六中全会将深刻影响未来。

二、关于全面加强和规范党内政治生活

（一）全面加强和规范党内政治生活的重要性必要性紧迫性

1. 全面加强和规范党内政治生活的重要性。开展严肃认真的党内政治生活，是我们党作为马克思主义政党区别于其他政党的重要特征，是我们党的光荣传统。我们党栉风沐雨、筚路蓝缕，走过了波澜壮阔的光辉历程。党从最初只有50多名党员，发展到今天成为拥有8800多万名党员的世界第一大执政党，带领人民夺取了革命、建设、改革一个又一个伟大胜利，靠的就是科学的理论指导、坚定的理想信念、严密的组织体系和铁的纪律，而这些又都是靠严格的党内政治生活作保障的。长期实践证明，严肃认真的党内政治生活，是我们党坚持党的性质和宗旨、保持先进性和纯洁性的重要法宝，是

解决党内矛盾和问题的"金钥匙",是广大党员、干部锤炼党性的"大熔炉",是纯洁党风的"净化器"。我们党从成立之日起,就高度重视党内政治生活,确定了一系列原则和规定,包括坚持马克思列宁主义建党原则、坚持民主集中制、坚持群众路线、坚持五湖四海、严格执行党的纪律,等等。革命战争年代,在执行这些原则和规定的长期实践中,我们党形成了理论联系实际、密切联系群众、批评和自我批评三大作风。新中国成立前,党中央及时向全党提出"两个务必",要求全党同志在胜利面前保持清醒头脑,在夺取全国政权后经受住执政的考验。党的八大就党在全国执政后的党内政治生活作出进一步规定。

2. 全面加强和规范党内政治生活的迫切性。当前,党内政治生活总体是好的。同时也要看到,随着全面从严治党不断推进,党内存在的突出矛盾和问题暴露得越来越充分。周永康、薄熙来、郭伯雄、徐才厚、令计划等人,不仅经济上贪婪、生活上腐化,而且政治上野心膨胀,大搞阳奉阴违、结党营私、拉帮结派等政治阴谋活动。这几年,习近平总书记在多个重要场合、多次重要会议上,反复强调严肃党内政治生活问题,就是因为我们党正处在一个关键的历史节点上,党的队伍发生的重大变化和党群干部关系出现的新情况新问题,迫切需要首先从政治上把全面从严治党抓紧抓好。

3. 全面加强和规范党内政治生活的必要性。一是现在党内出现的一些突出矛盾和问题当时尚未遇到。二是当时比较突出的一些矛盾和问题现在已经不存在或者不突出了。三是30多年来,形势任务和党内情况发生了很大变化,党建积累了大量新成果新经验。党的十八大以来,我们把全面从严治党纳入"四个全面"战略布局,采取一系列过硬措施管党治党。通过制定并落实中央八项规定,开展党的群众路线教育实践活动、"三严三实"专题教育、"两学一做"学习教育,强化党建工作责任制,整治形式主义、官僚主义、享乐主义和奢靡之风,严肃查处党员、干部违纪违法问题,坚决惩治腐败,完善党内法规,不断扎紧制度笼子,党内政治生活出现许多新气象,有必要制定一个新准则。

（二）新修订《准则》主要内容

准则稿分三大板块、十二个部分：第一板块是序言，属于总论，阐述党内政治生活的重大作用和历史经验、存在的突出问题、面临的形势任务以及新形势下加强和规范党内政治生活的重要性紧迫性，提出加强和规范党内政治生活的目标要求。第二板块是分论，是主体部分，围绕坚定理想信念等12个方面分别提出明确要求、作出具体规定。第三板块是结束语，主要讲加强组织领导和督促检查、高级干部带头示范，确保各项任务落到实处。我们重点看一下主体部分的12个方面。一是首要任务：坚定理想信念。二是根本保证：坚持党的基本路线。三是重要目的：坚决维护党中央权威。四是重要内容：严明党的政治纪律。五是根本要求：保持党同人民群众的血肉联系。六是制度保障：坚持民主集中制。七是重要基础：发扬党内民主和保障党员权利。八是组织保证：坚持正确选人用人导向。九是重要载体：严格党的组织生活制度。十是重要手段：开展批评和自我批评。十一是重要举措：加强对权力运行的制约和监督。十二是重要任务：保持清正廉洁的政治本色。

（三）贯彻落实《准则》基本要求

贯彻落实《准则》，必须着重把握好加强和规范党内政治生活的五个基本要求：一是抓好思想教育这个根本；二是抓好严明纪律这个关键；三是抓好选人用人这个导向；四是用好组织生活这个经常性手段；五是抓住继承和创新这两个关键环节。

三、关于全面落实党内监督责任

加强党内监督是马克思主义政党的一贯要求，是永葆党的肌体健康的生命之源。党的执政地位，决定了党内监督在党和国家各种监督形式中是最基本的、第一位的。党内监督失效，其他监督必然失灵。通过《条例》的实施，增强党在长期执政条件下自我净化、自我完善、自我革新、自我提高能力，确保党始终成为中国特色社会主义事业的坚强领导核心。从党的十八大以来巡视、执纪审查中发现的问题，以及被查处的中管干部忏悔录来看，党内监督存在的突出问题主要集中在以下几个方面：一是监督责任不明晰、监督内容不聚焦；二是"一把手"监督难题亟待有效破解；三是监督体制不完善、监督制度的操作性和实效性不强；四是监督保障机制不完善、责任追究落实不到位，等等。

《中国共产党党内监督条例（试行）》自2003年12月31日颁布施行以来，对我们坚持党要管党、从严治党方针，加强党内监督，维护党的团结统一，做到立党为公、执政为民，发挥了积极作用。同时，随着形势任务发展变化，条例与新实践新要求不相适应的问题显现出来，需要对条例进行修订。全会通过的《条例》，是新形势下加强党内监督的顶层设计，是规范当前和今后一个时期党内监督的基本法规。

（一）关于条例的整体框架和主要内容

条例稿共8章、47条，也分三大板块：第一章是总则，构成第一板块，列了9条，主要明确立规目的和依据，阐述党内监督指导思想（以马克思列宁主义、毛泽东思想、邓小平理论、"三个代表"重要思想、科学发展观为指导，深入贯彻习近平总书记系列重要讲话精神，围绕统筹推进"五位一体"总体布局和协调推进"四个全面"战略布局等）、基本原则（贯彻民主集中制等，特别指出：党内监督没有禁区、没有例外。信任不能代替监督。）、主要任务（重点解决党的领导弱化、党的建设缺失、全面从严治党不力，党的观念淡漠、组织涣散、纪律松弛，管党治党宽松软问题）、主要内容（共8个方面：遵守党章党规；维护党中央集中统一领导；坚持民主集中制；落实全面从严治党责任；落实中央八项规定精神；坚持党的干部标准；廉洁自律、秉公用权情况；完成党中央和上级党组织部署的任务情况）。

第二章至第五章构成第二板块，是条例的主体部分，列了27条，分别就党的中央组织、党委（党组）、党的纪律检查委员会、基层党组织和党员这四类监督主体的监督职责以及相应监督制度作出规定。其中，将党的中央组织的监督单设一章，是对现行条例的突破，体现党中央以身作则、以上率下。

第六章至第八章构成第三板块，列了11条，分别就党内监督和外部监督相结合（主要包括各级党委应当支持和保证监督、加强党内监督和党外监督主体在执纪执法上的协调配合、重视民主党派和无党派人士的监督、接受社会监督和舆论监督）整改和保障、附则等作出规定。条例没有对中央部委和地方党委制定实施细则作出授权规定，体现全党必须一体执行，防止搞变通、打折扣。

（二）关于《条例》提出的新要求和新举措

《条例》针对当前党内监督存在的突出问题，提出了一系列新的要求和举措。比如，在要求上强调党内监督没有禁区、没有例外；强调党内监督的重点对象是党的领导机关和领导干部特别是主要领导干部；党内监督必须把纪律挺在前面，运用监督执纪"四种形态"；强调要坚持党内监督和外部监督相结合；强调要认真对待、自觉接受社会监督；强调党组织对监督中发现的问题，应当做到条条要整改、件件有着落等等。在举措中特别指出要建立健全党中央统一领导，党委（党组）全面监督，纪律检查机关专责监督，党的工作部门职能监督，党的基层组织日常监督，党员民主监督的党内监督体系。

（三）关于落实抓好贯彻《条例》的基本要求

党的执政地位，决定了党内监督在党和国家各种监督形式中是最基本的、第一位的。党内监督是全党的责任。抓好《条例》贯彻执行，关键要全面落实党内监督责任。

一是各级党委要肩负起主体责任。党内监督是全党的任务，党委（党组）负主体责任，书记是第一责任人，党委常委会委员（党组成员）和党委委员在职责范围内履行监督职责。党的各级领导干部一定要把责任扛在肩上，做到知责、尽责、负责，敢抓敢管，勇于监督。党组织要多了解党员干部日常的思想、工作、作风、生活状况，多注意干部群众的反映，抓早抓小，防微杜渐。

二是纪委和党的工作部门要各司其职。各级纪委是党内监督专责机关，履行监督执纪问责职责。要把维护政治纪律和政治规矩放在首位，加强对所辖范围内遵守党章党规党纪情况的监督,检查党的路线方针政策和决议的执行情况。要落实纪律检查工作双重领导体制,强化上级纪委对下级纪委的领导;加强对派驻纪检组工作的领导,督促被监督单位党组织和派驻纪检组落实管党治党责任。党的工作部门是党委(党组)主体责任在不同领域的载体和抓手,要做好职责范围内的党内监督工作,既要加强对本机关本单位的内部监督,又要强化对本系统的日常监督。出现问题要及时了解处置,不能都等着党委、纪委去处理。

三是发挥党员的民主监督作用。党员民主监督是党内监督的基本方式。党员的民主监督不仅是权利,更是不容推卸的义务,是对党应尽的责任。在党的会议上,党员要勇于对违反党章党规的行为提出意见,有根据地批评党的任何组织和任何党员,负责地向党反映党的任何组织和党员违纪违法的事实。各级党组织要保障党员知情权和监督权,鼓励和支持党员在党内监督中发挥积极作用,对干扰妨碍监督、打击报复监督者的人要依纪严肃处理。

四是把党内监督与外部监督结合起来。党内监督是第一位的,但如果不同有关国家机关监督、民主党派监督、群众监督、舆论监督等结合起来,就不能形成监督合力。各级领导干部要主动接受各方面监督,这既是一种胸怀,也是一种自信。要支持人民政协依照章程进行民主监督,重视民主党派和无党派人士提出的意见、批评、建议,鼓励党外人士讲真话、进诤言。要自觉接受群众监督,畅通信访举报渠道,对违规违纪典型问题严肃处理,及时回应人民群众关切。要加强舆论监督,通过对典型案例进行曝光剖析,发挥警示作用,为全面从严治党营造良好舆论氛围。

四、突出抓好领导干部这个"关键少数"

(一)我们党历来重视抓好党的高级干部的思想建设和作风建设,发挥高级干部的示范带头作用

1938年,毛泽东同志指出:"如果我们党有一百个至二百个系统地而不是

零碎地、实际地而不是空洞地学会了马克思列宁主义的同志,就会大大地提高我们党的战斗力量。"① 1989年,邓小平同志说:"只要有一个好的政治局,特别是有一个好的常委会,只要它是团结的,努力工作的,能够成为榜样的,就是在艰苦创业反对腐败方面成为榜样的,什么乱子出来都挡得住。"② 江泽民同志也多次强调,中央委员会成员作为党的高级干部,"必须同党中央在思想上政治上保持高度一致,坚决维护党中央的权威,坚定不移、百折不挠地贯彻落实党的路线方针政策。特别是在关键时刻,贯彻重大决策,更应坚定不移,做到任何时候任何情况下都不动摇。高级干部都坚持这样做了,党就能始终保持高度的凝聚力和强大的战斗力"③。胡锦涛同志也说:"各级领导干部特别是高级干部要加强廉洁自律,牢固树立马克思主义的世界观、人生观、价值观,牢固树立正确的权力观、地位观、利益观,常修为政之德、常思贪欲之害、常怀律己之心,始终保持共产党人的蓬勃朝气、昂扬锐气、浩然正气,真正做到自重、自省、自警、自励,真正做到干干净净办事、堂堂正正做人。"④ 习近平总书记在党的十八届五中全会第二次全体会议上强调:"大家要清醒认识高级干部岗位对党和国家的特殊重要性,自觉按党提出的标准要求自己、磨炼自己、提高自己。职位越高,越要夙兴夜寐工作,越要毫无私心把自己的一切奉献给党和人民,越要按规则正确用权、谨慎用权、干净用权,越要像珍惜生命一样珍惜名节和操守,扎扎实实改造主观世界,诚心诚意接受监督帮助,努力使自己成为一名党和人民信赖的好干部。"⑤

---

① 王伟光. 党的鲜明政治品格和强大政治优势(学习习近平总书记重要讲话精神,迎接党的二十大)[N]. 人民日报,2022-09-21(10).
② 苏希胜. 中国共产党对破解历史周期律的探索与实践[J]. 中华魂,2019(10):5.
③ 习近平在党的十八届六中全会第二次全体会议上的讲话(节选)[EB/OL]. 人民网,2017-01-03.
④ 习近平在党的十八届六中全会第二次全体会议上的讲话(节选)[EB/OL]. 人民网,2017-01-03.
⑤ 习近平谈中共的纪律和规矩[EB/OL]. 人民网,2016-01-08.

（二）全会通过的《准则》和《条例》都突出了高级干部这个重点，对高级干部提出了更高的标准、更严的要求

比如，《准则》第一部分就强调，新形势下加强和规范党内政治生活，重点是各级领导机关和领导干部，关键是高级干部特别是中央委员会、中央政治局、中央政治局常务委员会的组成人员。强调高级干部特别是中央领导层组成人员必须以身作则，模范遵守党章党规，严守党的政治纪律和政治规矩，坚持不忘初心、继续前进，坚持率先垂范、以上率下，为全党全社会作出示范。《准则》结尾时进一步强调，加强和规范党内政治生活，要从中央委员会、中央政治局、中央政治局常务委员会做起。《条例》也对中央层面提出了明确要求。比如，专门就党的中央组织的监督单设一章，强调中央委员会成员必须严格遵守党的政治纪律和政治规矩，发现其他成员有违反党章、破坏党的纪律、危害党的团结统一的行为应当坚决抵制，并及时向党中央报告；中央政治局每年召开民主生活会，进行对照检查和党性分析，研究加强自身建设措施；中央政治局委员应当严格执行中央八项规定，自觉参加双重组织生活会，如实向党中央报告个人重要事项，带头树立良好家风，加强对亲属和身边工作人员的教育和约束，等等。可以说，这是两个文件的鲜明特色。在领导干部中，发挥好"一把手"在贯彻落实《准则》《条例》上的示范表率作用，对管理好领导班子和领导干部具有重要意义。

（三）领导干部要争当严肃党内政治生活净化党内政治生态的表率

一是严明"六项纪律"。政治纪律、组织纪律、廉洁纪律、群众纪律、工作纪律和生活纪律，这"六项纪律"是全党必须遵守的行为准则，也是强化党内监督，必须抓住的重点。《条例》确定的党内监督八项主要内容，都是围绕"六项纪律"展开的。通过严明政治纪律，治"浮"；严明组织纪律，治"散"；严明廉洁纪律，治"贪"；严明群众纪律，治"懒"；严明工作纪律，治"滑"；严明生活纪律，治"奢"。只要我们在党内监督中，抓住"六项纪律"，始终以"六项纪律"为尺子，衡量党员干部的言行，就能强化党规党纪

的刚性约束，维护党的肌体健康。

二是牢树"四个意识"。切实增强政治意识、大局意识、核心意识、看齐意识，特别是"核心意识"和"看齐意识"对领导干部来说，贯彻全会精神的一个基本要求是牢固树立起了"核心意识"和"看齐意识"。坚决维护以习近平同志为核心的党中央的权威，保证全党令行禁止。各级党的领导机关和领导干部都要带头维护习近平总书记的核心地位，自觉向党中央看齐，向习近平总书记看齐，向党的理论和路线方针政策看齐，向党中央决策部署看齐，做到党中央提倡的坚决响应、党中央决定的坚决执行、党中央禁止的坚决不做，自觉防止和反对个人主义、分散主义、自由主义、本位主义。对党中央决策部署，任何党组织和任何党员都不准合意的就执行、不合意的就不执行，决不允许有令不行、有禁不止，决不允许搞上有政策、下有对策。全党同志都要认真学习领会、坚决贯彻落实党的十八届六中全会精神，进一步增强"四个意识"特别是核心意识、看齐意识，更加紧密地团结在以习近平同志为核心的党中央周围，更加坚定地维护以习近平同志为核心的党中央权威，更加自觉地在思想上政治上行动上同以习近平同志为核心的党中央保持高度一致，更加扎实地把党中央的各项决策部署落到实处。

三是用好"四种形态"。《条例》吸收党的十八大以来管党治党、加强党内监督的新理念、新经验，提出党内监督要运用"四种形态"，经常开展批评和自我批评、约谈函询。让"红红脸、出出汗"成为常态；党纪轻处分、组织调整成为违纪处理的大多数；党纪重处分、重大职务调整的成为少数；严重违纪涉嫌违法立案审查的成为极少数。这是党内监督，必须把纪律挺在前面的具体化。第一，在抓"前"上下功夫，做到自警自省。第二，在抓"早"上下功夫，做到动辄则咎。第三，在抓"小"上下功夫，做到防微杜渐。"四种形态"是一个完整体系，关键是要在用好第一种形态上下功夫，但并不意味着忽视或放弃后三种形态。没有后三种形态的处理，第一种形态也难以落实。在党风廉政建设和反腐败斗争依然严峻复杂的形势下，对党内监督中发现的严重违纪问题，依规依纪严肃处理，保持高压态势，形成不敢氛围，讲纪律就有人听，抓纪律就有力度，"四种形态"的效果就能得以保证。

全面从严治党，永远在路上，广大党员干部要坚持不忘初心，顺应加强和规范党内政治生活加强党内监督的新形势新要求，坚定理想信念，自觉加强修养，发挥示范作用，共同营造风清气正的政治生态，为加快中原崛起、河南振兴、富民强省提供坚强有力保证，为让中原在实现中国梦的伟大征程中更加出彩作出新的更大的贡献！

破解高校党建难题[①]

高校党委切实增强忧患意识和责任意识，突出问题导向，着眼于对实际问题的理论思考，抓住高校党建实践中的重点、难点、热点问题，以系统思维和改革创新的精神，切实担负起全面从严治党的主体责任。

促进"党建工作"与"中心工作"相融合，做到两手抓，两促进。高校党建工作与中心工作相比，占有统领性、先导性、基础性地位。党建工作贯穿于学校人才培养、科学研究、社会服务、文化传承等各项工作中。高校党委应树立"围绕发展抓党建，抓好党建促发展"的思想，做到两手抓、两手硬，真正实现党建工作与中心工作深度融合、共同发展，不断焕发党建工作新活力，为促进高等教育和谐健康发展，不断提升高校综合办学实力和核心竞争力提供坚强有力的思想、政治和组织保证。

坚持思想建党和制度治党相衔接，一柔一刚，同向发力、同时发力。新形势下高校党委应坚持思想建党和制度治党紧密结合，把思想建党摆在党的建设的首位，把制度治党作为管党强党的治本之策，根据"全面从严治党"的要求，本着"于法周延、于事有效"的原则，及时对已有的工作制度进行梳理，坚持和完善一批行之有效的制度，废除一批不适用的制度，制定一些新的法规制度，把握整体性，增强预见性、创造性、实效性，构建系统完备

[①] 发表于2016年7月4日《学习时报》第8版。

的高校党的建设制度体系，加快现代大学制度建设，使思想建党和制度治党高度契合、紧密衔接，做到教育和制度同向发力、同时发力，形成最大合力。

加强以党章为根本，民主集中制为核心的制度体系建设，不断坚持和完善党委领导下的校长负责制。党委领导下的校长负责制是党领导高校的根本制度，是中国特色现代大学制度的核心内容，也是高校党委贯彻落实全面从严治党的基础和根据。一是坚持政治家教育家办学。二是落实好民主集中制。三是加强民主管理。四是依法治校。

进一步健全制度、细化责任，共同构建反腐倡廉工作"合力"。新时期高校党委贯彻落实全面从严治党方针，深入推进党风廉政建设和反腐败工作，须做好以下五个方面的重点工作：一是提高责任意识；二是明确主体责任；三是自觉接受纪委监督；四是强化纪委的监督责任；五是落实好监督责任，把执纪、监督、问责，作为落实纪委监督责任的第一要求。

坚持纪严于法、纪在法前，把严守政治纪律和政治规矩放在首位。新时期高校党委正确认识处理"依法治党"与"依纪治党"之间的关系，把纪律建设作为治本之策，摆在更加重要的地位，真正做到"纪"在"法"前，用纪律管住大多数，使纪律成为管党治党的尺子、不可逾越的底线。一是以"两学一做"为抓手，抓党章党规教育，唤醒全体党员党规党纪意识。教育引导广大党员、干部特别是领导干部严格按党章标准要求自己，知边界、明底线，按照党员标准严格要求自己，做合格共产党员。二是坚持问题导向，把严守政治纪律和政治规矩放在首位。着重解决纪、法不分，把违纪当"小节"；降低党员标准，把党员混同于一般群众等突出问题。把违反政治纪律问题作为纪律审查的重要内容，带动其他纪律严起来。三是坚持把纪律和规矩挺在前沿。严是爱，松是害。强化纪律约束，注重日常管理，落实抓早抓小，关口前移。

盯紧"关键少数"，管好"最大多数"，有效发挥基层党组织战斗堡垒作用和共产党员先锋模范作用。高校党委贯彻习近平总书记全面从严治党要求，既要抓住领导干部这个"关键少数"，更要管好基层党组织和党员这个"最大多数"。坚持问题导向，聚焦薄弱环节。着力解决一些干部党员存在的理想信念模糊动摇、党的意识淡化、宗旨观念淡薄、精神不振和道德行为不端等问题；着力解决一些基层党组织软弱涣散和凝聚力、战斗力不强的问题；着力解决少数院（系）级党组织和基层党支部组织生活不严肃、不认真、不经常的问题。进一步严密党的组织体系，严肃党的组织生活，严格党员教育管理，严明党建工作责任。不断增强广大党员干部的政治意识、大局意识、核心意识、看齐意识。实现由"关键少数"向"最大多数"延伸，有效发挥基层党组织战斗堡垒作用和共产党员先锋模范作用。

高校党委贯彻"全面从严治党"需要着力处理好的几个问题[①]

"全面从严治党"是"四个全面"战略布局的重要组成部分，是新形势下加强和改进高校党建工作的思想指南，是办好中国特色社会主义大学的根本保证。高校党委要切实增强忧患意识和责任意识，深刻认识和牢牢把握"全面从严治党"的重要意义和实践要求，坚持理论联系实际的马克思主义学风，突出问题导向，着眼于对实际问题的理论思考，抓住高校党建实践中的重点、难点、热点问题，把握整体性，增强预见性、创造性、实效性，以系统思维和改革创新的精神，在系统整合中推进高校党建纵深发展。

一、要正确认识处理"党建工作"与"中心工作"之间的关系，促进"党建工作"与"中心工作"相融合，做到两手抓，两促进

高校党建工作是"党的建设伟大工程"的重要部分，是"全面从严治党"战略布局的重要领域。加强和改进高校党的建设是一项战略工程、固本工程、铸魂工程。事关党对高校的领导，事关社会主义办学方向，事关中国特色社会主义事业后继有人。党建工作与中心工作相比，占有统领性、先导性、基础性地位。党建工作贯穿于学校人才培养、科学研究、社会服务、文化传承等各项工作中。教学工作、科研工作搞不好会出问题，党的建设搞不好会出大问题。随着世情国情党情的变化，当前高校处于各种思想文化交流

[①] 发表于《中共中央党校报告选》2016年第5期。

交融交锋的前沿。大学生正处于世界观、人生观、价值观逐步形成的重要时期，坚持以社会主义核心价值体系为指导，以"全面从严治党"为抓手，坚持立德树人，促进大学生全面发展和健康成长，是新时期党和国家赋予高等教育的重大责任和神圣使命。对此，习近平总书记指出，"高校肩负着学习研究宣传马克思主义、培养中国特色社会主义事业建设者和接班人的重大任务。加强党对高校的领导，加强和改进高校党的建设，是办好中国特色社会主义大学的根本保证。"①"办好中国特色社会主义大学，要坚持立德树人，把培育和践行社会主义核心价值观融入教书育人全过程。"② 为此，高校党委要站在协调推进"五位一体"总体布局和"四个全面"战略布局、贯彻落实"五大发展理念"的战略高度，深刻认识和准确把握开展"全面从严治党"的重要性和必要性。树立"围绕发展抓党建，抓好党建促发展"的思想，"坚持党建工作和中心工作一起谋划、一起部署、一起考核"③，坚决防止一手硬、一手软，真正实现党建工作与中心工作深度融合、共同发展，不断焕发党建工作新活力，为促进高等教育和谐健康发展，不断提升高校综合办学实力和核心竞争力提供坚强有力的思想、政治和组织保证。

二、要正确认识处理"思想建党"与"制度治党"之间的关系，坚持思想建党和制度治党相衔接，一柔一刚，同向发力、同时发力

党建工作，是做人的思想政治工作。重视从思想上建党，是中国共产党的伟大创造，是中国共产党的宝贵经验。思想建党是制度治党的前提和基础，是从源头上预防和治理腐败现象的一项极端重要的工作。但历史和实践证明，思想政治工作也不是万能的。制度问题更带有根本性、全局性、稳定性、长期性。党要管党、从严治党，必须有坚强的制度作保证。坚持思想建党和制

---

① 习近平就高校党建工作作出重要指示［N］．人民日报，2014-12-30（01）．
② 习近平就高校党建工作作出重要指示［N］．人民日报，2014-12-30（01）．
③ 习近平．历史使命越光荣 奋斗目标越宏伟 越要增强忧患意识 越要从严治党［N］．人民日报，2014-10-09（01）．

度治党紧密结合是新时期加强党的建设的重要内容,是党的历史发展的经验总结。习近平总书记指出:"从严治党靠教育,也靠制度,二者一柔一刚,要同向发力、同时发力。"① 思想建党是制度治党的前提和基础。制度治党是思想建党的支撑和保障。二者相辅相成、相互促进。加强思想教育,有助于提高认识,从思想上正本清源、立根固本,增强制度认同和自觉,有助于维护制度的严肃性和权威性。健全完善制度,有助于思想教育落地生根,巩固教育成果,形成常态长效。教育和制度同向、同时发力,就可以产生管党治党的叠加效应。新形势下高校党委要贯彻全面从严治党方针,必须坚持思想建党和制度治党紧密结合,把思想建党摆在党的建设的首位,把制度治党作为管党强党的治本之策,根据"全面从严治党"的要求,本着"于法周延、于事有效"的原则,及时对已有的工作制度进行梳理,坚持和完善一批行之有效的制度,废除一批不适用的制度,制定一些新的法规制度,把握整体性,增强预见性、创造性、实效性,以改革创新精神补齐制度短板,构建系统完备的高校党的建设制度体系,加快现代大学制度建设,使思想建党和制度治党高度契合、紧密衔接,做到教育和制度同向发力、同时发力,形成最大合力。这是新时期高校党委贯彻全面从严治党的根本遵循。

三、正确认识和处理党委领导和校长负责之间的关系,加强以党章为根本,民主集中制为核心的制度体系建设,不断坚持和完善党委领导下的校长负责制

党委领导下的校长负责制是党领导高校的根本制度,是中国特色现代大学制度的核心内容,也是高校党委贯彻落实全面从严治党的基础和根据。实践证明,这一制度符合我国国情,必须毫不动摇地坚持,并与时俱进不断加以完善。新时期高校党委贯彻落实全面从严治党方针,保证中国特色社会主义大学方向,促进高等教育和谐健康发展,必须加强以民主集中制为核心的

---

① 习近平在党的群众路线教育实践活动总结大会上的讲话[N]. 人民日报,2014-10-09(02).

制度体系建设，不断坚持和完善党委领导下的校长负责制。对此，习近平总书记指出："加强和改进高校党的建设，是促进高等教育科学发展、建设高等教育强国的根本保证，是全面贯彻党的教育方针、培养社会主义事业建设者和接班人的必然要求。要坚持和完善党委领导下的校长负责制，按照德才兼备、以德为先用人标准，把政治上坚定、业务上优秀、作风上过硬、广大师生认可的同志选配到学校领导班子中，特别要选好配强党委书记和校长，切实增强高校领导班子的整体功能，提高领导班子办学治校能力。"① 一是要坚持政治家教育家办学。按照社会主义政治家、教育家 目标要求，选好配强高等学校领导班子特别是党委书记和校长。高校领导班子成员都要成为懂教育的政治家，也要当讲政治的教育家。党政一把手，必须讲政治，守规矩；必须懂教育，按教育规律办事；必须善团结，大事讲党性、讲原则，小事讲风格、讲气度，遇事有胸怀，能包容；必须敢担当，能抓善管，敢于批评，勇于担事。二是要落实好民主集中制。民主集中制是党的根本组织制度和领导制度。凡属重大问题都要按照"集体领导、民主集中、个别酝酿、会议决定"的原则和程序。坚持"集体领导和个人分工负责相结合"。重大事项必须坚持科学决策、民主决策、依法决策，集体研究决定；党委成员要根据集体的决定和分工，切实履行自己的职责。三是加强民主管理。重大事项的决策坚持群众参与、专家咨询和集体决策相结合；对专业性、技术性较强的重大决策，应经过专家评估及技术、政策、法律咨询。事关师生员工切身利益重要事项的决策，应通过教职工代表大会或其他方式进行。四是要依法治校。要按照四中全会的要求，把法治思维和法治方式贯穿办学治校全过程，构建系统完备的高校党的建设制度体系，加快现代大学制度建设，使制度治党和依法治校高度契合、紧密衔接、有机统一。

---

① 习近平会见全国高校党建工作会议代表并讲话 [EB/OL]. 中华人民共和国中央人民政府，2010-12-14.

四、要正确认识和处理党委的主体责任和纪委的监督责任之间的关系，进一步健全制度、细化责任，共同构建反腐倡廉工作"合力"

加强党对党风廉政建设和反腐败工作的统一领导，落实党风廉政建设责任制，党委负主体责任，纪委负监督责任，这是党的十八届三中全会对加强反腐败体制机制创新和制度保障作出的重大部署，是推进国家治理体系和治理能力现代化的重要举措。纪委是党内监督的专门机关，是管党治党的重要力量。但历史和实践经验证明，要切实解决纪检监察机关工作中长期存在的"监督难"问题，必须进一步厘清与明确党委和纪委的职责与权限。新时期高校党委贯彻落实全面从严治党方针，深入推进党风廉政建设和反腐败工作，必须做好以下六个方面的重点工作：一是提高责任意识。要加强对党风廉政工作的领导，切实担负起全面领导党风廉政建设的主体责任。"既挂帅又出征"，既要当好"领导者"，又要当好"执行者"和"推动者"。二是明确主体责任。党委书记是第一责任人，必须对党风廉政建设负总责；班子其他成员要履行"一岗双责"，对分管领域党风廉政建设负主要领导责任。从党委"不松手"、党委书记"不甩手"、班子成员"不缩手"三个层面，发挥好党委在反腐倡廉中的领导核心作用。三是自觉接受纪委监督。要树立正确的监督观，充分认识到监督是关心、爱护、保护，是政治文明进步的体现和标志。党委主要领导要自觉养成在监督下工作的习惯，坚决防止权力滥用。四是强化纪委的监督责任。用法治思维和法治方式推进纪委监督责任的履行，进一步明确纪委作为党内监督专责机关的法律地位。党委要保证纪委监督权的相对独立性和权威性，支持纪委履行监督责任。五是落实好监督责任，把执纪、监督、问责，作为落实纪委监督责任的第一要求。转职能、转方式、转作风，聚焦党风廉政建设和反腐败斗争中心任务。纪委书记不参与党委其他业务工作分工，把不该管的工作坚决交还主责部门。六是要健全对一把手的监督制度，完善领导班子议事制度，对集体讨论事项，每个班子成员必须亮明态度并记录在案。要建立干部选拔任用问责制度，做到谁提名谁负责，谁考察谁负责，谁主持会议讨论决定谁负责。建立领导干部插手重大事项记录制度，对违规过问下级有关事项如实登记和问责。

五、要正确认识处理"依法治党"与"依纪治党"之间的关系，坚持纪严于法、纪在法前，把严守政治纪律和政治规矩放在首位

党纪与国法都是国家治理体系的重要组成部分，是中国特色社会主义制度体系的重要内容。当前全面从严治党的显著特点在于，在强调依法治党的基础上，重在加强纪律建设，坚持纪严于法，纪在法前。党纪与国法不是一个概念，不能混同。党纪的适用对象是全体党组织、党员，而国法的适用对象是全体社会组织和公民。党纪严于国法，这是由党的先锋队性质决定的。党是有着特殊政治使命的政治组织，党员不能把自己混同于一般群众，群众守法就行，党员光守法不行还得守纪。无数事实证明，党员干部违法犯罪，必先违反党的纪律。坚持党纪严于国法，把党纪挺在国法前面，这是贯彻全面从严治党的重大举措，体现党的先锋队性质，对领导干部来讲，既是约束、限制，更是爱护、保护。新时期高校党委要站在党和国家事业发展全局的高度，正确认识处理"依法治党"与"依纪治党"之间的关系。"把纪律建设作为治本之策，摆在更加重要的地位"。真正做到"纪"在"法"前，用纪律管住大多数，使纪律成为管党治党的尺子、不可逾越的底线。一是以"两学一做"为抓手，抓党章党规教育，唤醒全体党员党规党纪意识。教育引导广大党员、干部特别是领导干部严格按党章标准要求自己，知边界、明底线，按照党员标准严格要求自己，做合格共产党员。二是坚持问题导向，把严守政治纪律和政治规矩放在首位。着重解决纪、法不分，把违纪当"小节"；降低党员标准，把党员混同于一般群众等突出问题。要把违反政治纪律问题作为纪律审查的重要内容，带动其他纪律严起来。三是坚持把纪律和规矩挺在前沿。严是爱，松是害。强化纪律约束，注重日常管理，落实抓早抓小，关口前移。勿以善小而不为，勿以恶小而为之。各级党组织必须克服惯性思维，以纪律为戒尺，发现苗头就要及时提醒，触犯纪律就要立即处理。要坚持党的领导不动摇，坚持严格执纪不放松、绷紧监督之弦不懈怠、扎紧制度笼子不落空，贯彻党的路线方针政策不含糊，始终做政治上的明白人。

六、要正确认识和处理"关键少数"和广大党员干部之间的关系问题，盯紧"关键少数"，管好"最大多数"，有效发挥基层党组织战斗堡垒作用和共产党员先锋模范作用

"全面从严治党，核心是加强党的领导，基础在全面，关键在严，要害在治"①，重点是抓住领导干部这个"关键少数"。因为，相比于广大党员群体，领导干部居于少数，身处关键岗位、关键领域、关键环节，决定着一个地方或部门的政治生态，只有领导干部自身素质过硬、工作过硬，我们的事业才会兴旺发达。只有抓好"关键少数"才能带动"最大多数"。因此，紧紧围绕遏制腐败蔓延势头的目标任务，力度不减、节奏不变，持续保持遏制腐败的高压态势，重点查处党的十八大后不收敛、不收手，问题严重、群众反映强烈，现在重要岗位可能还要提拔使用的党员领导干部，仍是当前全面反腐败领域的一个重点。但实践证明，全面从严治党，只盯住"关键少数"是远远不够的。全面从严治党，要靠全党、管全党、治全党。全面从严治党，既要抓住领导干部这个"关键少数"，坚持以上率下，又要用纪律管住"最大多数"，夯实党的执政基础。对此，习近平总书记指出："广大党员干部工作在第一线，是推进党的路线方针政策贯彻落实的重要力量，是党的事业的骨干。没有广大党员干部的积极性和执行力，再好的政策措施也会落空。"② 高校基层党组织和共产党员是高校党建工作的执政之基、是办好中国特色社会主义大学的力量之源。高校党委贯彻习近平总书记全面从严治党要求，既要抓住领导干部这个"关键少数"，更要管好基层党组织和党员这个"最大多数"。坚持问题导向，聚焦薄弱环节。着力解决一些干部党员存在的理想信念模糊

---

① 习近平. 坚持全面从严治党依规治党 创新体制机制强化党内监督 [N]. 人民日报，2016-01-13（01）.
② 中共中央宣传部. 习近平总书记系列重要讲话读本（2016年版）[M]. 北京：人民出版社，2016：124.

动摇、党的意识淡化、宗旨观念淡薄、精神不振和道德行为不端等问题；着力解决一些基层党组织软弱涣散和凝聚力、战斗力不强的问题；着力解决少数院（系）级党组织和基层党支部组织生活不严肃、不认真、不经常的问题。进一步严密党的组织体系，严肃党的组织生活，严格党员教育管理，严明党建工作责任。不断增强广大党员干部的政治意识、大局意识、核心意识、看齐意识。实现由"关键少数"向"最大多数"延伸，有效发挥基层党组织战斗堡垒作用和共产党员先锋模范作用。

七、要正确认识处理开展党风廉政建设和反腐败斗争之间的关系，标本兼治，净化政治生态，树立风清气正，干事创业良好的氛围

反腐倡廉建设是一项长期的、艰巨的、复杂的系统工程，是我党五大建设内容之一，是全面从严治党的重要组成部分。党的十八大以来，我们党以零容忍的态度重拳反腐，坚持老虎、苍蝇一起打，使不敢腐的震慑作用充分发挥，不能腐、不想腐的效应初步显现，反腐败斗争压倒性态势正在形成。但由于种种原因，滋生腐败的土壤依然存在，反腐败形势依然严峻复杂，一些不正之风和腐败问题仍然影响恶劣。"反腐倡廉必须常抓不懈，拒腐防变必须警钟长鸣"[1]。但实践证明，反腐与倡廉是一个有机联系的整体，是我们党建立以完善惩治和预防腐败体系为重点加强反腐倡廉建设工程的两个组成部分。高校党委要贯彻落实全面从严治党方针，必须正确认识处理开展党风廉政建设和反腐败斗争之间的关系，要采取坚决有力的措施手段，标本兼治，净化政治生态。首先，要把反腐斗争放在更加突出的位置，继续保持惩治腐败高压态势，以零容忍态度惩治腐败。坚持标本兼治、综合治理、惩防并举、注重预防的方针，加强对权力运行的制约和监督，把权力关进制度的笼子，形成不敢腐的惩戒机制、不能腐的防范机制、不易腐的保障机制。其次，还要大力加强廉政文化建设，加强舆论引导和正面宣传。抓典型，树榜样，以

---

[1] 习近平. 借鉴历史上优秀廉政文化 不断提高拒腐防变能力 [EB/OL]. 人民网，2013-04-21.

正确的舆论引导人,以高尚的精神塑造人、以先进的榜样激励人,教育引导党员干部"对党忠诚、个人干净、勇于担当",牢固"树立政治意识、大局意识、核心意识、看齐意识",努力营造风清气正,干事创业的良好环境。最后,坚持立德树人,把社会主义核心价值观融入教书育人全过程,教育引导广大青年、学生,树立正确的世界观、人生观、价值观、荣辱观,自觉地把个人的前途同国家和民族的命运紧密联系在一起,在奉献社会和服务人民的过程中实现自身价值,在全面建设小康社会、实现中华民族伟大复兴的历史征程中建功立业。对此,习近平总书记讲,"全面从严治党,既要注重规范惩戒、严明纪律底线,更要引导人向善向上,发挥理想信念和道德情操引领作用"①"政治生态好,人心就顺、正气就足;政治生态不好,就会人心涣散、弊病丛生"②。

---

① 习近平. 在第十八届中央纪律检查委员会第六次全体会议上的讲话 [N]. 人民日报, 2016-05-03 (02).
② 习近平. 在第十八届中央纪律检查委员会第六次全体会议上的讲话 [N]. 人民日报, 2016-05-03 (02).

认真扎实开展"两学一做"
全面落实从严治党责任[①]

一、开展"两学一做"的总体要求

两学一做，基础是学，关键是做。要学什么？学党章、学党规，学习近平总书记系列讲话精神。要做什么？要做合格党员。实际上，从开展"两学一做"的总体要求上说，恰恰是体现了认识论、实践论和方法论的统一。

一是从认识论上看，基础在学，关键在做，实现四个"进一步"。在"两学一做"学习教育中，全体党员要实现四个"进一步"：即进一步坚定理想信念，提高党性觉悟；进一步增强政治意识、大局意识、核心意识、看齐意识，坚定正确政治方向；进一步树立清风正气，严守政治纪律和政治规矩；进一步强化宗旨观念，勇于担当作为，在生产、工作、学习和社会生活中起先锋模范作用。

二是从实践论上看，"学"要带着问题学，"做"要针对问题改，实现"五个着力解决"。"两学一做"针对的现实问题是什么呢？即五个着力解决：着力解决一些党员理想信念模糊动摇的问题，着力解决一些党员党的意识淡化的问题，着力解决一些党员宗旨观念淡薄的问题，着力解决一些党员精神不振的问题，着力解决一些党员道德行为不端的问题。

三是从方法论上看，做到"五个坚持"，确保"两学一做"取得成效。

---

① 在华北水利水电大学"两学一做"党委理论学习中心组（扩大）会议上的讲话。

开展"两学一做",要做到"五个坚持":即坚持正面教育为主,用科学理论武装头脑;坚持学用结合,知行合一;坚持问题导向,注重实效;坚持领导带头,以上率下;坚持从实际出发,分类指导。

二、开展"两学一做"教育成果的检验标准

"两学一做"学习教育的成效,最终要体现在推动中心工作、促进学校各项事业发展上。中央提出了新形势下合格党员的标志和特质是"四讲四有"。具体来说那就是,如果我们每一个党员都要努力做到"四讲四有","两学一做"就成功了,因为最关键的"做"做到了。

一是讲政治、有信念,政治要合格。就是要对党忠诚、坚定理想信念。习近平同志一再强调,理想信念是共产党人精神上的"钙",没有理想信念,理想信念不坚定,精神上就会"缺钙",就会得"软骨病"。通过"两学一做",做合格党员,首先要解决的是对党忠诚问题,也就是政治合格问题。政治合格,最根本的是增强政治意识、大局意识、核心意识、看齐意识。这"四个意识"集中体现根本的政治方向、政治立场、政治要求,是检验党员政治素养的试金石。党章党规遵守得好不好,习近平同志系列重要讲话学得好不好,重要的也是看这"四个意识"有没有牢固树立起来。"四个意识"的落脚点是"看齐意识",要求我们经常主动全面地向以习近平同志为核心的党中央看齐,向党的理论和路线方针政策看齐,坚决维护党中央权威、维护党的领导核心,在思想上政治上行动上同党中央保持高度一致,做政治上的明白人。看齐意识强不强,关键看行动,就是要始终做到党中央提倡什么就认真践行什么、党中央禁止什么就坚决反对什么,做到令行禁止。

二是讲规矩、有纪律,守纪要合格。就是要严守党的政治纪律和政治规矩。一个组织如果没有纪律和规矩的约束,就会成为一盘散沙。中国共产党是靠革命理想和铁的纪律组织起来的马克思主义政党,讲规矩、有纪律是党员对党是否忠诚的重要检验。毛泽东同志说,路线是"王道",纪律是"霸道",这两者都不可少。铁的纪律可以说是历史传承,中国共产党为什么能夺

取政权，建立新中国、建设新中国，很重要的原因就是我们有铁的纪律。毛泽东曾经在七届二中全会上提出了六个不允许：不做寿；不送礼；少敬酒；少拍掌；不以人名作地名；不要把中国同志同马恩列斯平列。这是当年对中国共产党人定下的规矩。我们说的规矩，既包括党章党纪国法、规章制度，又包括党的优良传统、政治要求和道德规范等。党员讲规矩，就要知晓规矩、认同规矩、遵守规矩、维护规矩，明白哪些该做、哪些不该做，用纪律和规矩来规范和约束自己的言行。

三是讲道德、有品行，品德要合格。就是要明大德、守公德、严私德。古人云："德为立国之基""德为国之大宝""德为才之帅"。还有句古话叫求忠臣于孝子门，意思是说一个对父母不孝的人，很难想象他能对国家和人民忠心耿耿。德行是人的根本素养，评价一名党员是否合格，"德"永远居于第一位，大德、公德、私德缺一不可。大德即政治品德，公德包括社会公德和职业道德，大德要明，公德要守。私德为家庭美德，是家风传承。从一些党员干部暴露的问题和查处的案件看，大部分违规违纪党员干部存在缺德失德问题。做一名合格党员，就要上好道德修养这一人生必修课，传承党的优良作风，弘扬中华传统美德，践行社会主义核心价值观，时刻用正反两方面典型教育警示自己，择其善者而从之，做到心有所畏、言有所戒、行有所止。

四是讲奉献、有作为，履职要合格。就是要践行党的宗旨、敢于担当、善于作为。中国共产党具有最讲奉献、最讲牺牲的政治品格。党领导人民进行新民主主义革命，所付出的牺牲世所罕见。总起来说，"四讲四有"不是抽象的，而是具体的。做合格党员，"四讲四有"缺一不可，少了任何"一讲"、缺了任何"一有"，都算不上合格党员。

三、把"两学一做"学习教育引向深入的几点思考

当前，学校发展站在新的起点上，处于新的历史时期，如何把握方向、立德树人，如何在"十三五"期间明确目标、主动作为，编制好学校"十三五"发展规划；如何在深化高等教育改革中准确定位、办出特色，积极做好

"河南省特色骨干大学"创建工作;如何进一步巩固本科教学工作中心地位,加快高水平大学和优势特色学科建设,力争顺利通过本科教学工作审核评估;如何进一步实施"人才强校战略"和"开放活校战略",进一步完善人才引进政策,加强"金砖国家网络大学"建设,全面提升对外合作和开放办学国际化水平,激发办学活力,提高办学水平等,不仅仅是校党委行政的奋斗目标,更是全校师生员工的期盼。实现发展目标,我们既有许多机遇和有利条件,也面临不少困难和挑战,学校各级党员领导干部,是学校改革发展的领导者、组织者、推动者,也是学校建设发展的主力军、生力军,迫切要求我们以"两学一做"学习教育为契机,真学真信、真懂真用、真抓真改,切实把"两学一做"教育不断引向深入、确保学习教育取得实效。

(一)"学"字开路,坚持理论武装,突出经常性教育

"两学一做"学习教育与群众路线教育实践活动和"三严三实"专题教育不同的一点,就在于它更强调党内教育的经常性。1989年,邓小平同志曾经在会见乌干达总统穆塞韦尼总结改革开放经验教训时说:"我们最大的失误是在教育方面,思想政治工作薄弱了。"从我们党的发展历史看,越是在党的事业发展的重大历史关头,党对全体党员的教育就越是重视,而在对党内经常性教育不够重视或有所偏离的情况下,也总是伴随着党的事业出现挫折或损失。因此,党内经常性教育是全面从严治党的必然要求,也是党内教育常态化的具体体现。如何推进党内经常性教育不断开展并取得新的成效,是执政党加强自身建设和巩固执政地位必须回答的课题,也是党的思想政治建设的重要内容,稍有松懈将会产生重大失误。在群众路线教育实践活动和"三严三实"专题教育针对处级以上领导干部进行集中性教育之后,党员干部队伍整体素养和作风都得到了加强,精神面貌也大为改观,从严治党的氛围正在逐步形成。但是,思想政治建设不可能毕其功于一役,不少同志"松口气,歇歇脚"的想法,是非常有害的,也是要不得的,现在,一些党员干部出问题,有一个共同的原因,就是不学党章、淡忘党章,不拿党章当回事。还有些同志没有学习过《关于党内政治生活的若干准则》《中国共产党廉洁自律准

则》《中国共产党纪律处分条例》等党内法规,希望大家能静下心来,认认真真学习。对每一个共产党员来说,尊崇党章、学习党章、遵守党章、维护党章,是最基本的要求,不仅要经常捧读、认真领会,更要入脑入心、外化于行。党规党纪是对党章的延伸和具体化,是规范党员行为的具体遵循。通过学习,弄清楚该做什么、不该做什么,能做什么、不能做什么,守住共产党员为人做事的基准和底线。

(二)"谋"字打底,要有问题意识,找准开展"两学一做"学习教育的着力点

问题是时代的强音。开展"两学一做"学习教育,必须要有问题意识,学明白,还要想明白,才能干明白。实践表明,坚持实事求是、从实际出发推进学习教育,同教条主义、经验主义、本本主义和形式主义式地进行思想教育,其效果截然相反。理论联系实际是马克思主义学风最显著的标志,要求我们每位同志,都要有强烈的问题意识,着眼于对制约学校事业发展的实际问题的深入思考,着眼于学校事业发展新的实践和新的发展,在学习教育中推动突出问题和具体问题的解决,通过解决实际问题增强学习教育的自觉性、针对性,才能保证学有所获、教有所得。针对党员队伍建设中存在的问题,中央和省委提出了"六个着力解决",即着力解决一些党员理想信念模糊动摇、党的意识淡化、宗旨观念淡薄、廉洁自律意识不强、精神不振、道德行为不端等六个方面的问题。要紧密结合学校和本部门本单位实际存在的问题,联系个人思想、工作、生活实际,仔细对照、认真甄别,实事求是地给自己"画像""打分",对照"合格"找差距,对标"优秀"查不足,找实、找准、找透"改什么"。特别是要注重抓细抓小,从解决认真进行政治理论学习、正常参加组织生活、按时缴纳党费等具体问题着手,于细微之处见成效,确保精准聚焦、有的放矢。解决问题要立行立改,要针对排查出来的问题,认认真真进行整改,真正有什么问题就着力解决什么问题,什么问题突出就重点解决什么问题,改就改好,改就改到位。把"两学一做"问题整改,同抓好党的群众路线教育实践活动和"三严三实"专题教育的问题整改结合起

来,更好地巩固整改成果,把集中整改与加强日常教育管理结合起来,真正使党的组织生活和党员教育管理严起来、实起来。

(三)"改"字用力,坚持问题导向,解决党员干部队伍突出问题

习近平总书记在对"两学一做"学习教育作出的重要批示中指出:"要突出问题导向,学要带着问题学,做要针对问题改,把合格的标尺立起来,把做人做事的底线划出来,把党员的先锋形象树起来,用行动体现信仰信念的力量。"① 这表明,只有把解决问题作为"学"的出发点和"做"的落脚点,才能真正学在精髓、做在实处、改在当改处。学校发展的新常态,对广大党员干部的境界标准、精神状态、素质能力、工作作风提出了新的更高要求。但是,当前党员干部队伍中仍然存在着一些问题,比如宗旨意识、群众观念淡薄;慢作为、不作为现象仍比较普遍;功利主义、利己主义思想仍然存在;自由主义、个人主义有抬头倾向等,如果不加以重视和解决,将严重阻碍我们工作的开展。当然,我们党员干部队伍的主流始终是好的,尤其是在全面从严治党不断向基层延伸的现阶段,我们开展"两学一做"学习教育,目的是进一步加强干部队伍建设,进一步强化规章制度,把"思想建党"和"制度建党"紧密结合,充分调动广大党员干部干事创业、担当进取的积极性,不断增强党性、转变作风、提升能力,把党员的先锋形象树起来,更好地凝聚最广大师生员工的磅礴力量,始终把"改"作为成效和检验,深入查摆突出问题,针对问题整改提高,建立健全长效机制,以制度的健全完善促进整改落实的长期性持续性,以制度的刚性约束确保作风建设的常态化长效化,不断将学校的各项事业推向前进。

---

① 习近平. 突出问题导向确保取得实际成效 把全面从严治党落实到每一个支部 [N]. 人民日报,2016-04-07(01).

（四）"带"字当头，坚持以上率下，发挥"关键少数"的示范带头作用

要突出领导带头，带头学，做学习教育的引领者；带头做，做学习教育的示范者；带头抓，做学习教育的推动者。党员干部，特别是领导干部以身作则、率先垂范的行为，对学习教育的成效具有巨大的影响。领导干部这个"关键少数"是否能躬身践行、以身作则，要求普通党员学习的自己先学，要求教育普通党员的自己先受教育；要求普通党员做到的自己首先做到，要求普通党员不做的自己坚决不做，始终是保证教育实效的关键。党员领导干部在"两学"中，必须自觉以党章党规对照检查自己，科学把握系列讲话蕴含的治国理政新理念新思想新战略，提高做好领导工作所必需的政治素养和政策水平；在"一做"中，必须自觉增强政治意识、大局意识、核心意识、看齐意识，对照"四讲四有"合格党员的标准，解决好带头坚定理想信念、带头严守政治纪律和政治规矩、带头树立和落实新发展理念、带头攻坚克难敢于担当、带头落实全面从严治党责任这五个方面的问题，这样才能真正发挥好领导干部的表率，由此通过层层示范、层层带动，上级带下级、班长带队伍，在上行下效、整体联动的实践中保证学习教育取得实效。以履职尽责的担当抓好落实，把主体责任扛起来，推动以上率下、示范带动，切实提升学习教育工作成效。

（五）"做"字精准，坚持做好结合文章，确保学习教育取得实效

要以切实有效的措施抓好落实，在融合结合上下功夫，做到抓在日常、严在经常；要务求规定动作到位、自选动作精彩。一是结合要精准。要把开展学习教育与践行新发展理念、推动"十三五"发展紧密结合起来，与抓好学校年度重点任务、做好当前改革发展稳定各项工作紧密结合起来，与搞好干部人才队伍建设、加强基层组织建设紧密结合起来，与切实增强高校思想政治工作引领性紧密结合起来，把广大党员干部在学习教育中激发出来的巨大热情和优良作风，转化为做好各项工作的强大动力，推动党员干部提振精气神、展现新作为，为完成今年学校各项工作任务、实现"十三五"良好开

局奠定坚实基础。二是方法要精准。坚持准确把握原则方法，要突出分类指导，区分不同对象做好顶层设计，立足不同领域创设有效载体，针对不同党员进行分类施策，确保每名党员都能受教育、有提高。要突出常态推进，加强日常教育管理，严肃党内政治生活，加强基层组织建设，把每个基层党组织都建成政治坚定、团结有力、担当尽责、师生信任的过硬支部。要突出抓点示范，一方面树立典型形象，另一方面注重以点带面，更好更全面地促进学习教育均衡开展、整体推进。

领导干部面对失误要敢于承担责任[①]

习近平总书记指出,党的干部要发扬担当精神,必须做到"五个敢于",其中之一就是"面对失误敢于承担责任"。省委书记谢伏瞻在全省领导干部学习贯彻党的十八届六中全会精神专题研讨暨省"两委"委员培训班上再次强调,领导干部"面对失误敢于承担责任"。我们应深刻认识领导干部面对失误敢于承担责任的意义,为在改革创新中敢闯敢试的领导干部营造宽容失误的良好环境,引导、激励广大领导干部敢作敢为,面对失误敢于承担责任,勇作时代的劲草真金。

一、领导干部勇于改革、敢于担责是时代的要求

面对失误敢于承担责任是共产党人的政治本色。中国共产党的历史,是一部中国共产党人为民族谋复兴、为国家谋富强、为人民谋幸福的历史,也是一部共产党人为国、为民敢于担当的历史,还是一部不断修正错误、善于总结经验、逐步走向成熟的历史。自党成立以来,在革命、建设、改革开放的各个历史时期,无数共产党人用热血和生命,用智慧和汗水,为党尽责、为国尽忠、为民分忧,在不同岗位上诠释着中国共产党人面对失误敢于承担责任的优秀品格,鲜明地体现了共产党人的担当精神,有力地彰显了共产党

---

① 发表于 2017 年 3 月 22 日《河南日报》理论版。

人的政治本色。

面对失误敢于承担责任是事业发展的客观需要。如何科学应对长期复杂的"执政考验、改革开放考验、市场经济考验、外部环境考验",如何有效防范和化解"精神懈怠危险、能力不足危险、脱离群众危险、消极腐败危险",如何"实现中华民族伟大复兴、推进中国特色社会主义伟大事业、进行具有许多新的历史特点的伟大斗争、全面推进党的建设新的伟大工程",是当代中国共产党人必须直面的重大课题。破解历史和现实难题,唯有啃硬骨头、涉险滩,而克难攻坚就难免会有错误,这就迫切需要领导干部弘扬在错误面前敢于承担责任的担当精神。

面对失误敢于承担责任是加强干部队伍建设的重大课题。党的十八大以来,随着全面从严治党纵深发展,党风政风焕然一新。然而,在中央"八项规定"等禁令和反腐败的高压态势之下,干部队伍中仍存在四平八稳的"太平官"、因循守旧的"平庸官"、逃避责任的"圆滑官"。这些"问题官员"的共同特点是不想、不能、不愿做到面对失误敢于承担责任,这与保持党的先进性和纯洁性的要求、与党员领导干部的公仆角色格格不入。如何强化领导干部面对失误敢于承担责任的担当精神,已成为干部队伍建设的一项重大课题。

面对失误敢于承担责任是衡量党的好干部的重要标尺。当今改革大潮,是前无古人的事业,许多工作都无现成经验可以遵循,必须经过大胆探索实践,在没有路的地方走出一条路来。既然是探索,就要付出代价,失误就不可避免。尤其是勇于改革的开拓型干部,处在改革的风口浪尖上,往往成绩突出,错误也突出。领导干部能否面对失误敢于承担责任,是对其在失误面前是否真的愿担当、能担当、会担当、善担当的全面检阅,也是对领导干部胸襟、品行、能力、素质的综合考量。

二、为敢闯敢试的领导干部营造宽容失误的环境

营造良好氛围。应旗帜鲜明地鼓励担当者、支持担当者、保护担当者,

为在工作中尤其在改革创新中敢闯敢试、动真碰硬、大刀阔斧、真抓实干，受到挫折甚至发生失误的干部撑腰鼓劲打气，大力引导领导干部树立在其位、谋其政、成其事的责任担当意识，大力宣传面对失误敢于承担责任的先进典型人物及事迹，大力营造鼓励探索、支持创新、崇尚担当、宽容失误的氛围。

落实"三个区分开来"。当前，关键要在具体工作中将"三个区分开来"的要求落到实处。只要不是借改革之机，明知故犯，中饱私囊，而是由于客观条件的制约和缺乏经验发生的失误，就应当充分肯定这些干部的工作成绩，肯定他们"敢为天下先"的勇气和精神，鼓励他们放下包袱，轻装前进。破除"洗碗效应"，着力解决干部干事创业的"后顾之忧"，让干部更加心无旁骛地干事业，更加一往无前地抓改革，更加从容大胆地释放聪明才智。

用好"四种形态"。立足于关心和爱护干部，用好"四种形态"，强化警示教育、监督管理，通过教育大多数、医治少数、挽救极少数，做到"保护为先，惩戒其间"，对苗头性、倾向性问题及时咬耳朵、扯袖子。提高党性修养，唤醒责任意识，激发担当精神，让管党治吏真正严起来、紧起来、硬起来，让干部不犯错或者少犯错。

完善体制机制。建立容错纠错机制，宽容干部在工作中特别是改革创新中的失误，为敢于担当的干部卸"包袱"；健全多元正向激励机制，注重精神激励，加强绩效考核；完善监督机制，严格执行《中国共产党党内监督条例》等一系列党内法规，保证干部忠诚干净担当；完善选人用人机制，及时发现、合理使用面对失误敢于担责的优秀干部，真正使面对失误敢于承担责任成为领导干部的自觉追求。

三、领导干部要敢为人先、不怕出错、勇于改错

敢作敢为，不怕出错。"金无足赤，人无完人"，任何政党或个人想要完全做到不犯错误是根本不可能的。作为一名领导干部，就要心底无私、克己奉公，敢作敢为、不计个人得失，敢于承担大事、棘手的事、得罪人的事、易出失误的事，在矛盾面前敢抓敢管、敢于碰硬，在难题面前敢闯敢试、敢

为人先。对于应该完成的任务，顶着压力也要干，对于应该攻克的关口，冒着风险也要拼。

直面失误，敢于认错。"君子之过也，如日月之食焉。过也，人皆见之；更也，人皆仰之。"（《论语·子张》），知错能改需要勇气，面对失误敢负责也是担当。但凡领导，既要有建立功业的抱负，也要有直面失误的胸怀。作为一名领导干部，揽功诿过是一大忌，决不能有了成绩都归自己、出了问题就推给他人。要以直面失误的坦荡胸怀，不退缩、不推诿、不躲闪，勇于正视错误，勇于担当责任，勇于带头冲锋。

知错能改，勇于纠错。"人谁无过，过而能改，善莫大焉。"（《通典》），干事难免会出错，关键是能够及时改正错误。作为一名领导干部，面对失误敢于承担责任，就要有改正错误的行动。自觉以革命前辈为楷模，自觉增强面对失误敢于承担责任的能力，自觉把从失误中吸取教训的过程视为检验和提升能力与素质的过程，善于把失误失败的教训转化为加强党性锻炼、创新推动工作的宝贵财富和不竭动力，勇做时代的劲草真金，不辜负组织和群众的重托。

坚持党的全面领导 加强党中央集中统一领导 为实现"十四五"经济社会发展目标提供根本保证[①]

用中长期规划指导经济社会发展，是我们党治国理政的一种重要方式。党的十九届五中全会站在党和国家事业发展全局高度，审议通过了《中共中央关于制定国民经济和社会发展第十四个五年规划和二〇三五年远景目标的建议》，统筹中华民族伟大复兴战略全局和世界百年未有之大变局，对新发展阶段、新发展理念、新发展格局的内涵进行了新的诠释和丰富，作出了新的谋篇布局，对时代新变化、实践新要求、人民新期待均作出了新的回应。只有把坚持党的全面领导、加强党中央集中统一领导作为遵循的首要原则，擘画的美好蓝图才能实现。

一、坚持党的全面领导、加强党中央集中统一领导是落实发展目标的根本保证

办好中国的事情，关键在党。中国共产党领导是中国特色社会主义最本质的特征，是中国特色社会主义制度的最大优势。"十四五"时期乃至更长时期，我国经济社会发展将面临极其复杂的国际形势，要破解许多难题，会面临一系列风险挑战。越是这样，就越离不开中国共产党这个指引方向的指南针、凝心聚力的主心骨、社会稳定的压舱石，就越要坚持党的全面领导、加

---

① 在2021年河南省"两会"期间分组座谈交流时的发言。

强党中央集中统一领导。要坚决做到"两个维护"。"十三五"实践再次证明，我国之所以能够创造举世瞩目的发展奇迹，之所以能够朝着中华民族伟大复兴的目标阔步前进，靠的就是习近平同志作为党中央的核心、全党的核心的领航掌舵，靠的就是习近平新时代中国特色社会主义思想的科学指引，靠的就是全党全国各族人民的顽强拼搏、苦干实干。迈向新征程，我们要更加紧密地团结在以习近平同志为核心的党中央周围，增强"四个意识"、坚定"四个自信"、坚决做到"两个维护"，更加坚定地沿着中国特色社会主义道路奋勇前进，在全面建设社会主义现代化国家的新征程上不断创造新奇迹。要着力提高领导能力。要在增强各级领导干部的识变之智、应变之方、求变之勇上下功夫，不断推动思想大解放、理念大更新、能力大提升。进一步增强开拓创新意识，敢闯敢试敢突破，不断走出新路子，积累新经验。进一步强化全球视野，全面提升战略运作能力，在更加激烈的国际竞争中抢占发展制高点，把握发展主动权。要切实增强斗争精神。坚定不移加强政治历练和实践锻炼，铸就敢于斗争、善于斗争的坚韧意志和素质本领，锤炼公道正派的品质，紧密结合工作实际，立足本职岗位，把新发展理念贯穿工作始终，聚焦重点领域和关键环节，谋定而后动，推动质量变革、效率变革、动力变革，实现更高质量、更有效率、更加公平、更加可持续的发展。

二、坚持党的全面领导、加强党中央集中统一领导是实现发展目的的根本保证

顺应时代潮流，把握历史机遇，统揽伟大斗争、伟大工程、伟大事业、伟大梦想，不断满足人民对美好生活的新期待，必须坚决维护以习近平同志为核心的党中央权威，健全总揽全局、协调各方的党的领导制度体系，确保党始终成为中国特色社会主义事业的坚强领导核心。要发挥党的组织优势。坚持民主集中制，发挥民主和集中的双重优势，提高党把方向、谋大局、定政策、促改革的能力和定力，把党的领导贯彻到党和国家所有机构履行职责全过程，推动各方面协调行动、增强合力，保证党对各领域和各环节的领导。

在充分尊重民意、汇集民智的基础上制定政策和策略，做到凝聚民力、改善民生，让人民群众共享发展成果。要健全党的决策机制。加强重大决策的调查研究、科学论证、风险评估，善于抓住问题的主要方面和矛盾的主要方面，保持定力，下大力气科学研判，精准把握风险的隐患点、表现形式、趋势变化，下好先手棋、打好主动仗，确保决策的科学性、及时性和准确性。要彰显党的人民立场。坚持把各项工作放在"两个大局"和构建新发展格局中来审视，贯彻以人民为中心的发展思想，紧紧抓住新时代的主要矛盾，特别是人民日益增长的美好生活需要这一主要矛盾的主要方面，从各方面各领域提出一系列战略性、创新性举措，破除制约高质量发展、高品质生活的体制机制障碍，解决发展不平衡不充分的问题，提升人民群众的幸福感、获得感。

三、坚持党的全面领导、加强党中央集中统一领导是激发发展动力的根本保证

"十四五"时期我国将进入新发展阶段，是实现新的更大发展的重要时期。发展目标能否实现，关键在于坚持党的全面领导、加强党中央集中统一领导，调动各方面的积极性，激发发展动力，凝聚发展合力。要营造良好政治生态。事实证明，政治生态清明，就能激发各方面干事创业的激情动力；政治生态污浊，就会对一方发展带来负面影响。领导干部要深入学习贯彻习近平总书记重要讲话精神，对国之大者心中有数，坚持以党的政治建设为统领，把党中央决策部署与本职工作结合起来，严明政治纪律政治规矩，带头全面净化党内政治生态，营造风清气正、昂扬向上的工作氛围，激发干事创业活力。要切实转变工作作风。良好的作风不仅能凝聚起强大正能量，而且能为经济社会发展提供坚实的基础和有力的支撑。领导干部要带头转变作风、真抓实干，善于抓住"牛鼻子"，以重点领域和关键环节为突破口，出真招、办实事、求实效，防止和克服形式主义、官僚主义，更好地提高推动改革的能力、解决矛盾的魄力、领导发展的实力，让政策举措落地见效。要善于敢于担当作为。贯彻新发展理念、推动高质量发展、构建新发展格局对干部能

力素质提出了更高要求，也有不少硬仗要打。越是任务艰巨，越需要"真把式"，越需要善于敢于担当作为。新发展阶段的新情况新问题新矛盾层出不穷，特别是问题和矛盾的复杂性前所未有，领导干部必须在解决问题的能力上跟得上形势的变化、跟得上群众的需求、跟得上技术的进步，有真抓的实劲、敢抓的狠劲、善抓的巧劲、常抓的韧劲，着力在固根基、扬优势、补短板、强弱项上下功夫，推进更深层次的改革，推动经济高质量发展。

坚持党的全面领导　实现"十四五"高质量开局[①]

时任河南省委副书记、省长在 2021 年河南省人民政府工作报告中指出，要坚持"两个高质量"，基本建成"四个强省、一个高地、一个家园"的现代化河南，实现"八个更大"的发展目标。开启新征程，适应新发展阶段，贯彻新发展理念，融入新发展格局，必须坚持和完善党领导经济社会发展的体制机制，充分发挥党委"统"和"领"的作用，把坚持党的全面领导作为最根本的保证。

坚持党的全面领导，必须强化政治统领。习近平总书记指出，政治上的主动是最有利的主动，政治上的被动是最危险的被动。要深刻理解"善于从讲政治的高度思考和推进经济社会发展工作"[②]"善于用政治眼光观察和分析经济社会问题"[③]"善于从政治上观察和处理问题，使讲政治的要求从外部要求转化为内在主动的要求"[④]，充分认识到讲政治不仅是一种态度和立场、意识和方向，同样也是能力和素养的体现。政治判断力、政治领悟力和政治执行力就是讲政治在实践层面的具化、细化。要提高科学把握形势变化、精准

[①] 发表于 2021 年 1 月 20 日河南省人民政府网。

[②] 分析研究二〇二一年经济工作研究部署党风廉政建设和反腐败工作　审议《中国共产党地方组织选举工作条例》[N]. 人民日报，2020-12-12（01）.

[③] 中央经济工作会议在北京举行 [N]. 人民日报，2020-12-19（01）.

[④] 加强政治建设提高政治能力坚守人民情怀　不断提高政治判断力政治领悟力政治执行力 [N]. 人民日报，2020-12-26（01）.

识别现象本质、清醒明辨行为是非、有效抵御风险挑战的政治判断力，提高胸怀"两个大局"、心怀"国之大者"、明确职责定位的政治领悟力，提高对表对标抓有效落实、不折不扣把中央和省委决策部署落到实处的政治执行力，进一步增强"四个意识"，坚定"四个自信"，做到"两个维护"。要坚持一切工作都从习近平新时代中国特色社会主义思想特别是河南的重要讲话中找方向、找思路、找动力，切实把思想和行动统一到中央和省委对形势的分析判断上来，善于统筹全局、引领变局、开拓新局，在加快建设"四个强省、一个高地、一个家园"的现代化河南道路上谋发展、闯新路，始终在高质量轨道上行稳致远。

坚持党的全面领导，必须强化思想引领。习近平总书记强调，理论创新每前进一步，理论武装就要跟进一步。要理论武装铸心魂，持续深入学习习近平新时代中国特色社会主义思想，全面落实"第一议题"制度，使全体党员信仰之基不断筑牢、精神之钙持续补足、思想之舵牢牢把稳，牢牢立稳新发展阶段这一历史方位、深入贯彻新发展理念这一指导原则、清醒把握新发展格局这一路径选择。要发挥领导干部理论学习的示范引领作用，以"关键少数"示范带动"绝大多数"，把思想方法转化为领导方法和工作方法，转化为精准发力、破解难题的思维模式，转化为开拓创新、攻坚克难的能力本领，努力把学习成果体现在推动经济社会发展的生动实践中，体现在全面深化改革、奋力攻坚克难的工作实绩上。要完整准确全面学习贯彻新发展理念，把新发展理念贯穿到"十四五"发展的全过程和各领域，从新发展理念的战略视野、系统观念、价值追求和辩证思维出发，在应对新矛盾、新挑战中谋发展、闯新路；把发展的基点放在创新上，抓住创新这个"牛鼻子"，加快形成以创新为主要引领的经济体系和发展模式。

坚持党的全面领导，必须建强组织体系。习近平总书记在全国组织工作会议上强调，进入新时代、开启新征程，必须更加注重党的组织体系建设。要强基固本筑堡垒，坚持大抓基层的鲜明导向，不断强化政治功能、组织功能，持续整顿软弱涣散基层党组织，有效实现党的组织和党的工作全覆盖，把各领域基层党组织建设成为实现党的领导的坚强战斗堡垒,实现基层组织全面进步、全面过硬,在党建事业融合、引领作用发挥上探新路、创标杆。要找准问题抓提升,着力补齐基层党组织在组织生活、组织运行、组织管理、组织监督等方面的短板弱项,构建执行有力的严密制度体系,彻底打通基层党组织抓落实的"最后一公里",推动基层党建质量不断提升。要发挥优势抓落实,充分发挥基层党组织领导作用,最广泛、最有效地动员一切力量,进一步把党员群众组织起来,抓重点、补短板、强弱项,实现乡村产业振兴、人才振兴、文化振兴、生态振兴、组织振兴,推动中央重大战略和省委重要工作落地见效。

坚持党的全面领导,必须提升专业能力。习近平总书记指出,"无论是分析形势还是作出决策,无论是破解发展难题还是解决涉及群众利益的问题,都需要专业思维、专业素养、专业方法"。[①] 要增强专业思维,认真学习马克思主义基本原理,学会和掌握马克思主义的世界观和方法论,自觉运用马克思主义立场、观点、方法,善于运用战略思维、创新思维、辩证思维、法治思维、底线思维等科学思维来认识、指导和推动"十四五"发展。要强化专业素养,自觉加强思想淬炼、政治历练、实践锻炼、专业训练,真正具备本职岗位所必须具备的专业知识、专业能力、专业作风、专业精神,干一行、爱一行、专一行、精一行,真正成为本职工作的行家里手。要掌握专业方法,吃透"十四五"时期中央和省委对经济社会发展作出的系统谋划和战略部署,突出领会好重点和创新点,用专业的方法去研究新情况、谋划新思路、解决新问题,增强工作的积极性、主动性、创造性。

坚持党的全面领导,必须完善体制机制。习近平总书记在党的十九届五中全会上指出,要坚持和完善党领导经济社会发展的体制机制。要按照党中央决策部署,推动党对社会主义现代化的领导在职能配置上更加科学合理、在体制机制上更加完备完善、在运行管理上更加高效,提高党把方向、谋大

---

① 在党的十八届五中全会第二次全体会议上的讲话(节选)[EB/OL]. 人民网,2016-01-01.

局、定政策、促改革的能力。要健全科学决策机制,把各项决策放在民族复兴战略全局和世界百年变局中加以考量,放在主动服务和融入新发展格局中予以谋划,加强重大决策的调查研究、科学论证、风险评估,强化决策执行、评估、监督。要健全贯彻落实机制,通过制定责任清单、加强督促检查等方式,形成一级抓一级、层层抓落实的工作机制,确保党的重大决策部署有效落实,不断提高党领导经济社会发展的能力。

把学习贯彻十九届六中全会精神落实到办学治校全过程[①]

党的十九届六中全会是一次具有里程碑意义的重要会议。全会审议通过的《中共中央关于党的百年奋斗重大成就和历史经验的决议》（以下简称《决议》）全面总结党百年奋斗的重大成就和历史经验，突出党的十八大以来以习近平同志为核心的党中央开创中国特色社会主义新时代的伟大成就，是一篇光辉的马克思主义纲领性文献，是新时代坚持和发展中国特色社会主义的政治宣言，是实现中华民族伟大复兴的行动指南。习近平总书记的重要讲话，总结了一年来中央政治局的工作，阐明了起草《决议》的主要考虑、突出特点和重要内容，就学习贯彻全会精神和学习总结党史提出明确要求，科学回答了一系列方向性、根本性、战略性重大问题，提出了许多新思想新观点新论断，为我们加快构建高质量高等教育体系、落实立德树人根本任务提供了根本遵循。

一、要深刻认识和把握《决议》开创性提出"两个确立"的决定性意义，以忠诚之心坚决做到"两个维护"

确立核心、维护核心、听核心指挥，是马克思主义建党学说的基本观点，是党的优良历史传统、独特政治优势和重要发展经验。

---

① 发表于《河南教育（高等教育）》2022年第1期。

要充分认识"两个确立"是党的十八大以来最重大的政治成果、最重要的历史结论,坚定不移地忠诚核心、拥戴核心、跟随核心、维护核心,把"两个确立"真正转化为做到"两个维护"的思想自觉、政治自觉、行动自觉。

要把学习全会《决议》同习近平总书记"七一"重要讲话精神结合起来,同习近平总书记关于党的历史的一系列重要论述结合起来,把学习"四史"与学习《决议》贯通起来,切实在学史明理、学史增信、学史崇德、学史力行方面更进一步,在政治上忠诚核心、思想上紧随核心、行动上捍卫核心。

要坚定不移用习近平新时代中国特色社会主义思想武装头脑,学懂弄通做实习近平新时代中国特色社会主义思想,学出始终从政治上看问题、办事情的马克思主义立场观点方法,坚定不移运用到办学具体实践中去,使思维方式和精神世界更好适应高校事业发展需要,把中央和省委关于高等教育改革发展的决策部署落到实处、产生实效。

二、要深刻认识和把握党百年奋斗形成的"十个坚持"宝贵历史经验,以奋进之心加快构建高质量高等教育体系

六中全会以宏阔的历史格局、深邃的战略洞察、长远的发展眼光,总结了党在百年奋斗中形成的宝贵历史经验。高校要以"回首方能鉴古今"历史视野和"凌空始觉海波平"的政治站位,善于从历史长河、时代大潮、国际形势中把握发展规律,不断增强工作的系统性、预见性、创造性,加快构建高质量高等教育体系,为中华民族伟大复兴提供有力支撑。

要构建以立德树人为根本任务的教育体系。高校立身之本在于立德树人。任何国家的教育都有政治属性,都有为谁培养人、怎样培养人的问题,这是教育的价值和责任。我们要坚持党对高等教育的全面领导,坚持社会主义办学方向,用习近平新时代中国特色社会主义思想铸魂育人,为党育人、为国育才,遵循教育规律和人才成长规律,把立德树人贯穿高等教育工作的各领

域、各环节，培养社会主义事业的建设者和接班人。

要构建以"四为"为根本目标的服务体系。习近平总书记的"四为"论断彰显了我国大学的人民立场和政治属性，揭示了大学的办学目标和初心使命，彰显了中国特色社会主义的制度优势。我们要坚持以人民为中心发展高等教育事业，培养社会发展、知识积累、文化传承、国家存续、制度运行所要求的人，提升高等教育服务经济社会发展的能力，不断满足人民日益增长的美好生活需要。

要构建以服务国家战略为根本追求的创新体系。习近平总书记指出，现在，我国经济社会发展和民生改善比过去任何时候都更加需要科学技术解决方案，都更加需要增强创新这个第一动力。中共河南省委书记楼阳生在省委工作会议上指出，我们比以往任何时候都需要创新、依赖创新，不在创新发展上迎头赶上，就没有出路、没有前途。河南高等教育要紧抓构建新发展格局战略机遇、新时代推动中部地区高质量发展政策机遇、黄河流域生态保护和高质量发展历史机遇，整合资源、攥紧拳头，把各种创新要素更好地聚合在一起，使河南高等教育适应知识生产方式变革和国家战略需求，用一流创新生态支撑国家现代化。

要构建以建设高素质师资队伍为根本支撑的育人体系。教师是立教之本、兴教之源。我们要牢牢抓住师资队伍建设这个"立教之本"，把人才培养引进作为重中之重，更好地吸引人才、培养人才、用好人才。健全完善汇聚一流人才的体制机制，持续改进人才评价奖励机制，完善高校教师发展机制，全面提升高校教师师德水平和教书育人能力素质。强化思想引领，加强师德师风建设，努力造就一支能塑造学生品格、品行、品味的"大先生"和"四有好老师"队伍。

要构建以国际交流合作为根本使命的开放体系。习近平总书记指出，要服务党和国家工作大局，统筹国内国际两个大局，提升教育对外开放质量和水平。高校要主动担当起率先对外开放的责任，加强国际合作交流，跟上知识更新的节奏，适应新科技革命和产业革命的需求，汇聚更多具有国际水准的教育资源，借鉴他山之石，保持和发扬自身的独特优势，扎根中国大地办大学，培养更多具有国际竞争力的优秀人才。

要构建以深化教育改革创新为根本导向的治理体系。习近平总书记强调指出，改革是教育事业发展的根本动力，必须更加注重教育改革的系统性、整体性、协同性，以改革激活力、增动力。高校要坚持系统思维，用联系的、发展的、全面的观点来看待和解决高等教育改革，加强前瞻性思考、全局性谋划、整体性推进，完善办学治教体系，出台系统集成的制度体系，形成整体大于部分之和的系统效应，推动治理能力和治理体系现代化。

三、要深刻认识和把握新时代高等教育的使命，以责任之心落实立德树人根本任务

《决议》指出，党和人民事业发展需要一代代中国共产党人接续奋斗，必须抓好后继有人这个根本大计。高校必须忠实贯彻《决议》提出的为党育人的具体要求，把牢立德树人根本任务，培养造就大批堪当重任的时代新人。

要坚持用习近平新时代中国特色社会主义思想教育青年大学生。习近平新时代中国特色社会主义思想是当代中国马克思主义、21世纪马克思主义，是中华文化和中国精神的时代精华，实现了马克思主义中国化新的飞跃。全面系统推进"三进"工作，把习近平新时代中国特色社会主义思想有机融入教学大纲，精心编写教学方案，站稳课堂教学主渠道，结合学生的思想实际、认知规律，努力把习近平新时代中国特色社会主义思想讲准、讲活、讲好，真正把透彻的理论讲透彻、把鲜活的理论讲鲜活，把思想的魅力讲出来，把信仰的味道讲出来，让这一富有理论深度、实践广度、人生厚度、现实温度的思想在学生头脑中深深扎根。

要坚持用党的理想信念凝聚青年大学生。从党领导人民夺取新民主主义革命伟大胜利、完成社会主义革命和推进社会主义建设、进行改革开放和社会主义现代化建设、开创中国特色社会主义新时代的百年奋斗历程中，引导青年大学生深刻感悟党构建起的共产主义远大理想、中国特色社会主义共同

理想、中华民族伟大复兴中国梦"当代理想"的理想体系,凝聚共同的思想基础,使青年大学生坚定理想信念,立崇高之志,确立人生规划,让自己在与祖国共奋进、与时代同发展中不断成长、绽放异彩。

要坚持用社会主义核心价值观培育青年大学生。广泛凝聚价值共识,构建具有强大感召力、引领力的社会主义核心价值观,对于筑牢共同奋斗的思想道德基础具有决定性的作用。要把社会主义核心价值观教育贯穿到教育教学各环节、各方面和全过程,形成课内课外、线上线下、校内校外多位一体的育人体系,使青年大学生把社会主义核心价值观内化于心、外化于行,做到勤学、修德、明辨、笃实,自觉把社会主义核心价值观作为自己的基本遵循,最终转化为自觉奉行的信念理念,真正成为社会主义核心价值观的坚定信仰者、积极传播者、模范践行者。

要坚持用中华民族伟大复兴历史使命激励青年大学生。中国共产党的百年奋斗,开辟了实现中华民族伟大复兴的正确道路,实现了从站起来、富起来到强起来的伟大飞跃。新时代是强起来的时代,强起来的时代需要造就强起来的人。青年大学生是实现中华民族伟大复兴的时代脊梁和先锋力量,承担着中华民族伟大复兴的历史使命。教育引导青年大学生深刻认识和把握时代发展与学术前沿,强化知识更新的紧迫感,勤于学习、敏于求知,将知识转化为能力,勤学善思,用知识厚植底气。主动迎接创新范式变革,培养严谨求实的科学研究态度,敢于突破定势、大胆质疑、研究真问题、钻研真学问、练就真本领,勇攀高峰,用创新不负时代。勇于从学校的小课堂走向社会实践的大课堂,用理论知识解决实际问题、以实践经验丰富专业认知,让学以致用、活学活用成为求学修为的基本功,躬身笃行,用奋斗担当使命。

第二编

大学思想政治工作研究

高校思想政治工作应遵循三大规律[①]

2016年12月，习近平总书记在全国高校思想政治工作会议上强调指出，"做好高校思想政治工作，要因事而化、因时而进、因势而新。要遵循思想政治工作规律，遵循教书育人规律，遵循学生成长规律，不断提高工作能力和水平"[②]。

认识事物、改造世界，应善于抓住本质、把握规律，这是唯物辩证法的基本要求。做好高校思想政治工作，同样需要探索、研究和遵循高校思想政治工作规律，遵循教书育人规律，遵循学生成长规律等一系列特定规律。

遵循思想政治工作规律，就是要在思想上坚持把立德树人作为中心环节。学校教育，育人为本，德智体美，德育为先。一是树立正确的"三观"，把好航向。这解决的是"总开关"问题。做好思想政治工作，就是要坚持以马克思主义为指导，把社会主义核心价值观贯穿于办学育人全过程和各环节。教育学生坚定理想信念，自觉将个人前途与党和人民的事业同频共振，勇做走在时代前列的奋进者、开拓者；引导学生做社会主义核心价值观的坚定信仰者、积极传播者、模范践行者；帮助学生树立起正确的世界观、人生观、价值观，提升思想政治工作的吸引力。二是贴近实际，有的放矢。全面贯彻党的教育方针，做好思想政治工作，既指向远大理想，也要瞄准现实关切。这

---

① 发表于2017年1月12日《河南日报》理论版。
② 习近平. 把思想政治工作贯穿教育教学全过程　开创我国高等教育事业发展新局面 [N]. 人民日报，2016-12-09（01）.

就要求思想政治工作要在理论与实践的结合基础上，坚持解决思想问题与解决实际问题相结合，紧贴学生思想实际，做到有的放矢，提高思想政治工作的针对性。三是解决问题，务求实效。应强化问题意识，着力解决好思想政治工作与日常教学工作"两张皮"的问题，实现思想工作与教育教学"融为一体"，在服务学生中教育引导学生；着力解决好"说"与"做""两张皮"的问题，在坚持知行合一中为人师表，提升思想政治工作的有效性。

遵循教书育人规律，就是要把思想政治工作贯穿教育教学全过程。教好书育好人，教书还要育人。一要坚持教师领航。教师应坚持教育者先受教育，以德立身、以德立学、以德施教。用好思想政治理论课堂的主渠道，站住讲台、站稳讲台、站好讲台，坚持教书和育人相统一，坚持言传和身教相统一，坚持潜心问道和关注社会相统一，坚持学术自由和学术规范相统一。真正把马克思主义的基本理论讲准、讲深、讲透，教会学生能用马克思主义的基本观点、立场和方法去认识、分析和解决实际问题，让马克思主义理论入脑入心、内化为信仰、凝聚成旗帜、焕发出力量。二要坚持学科创新。每位思政课教师应在马克思主义理论研究上能坚持求真、求实、求新，秉持学术良知，恪守学术规范，重视教学改革，主动回应社会和学生关注热点，充分发挥高校学科建设优势、人才聚集优势和智力资源优势，充分发挥哲学社会科学的育人功能。其他各门课都应守好一段渠、种好责任田，使各类课程与思想政治理论课同向同行，形成协同效应。三要牢守教育教学传播主阵地。除了加强意识形态阵地建设管理、严格执行课堂纪律、严谨学风教风外，还要加强学生网络素养教育，引导学生用好网络这把"双刃剑"，提升青年学生的认识水平和面对不良信息时的"免疫力"。

遵循学生成长规律，就是要实现全程育人、全方位育人。实现全程育人、全方位育人靠更新理念、靠提升能力、靠创新方法。一靠坚持办学以学生为本的理念。学生是高校的主体，是立校之本。教师要把促进学生学业全面发展为首要职责，视教育教学为第一要务，潜心教书育人，主动深入了解学生思想状态，主动研究学生学业发展规律，主动倾听学生学业发展和能力提升的诉求，教会学生规划人生，指导学生人生修为的养成，激发学生学业全面发展的内在驱动力，全过程担当起促进学生学业全面发展的重任。激励学生把远大抱负落实到实际行动中，让勤奋学习成为青春飞扬的动力，让增长本领成为青春搏击的能量。二靠主动提升善做思想工作的能力。广大教师应把愿做、会做、善做思想政治工作作为履行教书育人职能和实现职业成就的关键，着力加强自我修养、自我完善、自我提高，正确处理个人发展与履行教书育人职责的关系，不断加强自身建设，特别是提升做思想政治工作的能力，真诚关注关心关爱学生，传文明之道、授理想之业、解成长之惑，以高尚的人格魅力吸引学生，以饱满的精神状态感染学生，以严谨的治学方法熏陶学生，以正确的价值观念塑造学生，以卓有成效的思想政治工作矫正学生成长方向，不断提高广大学生的思想水平、政治觉悟、道德品质、文化素养。三靠不断创新方式方法。高校思政工作者应立足学生实际、把握学生特点、针对学生需要、解答学生疑惑，沿用好办法、改进老办法、探索新办法，推动思想政治工作传统优势同信息技术高度融合，综合运用微博微信等新兴媒体，全过程精心指导，全方位精准施策，为学生点亮理想的灯、照亮前行的路。使思想政治工作始终贴近青年学生，润物无声地给学生以人生启迪、智慧光芒、精神力量。

用好课堂教学主渠道　筑牢意识形态主阵地[①]

习近平总书记在 2016 年全国高校思想政治工作会议上明确指出，高校思想政治工作关系高校培养什么样的人、如何培养人以及为谁培养人这个根本问题。做好高校思想政治工作，要用足、用好课堂教学这个主渠道。中共中央、国务院印发的《关于加强和改进新形势下高校思想政治工作的意见》（以下简称《意见》）进一步要求，要充分发挥思想政治理论课主渠道作用，深入实施高校思想政治理论课建设体系创新计划，进一步办好高校思想政治理论课。

华北水利水电大学坚持以习近平新时代中国特色社会主义思想为指导，紧紧围绕立德树人根本任务，以办好思想政治理论课为抓手，以破解思想政治教育现实问题为导向，以创新方式方法为关键，以协同联动为保障，因事而化、因时而进、因势而新，积极探索思想政治理论课教育教学改革，着力开展思想政治理论课体系化建设，切实用好课堂教学主渠道，筑牢意识形态主阵地。

一、遵循"三大规律"，提高思想政治理论课建设工作科学性

只有遵循客观规律，才能确保工作成效。《意见》要求，加强和改进高校思想政治工作，必须遵循教育规律、思想政治规律和学生成长规律。思想政

---

① 发表于《中国高等教育》2018 年第 6 期。

治理论课是高校系统开展思想政治工作的主要渠道，是完成立德树人任务的根本性手段，其各项建设工作绝不可随意妄为。严格遵循"三大规律"，深入把握思想政治理论课的本质特征，是科学建设思想政治理论课、提高思想政治育人效果的根本保证。

遵循思想政治工作规律，一是要坚持正确政治方向，把好"总开关"。要坚持不懈地传播马克思主义科学真理和培育社会主义核心价值观，特别要有针对性地回答好综合性、深层次的理论和认识问题，引导大学生把握历史规律，正确认识世界和中国发展大势；运用马克思主义的立场和方法，正确认识中国特色和国际比较；激扬青春梦想，正确认识时代责任和历史使命；树立坚韧不拔之志，正确认识远大抱负和脚踏实地。二是要坚持理论联系实际，务求实效。做好思想政治工作，既要指向远大理想，也要瞄准现实关切。坚持解决思想问题与解决实际问题相结合，力避脱离实际的大话、空话，用身边事教育身边人，在知行合一中提升思想政治工作的实效性。

遵循教书育人规律，首先，必须牢牢抓住全面提高人才培养能力这个核心点，深化教育教学改革，用好课堂教学主渠道，实现全程全方位育人。其次，要坚持教师领航，让教育者先受教育。教师要能以德立身、以德立学、以德施教，并自觉做到"四个统一"，即教书和育人相统一、言传和身教相统一、潜心问道和关注社会相统一、学术自由和学术规范相统一。最后，要坚持学科创新。在马克思主义理论研究上坚持求真、求实、求新，秉持学术良知，恪守学术规范，主动回应社会和学生关注热点，充分发挥高校学科建设优势、人才聚集优势和智力资源优势。

遵循学生成长规律，必须紧紧围绕学生、关照学生、服务学生，注重分析学生特点和实际，工作上突出"三个紧贴"。一要紧贴时代发展变化。深刻认识互联网时代发展特点，善于运用互联网思维和新媒体技术，变基本原理为生动道理，使根本办法成管用办法，让思想政治教育"接地气"；二要紧贴青年大学生个性发展特点。正确把握当代大学生思维活跃、视野开阔、情感丰富等特点，注意发挥大学生主体作用，多采用启发式、体验式、互动式的方法，在平等、民主的氛围中，让思想政治教育"真管用"；三要紧贴青年大学生全面发展需求。充分认识大学生成长成才的期待，坚持教育同生产劳动和社会实践相结合，将教育的总体"漫灌"和个别"滴灌"相结合，吸引学生主动靠近、自动连接，让思想政治教育"入人心"。

二、"三讲"思政课，构建形式多样的思想政治理论大课堂

办好思想政治理论课，必须聚焦问题、直面短板。当前高校思想政治理论课教学面临一系列问题，例如说理讲解不透彻，教学过程形式化；理论与现实脱节，缺乏对社会现实问题的关注，教学内容表面化；照本宣科，脱离学生思想实际，教师自说自话；实践环节不足，教学纸上谈兵，过分抽象化；教学方法千篇一律、千人一面，缺乏针对性、落后僵化等。结果是，"言者谆谆，听者藐藐"，教、学两张皮，教师讲的学生不爱听，学生爱听的教师讲不好，思想政治理论课对大学生缺乏吸引力、说服力。

解决上述问题，要善于方法创新，更要勇于思路创新。思想政治理论课与其他课程不同，兼具知识性、政治性和思想性，价值塑造和思想引领是主要功能，其过程复杂且漫长，教学主体要多、教学形式要活、教学内容要新、教学时间要足，才能确保教育效果。因此必须改变单点着力的传统工作思路，不囿于传统课堂教学的局限，努力实现课堂教育与日常教育相结合、显性教育与隐性教育相结合、常规教育与特殊教育相结合，形成内涵丰富的"思政大课堂"。中央宣传部、教育部印发的《普通高校思想政治理论课建设体系创新计划》明确提出，要把思想政治理论课建设成为让学生真心喜爱、终身受益、毕生难忘的优秀课程，必须"逐步构建重点突出、载体丰富、协同创新的思想政治理论课建设体系"。可见，提高思想政治理论课教学实效性，体系化建设是关键。为此，华北水利水电大学本着"上好每堂课、讲清大事件、影响所有人"的原则，对思想政治理论课实行"三讲"模式，即"课上老师精讲，课下专家活讲，校园文化常讲"，构建形式多样的思想政治理论课教学体系。

开展教师精讲，就是要求教师概念讲清楚、理论讲透彻、方法讲明白，教师认认真真讲好一堂课，学生仔仔细细学懂一堂课，真正解决思想政治理论课形式化、表面化的问题。办好思想政治理论课，要坚持在改进中加强，在创新中提高。对传统思想政治理论课堂，华北水利水电大学不断改进老办法，探索新办法，沿用好办法，形成"3模块+2考核"教学模式。所谓"3模块"，是将一次90分钟的课划分为3部分：教师围绕专题精讲45分钟，班级围绕专题研讨25分钟，学生自由发言20分钟，变灌输性课堂为启发性课堂，变封闭式教学为开放性教学，变被动式学习为主动式学习。所谓"2考核"，是指全面实施过程性考核和开卷考试。过程考核涵盖课堂作业、讨论发言、实践调查、杯赛参与等多项内容，其成绩占总成绩的50%；期末考试由闭卷考试改为开卷考试，加大材料分析题、论述题比例，弱化死记硬背，强调活学活用，提高学习效果。

开展专家活讲，就是紧密结合国内外政治形势、经济社会热点，通过专题讲座将马克思主义科学理论现实化，把社会主义核心价值观具体化，别开生面地开展品德教育，真正弥补传统思想政治理论课照本宣科、脱离实际的不足。华北水利水电大学面向学生开设一系列讲坛、讲座，包括"微言大义达人讲堂""对话华水""新生加油站"等，邀请社会知名人士进校园面对面的话理想、谈人生、讲局势、学理论。其中"微言大义达人讲堂"已成功举办50余次，荣获河南省高校校园文化建设成果一等奖。

开展文化常讲，就是广泛开展文明校园创建，通过文化滋润心灵、涵育德行，通过潜移默化的隐性教育，真正实现让思想政治理论课"入耳、入脑、入心"的目标。打造正能量校园风尚，要充分发挥学生社团和模范人物的引领作用。学生社团是校园文明创建的重要载体，习近平总书记明确要求，要注重发挥学生社团在高校思想政治工作中的重要作用。华北水利水电大学学生自发成立"马列主义、毛泽东思想、邓小平理论"（简称MMD）学习研究会，至今已有22年历史，曾荣获河南高校百佳大学生社团、河南高校年度大学生社团、河南高校最具人气大学生社团等多项荣誉。2017年11月，在党的十九大胜利召开之际，同学们第一时间将 MMD 学习研究会更名为 MMDX 学习研究会，自觉用习近平新时代中国特色社会主义思想武装自己。学校近年来涌现出一批杰出校友、先进集体，基于此学校推出以全国优秀大学生孟瑞鹏为代表的"华水好人"系列宣传活动，设立先进人物纪念馆，举办"我为正能量代言"主题活动等，营造和谐向上的文化氛围。

实践证明，我校思想政治理论课以传统课堂教学为核心、紧密结合第二课堂、主动融入文化课堂的"三讲"模式，突破了三尺讲台对思想政治理论课的时空局限，使传统教学不再囿于一个教师、一本教材、一间教室、一个学时，形成主体多样、内容丰富、形式灵活、效果持久的思政大课堂，有效提升了大学生对思想政治理论课的获得感。

三、工作"四联动"，形成思想政治理论课全方位建设大格局

《意见》要求，加强和改进高校思想政治工作，必须坚持全员全过程全方位育人。教育部印发的《高校思想政治工作质量提升工程实施纲要》明确指出，高校思想政治工作必须坚持协同联动、强化责任落实。因此，办好思想政治理论课，关键要进行系统规划，注重资源整合和协同效应，进行整体建设。华北水利水电大学通过四个方面联动，着力构建党委统一领导、部门分工负责、全员协同参与的思想政治理论课建设大格局。

理论与实践联动，让课堂内外生动起来。做好思想政治工作，必须注重理论联系实际。落实思想政治理论课实践学时学分，开展思想政治理论课实践教学，解决好从普遍到特殊、从抽象到具体、从历史到现实的转换问题，是提高思想政治理论课实效性的重要突破点。实践形式要贴近大学生实际，让学生喜闻乐见；实践内容要坚持问题导向，回答好学生的真实困惑；实践指导要规范到位，确保活动有序、有效。华北水利水电大学积极创新实践教学模式，组织"四课联动"实践活动，以杯赛促教学，具体包括：《思想道德修养与法律基础》课程中开展"尚德杯"演讲比赛，《中国近现代史纲要》课程中举行"鉴史杯"历史情景剧比赛，《马克思主义基本原理》课程中组

织"明理杯"课程辩论赛,《毛泽东思想与中国特色社会主义理论体系概论》课程中进行"筑梦杯"微视频大赛。"尚德 鉴史 明理 筑梦"实践教学活动,充分考虑各门课程特点和学生实际需求,对活动主题和形式进行精心设计,通过学生大胆讲、机智辩、努力演、用心拍,巧妙融入教学内容,紧密贴合社会现实,主动回应学生心声,让历史不再遥远、信念不再冰冷、说教不再苍白。为保证效果,学校还专门组织力量编写了《实践教学活动教程》,明确实践目的、实践方案和实践要求,方便学生记录心得。"四课联动"实践教学活动在河南省"高校实践育人工作优秀案例评选"中荣获一等奖,极大提高了思想政治理论课的吸引力和感召力。

传统教育优势与信息技术联动,让线上线下结合起来。思想政治工作本质是做人的工作。习近平总书记强调"人在哪儿,宣传思想工作的重点就在哪儿"①。当今是互联网时代,上网是青年人的生活日常,他们无人不网、无处不网、无时不网。互联网已成为各种社会思潮的集散地,传统教育模式正面临信息技术的巨大挑战。使思想政治工作联网上线,筑牢网络意识形态阵地势在必行。运用新媒体新技术开展思想政治工作,关键在于找准切入点。一方面,要善于利用互联网身份匿名、即时快捷的特点,开辟网络"思想咨询站"。解决思想问题要与解决实际问题相结合,在关心和帮助学生中教育和引导学生。华北水利水电大学善于"抓网",勤于"联网",勇于"红网",秉承以育人为本、以服务为先、以引导为重的理念,以关心关注关爱学生为出发点,以解决师生反映强烈的实际问题为突破口,建设"华水苇渡"微博矩阵,包括"校务华水""师慧华水""学聚华水""达济华水"等多个微博,就学生的生活、学习和思想问题答疑解惑。"华水苇渡"已成为华水师生思想交流的重要平台。另一方面,充分利用互联网共享和开放的特点,将互联网打造成为学生自主成长的"孵化地"。互联网蕴藏着巨大的思想政治教育资源,大学生是互联网原住民,通过互联网可以有效激发大学生主动学习、自

---

① 习近平. 加快推动媒体融合发展 构建全媒体传播格局[EB/OL]. 人民网,2019-03-15.

主教育的积极性。"微言大义达人讲堂"正是华北水利水电大学学生通过互联网媒介开展自我教育的典范。学生们根据自己的学习兴趣和需求,通过微博自主邀请校外知名专家、"红色大V"来校作报告,实现了思想政治教育从"要我听"到"我要听"的重要转变。为了更好地学习宣传十九大精神,华水学子还自发创办了"华水习风微语"微信公众号,自觉开展"听习之语,扬习之声,践习之言"学习活动。

思政课程与课程思政联动,让所有课堂参与进来。思想政治工作不仅仅是思想政治理论课的事,提高思想政治理论课实效性,必须打破思想政治理论课教师"单兵作战"、大学思想政治理论课"孤岛化"窘境,大力推动"课程思政"建设工作,充分发挥各类课程的育人功能,形成协同效应。开展课程思政,要把握好两点。一是避免形式化、概念化,紧密结合人才培养实际,找好着力点,将思想教育落到实处。作为一所水利特色鲜明的工科院校,华北水利水电大学非常注重讲好华水故事、传递华水声音、弘扬华水精神,采取一系列措施,进行华水特色的价值观教育,例如为各专业学生开设《水利水电工程概论》,建设省级在线开放课程《中华水文化》,获批成为国家级水情教育基地,建设水利博物馆,设立水文化研究中心,举办各类主题教育活动,承办全国防汛抗旱知识竞赛,创办刊物《水文化研赏动态》,开设水情教育微信公众号等,帮助学生掌握科学水利知识,形成正确水利观念,培养"下得去、吃得苦、留得住、用得上、干得好"的优良品格,涵育上善若水、厚德载物的精神品质。形成了以课程教学为核心,以主题活动为关键,以场馆建设为支撑,以组织建设为保障,集知识传播、文化熏陶、精神养成于一体的价值观教育体系,华水人"情系水利,自强不息"办学精神得以传承,真正为学生解答应该在哪儿用力、对什么用情、如何用心、做什么样的人等现实困惑。二是要注意发挥哲学社会科学的育人功能。学校引进百余门优质网络课程,加大人文素质类通识课程建设力度,强化对学生进行人文智慧、职业素养、道德理想等方面的教育。

教学部门与职能部门联动,让教育过程贯穿起来。没有高水平的管理体系和治理能力,就不可能有高质量的思想政治育人工作。没有各个部门协同联动,思想政治理论课体系化建设就不能实现。华北水利水电大学通过多项制度安排,围绕思想政治理论课进行一系列综合改革,构建各部门协同机制,使思想政治理论课建设得到全面保障。学校专门成立思想政治工作领导小组,强化责任,统筹规划,把思想政治理论课作为重点课程、把马克思主义理论学科作为重点学科、把马克思主义学院作为重点学院进行系统建设。校党委书记作为第一责任人,每年到马克思主义学院现场调研,听取汇报,解决问题;校领导班子成员每学期走进思政课堂听课调研,进行经常性工作指导。增设思想政治理论课实践教学中心为基层教学组织,加大思想政治理论课实践教学专项经费投入,提高实践教学效果。坚持教学与科研相结合,将马克思主义学科列为校级重点学科,优先立项思想政治理论课教学改革项目。鼓励马克思主义学院教师到各专业学院担任学生班导师,实施教师教学胜任力提升计划,提高教师道德水平、理论功底和传播社会主义主流价值观的自觉意识。严格实行新任教师岗前试讲验收制度、听课评价制度,保证教师教学质量。

思想政治理论课建设具有长期性、复杂性和系统性,需要体系化推进。华北水利水电大学长期探索形成了"三讲四联动"思想政治理论课建设模式。这一模式在理念思路、内容形式、方法手段方面开拓创新,以构建"思政大课堂"和"工作大格局"为突破点,充分整合思想政治教育资源,不断增强思想政治理论课的时代感和实效性,使思想政治理论课成为"有虚有实、有棱有角、有情有义、有滋有味"的优秀课程,充分发挥了教学主渠道功能,有效落实了立德树人根本任务。

运用新媒体新技术使高校思想政治工作活起来[①]

习近平总书记在全国高校思想政治工作会议上指出,"做好高校思想政治工作,要因事而化、因时而进、因势而新""要运用新媒体新技术使工作活起来,推动思想政治工作传统优势同信息技术高度融合,增强时代感和吸引力"。[②] 习近平总书记的讲话从党和国家工作大局高度,从意识形态工作全局高度,深刻揭示了网络时代思想政治工作的特点规律,指出了抓好新媒体建设对于加强和改进高校思想政治工作的重大意义。习总书记的讲话具有很强的政治性、思想性和针对性,是网络时代做好思想政治工作的顶层设计和根本遵循。

一、加强新媒体的建设是一项重要而紧迫的政治任务

"互联网是 20 世纪最伟大的发明之一"。新媒体作为网络时代的重要产物,给人们的政治经济文化生活带来巨大变化,对很多领域的创新发展起到很强的带动作用。一是新媒体改变了人们的阅读方式。以智能手机为代表的新媒体已经成为大众获取资讯的最重要来源之一。传统纸质报刊阅读率下降,网络、手机及手持阅读器阅读率上升。早在 2013 年习总书记就指出,"我国网民有近六亿人,手机网民有四亿六千多万人,其中微博用户达到三亿多人。

[①] 发表于 2017 年 2 月 20 日《河南日报》理论版。
[②] 习近平. 把思想政治工作贯穿教育教学全过程 开创我国高等教育事业发展新局面[N]. 人民日报, 2016-12-09 (01).

很多人特别是年轻人基本不看主流媒体，大部分信息都从网上获取。必须正视这个事实，加大力量投入，尽快掌握这个舆论战场上的主动权，不能被边缘化了"。① 据《中国互联网络发展状况统计报告》：截至2016年6月，中国网民规模达7.10亿，手机网民达6.56亿。据2016年第十三次全国国民阅读调查报告：数字阅读特别是手机阅读持续快速发展，人均报纸阅读量和期刊阅读量均有所下降。年龄越小的群体，手机阅读接触率越高，呈阶梯递增趋势。二是新媒体对人们的生活方式、消费方式、交往方式产生重大影响。当今社会人们伴随网络成长，网络媒体已嵌入我们的生活世界，成为人们获取资讯、抒发情感、记录生活、信息交流的重要工具。与此同时，随着智能手机的普及，使用者的低龄化，越来越多的孩子成为"手机控"。三是新媒体改变了人们传统的教育方式。新媒体具有速度快、信息容量大、互动性强、传播渠道多、信息资源海量等特点，它的兴起及应用有助于打破传统教育方式中"我说你听"单向理论灌输，忽视受教育者的主体地位，忽视隐性教育，现代新方法元素的缺失等不足。促使教育主体和教育客体的互动模式由单向灌输转为双向互动。教育模式将会由封闭走向开放、由单一走向多元。网络媒体催生了"互联网+思想政治教育"新形态，引发了教育观念、内容、手段、模式、空间等全方位变革。与此同时，教育者的知识优势在一定程度上受到影响，权威性受到较大挑战。网络内容的海量化、散乱化、复杂化，让人容易迷失，给受众的辨识带来很大的挑战。四是新媒体为推进民主政治提供了新的平台。新兴媒体，特别是手机媒体的出现，使网民"人人都有照相机、个个都有麦克风、人人都有摄像头"，为公众政治参与提供了一种前所未有的方式和渠道，激发了民众的政治参与热情。数以亿计的网民不仅是信息的获取者、采集者和传播者，而且还是舆论的生成者、政治的监督者。几亿网民织成了一张无处不在的"监督天网"。官员腐败以及教育、医疗、城市拆迁、环境污染、食品安全等热点事件，已成为网络监督的重点领域。新媒体

---

① 习近平. 深化文化体制改革，加强社会主义核心价值体系建设［EB/OL］. 人民网，2014-08-08.

加速了我国的民主化进程和社会问题的解决，为广大人民群众更好地行使知情权、参与权、表达权、监督权，更好地推进民主政治提供了新的平台，为民众表达利益诉求和意愿、参与决策提供了快捷渠道。当今社会治理模式正在从单向管理转向双向互动，从线下转向线上线下融合，从单纯的政府监管向更加注重社会协同治理转变。五是新媒体对党的意识形态的领导权、管理权、话语权产生了挑战。新媒体以其独特的传播形式和传播特性打破了传统主流媒体的垄断地位，传统媒体面临转型。微博、微信、微视频等自媒体的出现，事实上瓦解了不准私人办媒体等政策规定。一些微博大V，拥有几十万、几百万乃至上千万粉丝，具有很大的传播力和影响力。互联网传播具有匿名性和隐秘性，使政府部门的监管难度和成本大大提高。互联网企业背景复杂，新兴媒体运营平台的私有化，存在着威胁国家意识形态安全的巨大风险，对党管媒体、党管舆论的原则构成了挑战。六是新媒体构成了一个新的思想和文化阵地。新媒体在给人们带来便利和提供丰富、有益信息的同时，也不可避免地带来了这样或那样的问题。西方敌对势力意识形态的渗透，国内网络"大V""公知"在社会热点上的推波助澜，以及"网络水军"的兴起，使得网络意识形态论争的形式日趋复杂多样。与此同时，互联网上的信息十分复杂。意识形态领域"红色""黑色""灰色"三个地带交织。网络意识形态安全问题突出，网络上意识形态教育工作形势严峻，"互联网已经成为今天意识形态斗争的主战场"。

二、推动思想政治工作传统优势同信息技术高度融合发展，是党中央着眼巩固宣传思想文化阵地、壮大主流思想舆论作出的重大战略部署

党和国家高度重视网络新兴媒体的建设、运用和管理。早在2001年7月江泽民在中南海怀仁堂举办法制讲座上指出："对信息网络化问题，我们的基本方针是积极发展，加强管理，趋利避害，为我所用，努力在全球信息网络化的发展中占据主动地位。我们要抓住机遇，加快发展中国的信息技术和网络技术,并在经济、社会、科技、国防、教育、文化、法律等方面积极加以运用。同时,要高度重视信息网络化带来的挑战。既要积极推进信息网络基础设施的发展,又要大力加强管理方面的建设,推动信息网络化迅速而又健康地向前发展。"①

2008年6月20日胡锦涛在人民日报社考察工作时的讲话中指出,"互联网已成为思想文化信息的集散地和社会舆论的放大器,我们要充分认识以互联网为代表的新兴媒体的社会影响力,高度重视互联网的建设、运用、管理,努力使互联网成为传播社会主义先进文化的前沿阵地、提供公共文化服务的有效平台、促进人们精神生活健康发展的广阔空间。"②

党的十八大以来,以习近平同志为核心的党中央高度重视新时期的思想政治工作中新媒体的建设、运用和管理,发表了一系列重要讲话。明确指出:"现在媒体格局、舆论生态、受众对象、传播技术都在发生深刻变化,特别是互联网正在媒体领域催发一场前所未有的变革。"③ "信息化是现代化的基础",互联网是我们面临的"最大变量"。"政治工作过不了网络关就过不了时代关,要研究把握信息网络时代政治工作的特点和规律,提高政治工作信息化、法制化、科学化水平。"④ "要创新改进网上宣传,运用网络传播规律,弘扬主旋律,激发正能量,大力培育和践行社会主义核心价值观,把握好网上舆论引导的时、度、效,使网络空间清朗起来。"⑤

面对新形势、新情况、新任务,华北水利水电大学党委积极顺应信息网络技术迅猛发展的趋势,根据新媒体环境下大学生思想成因及特点,主动迎接新媒体发展给大学生思想政治工作带来的挑战,建立了"华水苇渡"微博

---

① 江泽民谈推动信息网络化迅速健康发展 [EB/OL]. 中国新闻网,2001-07-11.
② 胡锦涛在人民日报社考察工作时的讲话 [EB/OL]. 央视网,2008-06-26.
③ 习近平. 坚持军报姓党 坚持强军为本 坚持创新为要 为实现中国梦强军梦提供思想舆论支持 [N]. 人民日报,2015-12-27(01).
④ 翟贤军. 过好政治工作网络关 [N]. 解放军报,2015-05-08(10).
⑤ 习近平. 总体布局统筹各方创新发展 努力把我国建设成为网络强国 [N]. 人民日报,2014-02-28(01).

矩阵。"华水苇渡"意为"华水同舟,微博共济",倡导平等、沟通、互助、团结、向上的价值取向。"华水苇渡"上线以来,秉承"以育人为本、以服务为先、以引导为重"的理念,坚持以思想引领为先导,以关心关注关爱学生为出发点,以解决师生反映强烈的实际问题为突破口,以"校务华水""师慧华水""学聚华水""达济华水"为桥梁,通过问题答疑、热点分析、思想引导、理论解惑,进行了大量的沟通、互动和交流。在利用新媒体引导、教育与服务管理学生方面进行了一些尝试和探索。

"微言大义达人大讲堂"是我校高水平系列讲座之一。其特点是有关部门和学生,根据学生关心的热点、难点、疑点问题,顺势利导,借助网络手段,在微博上群起邀请校外知名专家、"红色大V"来校为学生作报告。"微言大义达人讲堂"自2011年4月15日开办以来,已邀请到了《环球时报》总编辑胡锡进、著名作家陆天明、教育部原新闻发言人王旭明、罗源少将、房兵大校、知名网络作家周小平等到校进行各类主题讲座53讲。无须特别组织,场场爆满,实现了从"要我听"到"我要听"的转变,学生参与人数超过30000人次。如今,"微言大义达人大讲堂"已经成为我校校园文化的知名品牌。

目前以"华水苇渡""华水微信"为代表的网络媒体已深入教学、科研、社会服务和管理等各个领域,成为师生获取信息、丰富知识、学习交流的重要渠道,在推动学校教育改革发展、促进思想文化交流、丰富师生精神生活等方面起到了积极作用。2012年获得"河南省高校校园文化建设优秀成果一等奖""全国2012年高校校园文化建设优秀成果二等奖"。2014年度荣获"河南最具亲和力高校官微"称号、"河南省2014年度十大高校官方微博"、2015年"华水苇渡"成功入选"河南省高校校园文化建设知名品牌重点建设项目""河南省2016年度十大高校官方微博"。

三、加快新媒体新技术建设步伐，推动思想政治工作传统优势同信息技术高度融合，是一项系统工程

（一）高度重视新媒体

推进新兴媒体建设必须具有战略眼光。扎实推进新兴媒体建设，必须把新兴媒体当作一种重要的战略资源，真正将新兴媒体建设作为一项事关全局的战略工程，认真抓好科学规划和战略布局。要树立"信息化是现代化的基础"、互联网是我们面临的"最大变量""政治工作过不了网络关就过不了政治关"的政治意识，要站在办好社会主义大学、培养社会主义合格建设者和接班人的高度，着眼于国家安全、意识形态安全、网络安全，根据互联网发展的规律和新时期大学生思想政治工作的特点，按照社会主义核心价值观的要求，加强组织领导，做好顶层设计、注重整体规划，确立工作理念，构建网络平台，整合各种资源，强化人才培养，形成合力矩阵。

（二）深度发展新媒体

强化互联网思维，正确认识和处理好"互联网+"与"+互联网"的关系。适应新媒体新技术的发展趋势，大力推进多媒体和网络技术的广泛应用，充分运用现代教育技术和手段，提高教学内容的直观性、生动性，扩大覆盖面，增强影响力，以多样化的展示、多介质的推送，使我们的思想政治工作动起来、活起来。同时"互联网+"并不是简单地"+互联网"，不是把传统媒体的内容直接搬到网上，而是把互联网作为平台，以互联网思维、互联网精神来谋划布局。适应新兴媒体平等交流、开放互动、自由分享的特点，利用互联网扁平化、交互式、快捷性优势，克服传统思想政治教育方法的不足。根据按照积极推进、科学发展、规范管理、确保导向的要求，遵循思想政治发展规律、新兴媒体发展规律、大学生成人成才规律，强化互联网思维，坚持传统媒体和新兴媒体优势互补、一体发展，坚持先进技术为支撑、内容建设为根本，推动传统媒体和新兴媒体在内容、渠道、平台、经营、管理等方面的深度融合，形成立体多样、融合发展的现代传播体系。

（三）创新发展新媒体

坚持与时俱进原则，正确认识和处理好"正确"与"有效"的关系。思想政治教育工作是做人的工作的，能否从内心说服人，是思想政治工作是否到位的根本。因此，调整话语方式，创新话语体系，坚持网络思想政治工作的政治性与技术性、互动性与引导性、开放性与竞争性相统一，坚持政治话语、学术话语和大众话语的有机统一。善选小切口，融入大视野。用事实说话，学会把观点隐藏在声音和画面当中；善于讲故事，将主观意图巧妙融于客观叙事之中；倡导"短""实""新"，反对"大""假""空"，切实提高思想政治工作的针对性、有效性、亲和力，是我们目前迫切需要解决的重大问题。

（四）依法管理新媒体

坚持人民中心立场，正确处理好"管住"与"管好"的关系。尊重网民的言论自由权同维护网络社会的有效秩序之间的平衡，是网络思想政治工作需要解决的一个根本矛盾。随着公民的民主意识和参与意识日益增强，他们在互联网上发出的声音越来越大、越来越多、越来越强，其中难免会夹杂着一些不和谐的音符。因此，对新媒体采取视而不见的态度，或一关了之的观点是错误的。习总书记讲，"现在，有一种观点认为，互联网很复杂、很难治理，不如一封了之、一关了之。这种说法是不正确的，也不是解决问题的办法。"① "对网上那些出于善意的批评，对互联网监督，不论是对党和政府工作提的还是对领导干部个人提的，不论是和风细雨的还是忠言逆耳的，我们不仅要欢迎，而且要认真研究和吸取。"② 哪怕错误的批评，也要理性对待。人人都可以发声，这是社会的进步。同时，网络空间也不是"法外之地"。习总书记讲，"利用网络鼓吹推翻国家政权，煽动宗教极端主义，宣扬民族分裂

---

① 习近平. 在网络安全和信息化工作座谈会上的讲话［N］. 人民日报，2016-04-26（02）.

② 习近平. 在网络安全和信息化工作座谈会上的讲话［N］. 人民日报，2016-04-26（02）.

思想,教唆暴力恐怖活动,等等,这样的行为要坚决制止和打击,决不能任其大行其道。利用网络进行欺诈活动,散布色情材料,进行人身攻击,兜售非法物品,等等,这样的言行也要坚决管控,决不能任其大行其道。"① 因此,加强互联网领域立法,完善网络信息服务、网络安全保护、网络社会管理等方面的法律法规,坚持依法治网、依法办网、依法上网,让互联网在法治轨道上健康运行,是我们目前迫切需要解决的重大问题。

(五) 综合保障新媒体

习近平主席在第二届世界互联网大会开幕式上的讲话中指出:互联网基础设施是一切"互联网+"的基础,提升信息技术水平、发挥技术对内容的支撑引领作用,将是建好网上舆论阵地、推进新时期新闻舆论工作的重要一环。高校党委要树立"政治意识、大局意识、核心意识、看齐意识",将网络媒体的建设运用管理工作纳入学校事业发展的总体规划,纳入学校党的建设、大学生思想政治教育、平安校园建设、文明单位创建、教育教学评估等工作体系,做到同步规划、同步推进、同步督查。同时,要克服本领恐慌,认真了解和掌握新媒体自身的特点和传播规律,增强善待善管善用新媒体的意识和能力。按照"谁主管、谁负责,谁主办、谁负责"的原则,综合运用技术、行政、法律和教育手段,大力推进网络媒体管理的规范化、制度化、程序化,进一步提高网上舆论引导能力。依托高校学科优势建立网络人才培养基地、网络舆情研究中心、新技术研发中心,加强网络文化复合型人才培养,促进专家队伍和网络文化相关学科建设,努力把新媒体建成为传播社会主义文化和弘扬主旋律的重要渠道,加强大学生思想政治教育的重要阵地和全面服务大学生成长成才的重要平台。

---

① 习近平. 在网络安全和信息化工作座谈会上的讲话 [N]. 人民日报,2016-04-26 (02).

立德 铸魂 育人[①]

——办好高校思想政治理论课 筑牢大学生成长成才思想理论根基

2019年3月18日，习近平总书记在学校思想政治理论课教师座谈会上强调，办好思想政治理论课，最根本的是要全面贯彻党的教育方针，解决好培养什么人、怎样培养人、为谁培养人这个根本问题。办好高校思想政治理论课，就是要引导广大教师以德立身、以德立学、以德施教，用习近平新时代中国特色社会主义思想铸魂育人，培养能够担当民族复兴大任的时代新人，培养社会主义合格建设者和可靠接班人，为我们办好人民满意的大学指明了方向，提供了根本遵循。

一、深刻理解和牢牢把握办好高校思想政治理论课的重大意义

习近平总书记指出，我们党立志于中华民族千秋伟业，必须培养一代又一代拥护中国共产党领导和我国社会主义制度、立志为中国特色社会主义事业奋斗终生的有用人才。教育是国之大计，党之大计。国之大计的成效，就是要看教育能不能培养出社会主义事业的合格建设者；党之大计的成效，就是要看教育能不能培养出社会主义事业的可靠接班人。青少年是祖国的未来、民族的希望。青少年阶段是人生的"拔节孕穗期"，最需要精心引导和栽培。而思想政治理论课正是落实立德树人根本任务的关键课程。我们要从坚持和

[①] 发表于《河南教育（高等教育）》2019年第4期。

发展中国特色社会主义事业、建设社会主义现代化强国、实现中华民族伟大复兴的高度来认识办好思政课的重大意义。高校思想政治理论课作为大学生的必修课程，具有"在知识讲授基础上的理论传播、思想引领、价值引导、精神塑造和情感激发"的功能，正是落实立德树人根本任务的关键课程和铸魂课程。华北水利水电大学从坚持和发展中国特色社会主义事业、建设社会主义现代化强国、实现中华民族伟大复兴的高度来认识办好高校思想政治理论课的重大意义，尤其是把其作为大学生成长成才必须具备的思想理论基础来认真看待。

高校思想政治理论课是"政治"课，具有引导大学生实现政治社会化、培养坚定的政治立场和正确的政治方向的功能。从这个意义上来说，思想政治理论课具有"传道"的功能，就是要给学生一双"慧眼"——一双在纷繁复杂的世界中寻找方向、明辨是非，从而坚定政治立场、明确政治态度的慧眼。高校思想政治理论课也是"理论"课，具有帮助大学生系统把握理论知识理论体系、把握理论武器的功能。从这个意义上来说，思想政治理论课具有"授业"的功能，就是要给学生一套"武器"——一套战胜歪理邪说旁门左道的理论武器。高校思想政治理论课还是"思想"课，具有教育大学生掌握科学思想方法、提升思想觉悟和精神境界的功能。从这个意义上来说，思想政治理论课具有"解惑"的功能，就是要给学生一把"钥匙"——一把启迪心灵解疑释惑的钥匙。

政治上的坚定来源于理论上的清醒坚定。我们只有清醒地认识到高校思想政治理论课的功能，才有可能办好思想政治理论课，才有可能认识到办好高校思想政治理论课对于中国共产党、对于国家、对于社会、对于大学生的重大意义。

二、深刻理解和牢牢把握办好思想政治理论课的根本所在

办好思想政治理论课，最根本的是要全面贯彻党的教育方针，解决好培养什么人、怎样培养人、为谁培养人这个根本问题。要努力做到"三个坚

持"，即坚持马克思主义指导地位，坚持社会主义办学方向，坚持"四个服务"——坚持教育为人民服务、为中国共产党治国理政服务、为巩固和发展中国特色社会主义制度服务、为改革开放和社会主义现代化建设服务。

华北水利水电大学坚持"办好"思想政治理论课而不是简单的"教好""上好"，把思想政治理论课看作一个大事业，一项系统工程，设计出"教学、科研、学科、人才培养、学术交流"五位一体协同创新发展的育人模式，把高校思想政治理论课教育教学看作土壤，把思想政治理论课的教学研究和马克思主义理论学科的研究看作从土壤上生长出的大树，把马克思主义理论学科建设看作大树上的枝枝叶叶，把马克思主义的人才培养看作大树上的果实，把教学和学科的学术交流看作阳光、空气。"五位一体"育人模式彰显了思想政治理论课的科学性，解决了思想政治理论课程建设与马克思主义理论学科建设相互支撑的关系问题，强化了教育教学效果，基本实现了"办好"思想政治理论课的初心和使命。

三、深刻理解和牢牢把握办好思想政治理论课的深厚基础

党中央对思想政治工作高度重视，始终坚持马克思主义指导地位，大力推进中国特色社会主义学科体系建设，为思政课建设提供了根本保证。我们对共产党执政规律、社会主义建设规律、人类社会发展规律的认识不断深入，开辟了中国特色社会主义理论和实践发展新境界，中国特色社会主义取得举世瞩目的成就，中国特色社会主义道路自信、理论自信、制度自信、文化自信不断增强，为思政课建设提供了有力支撑。中华民族的优秀传统文化、党的革命文化和社会主义先进文化，为思政课建设提供了深厚力量。思政课建设长期以来形成的一系列规律性认识和成功经验，为思政课守正创新提供了重要基础。

华北水利水电大学始终把立德树人作为根本任务，围绕思想政治理论课进行一系列综合改革，积极打造"三个第一"，即把思想政治理论课作为"第一主课"，把马克思主义理论学科作为"第一学科"，把马克思主义学院作为

"第一学院"进行重点建设,在思想政治理论课教育、教学方面积累了一系列经验,为我们办好思想政治理论课奠定了良好基础。在教学内容安排上,实施"三讲法";在课堂组织形式上,实施"双向交流法";在课程组织形式上,实施"专题滚动法";在课堂内外衔接上,实施"多措并举法";在实践教学上,开展"四课联动"。这些举措有效提高了思想政治理论课的教育教学实效性。

四、深刻理解和牢牢把握办好思想政治理论课的关键

办好思想政治理论课关键在教师,关键在发挥教师的积极性、主动性、创造性。要按照"政治要强、情怀要深、思维要新、视野要广、自律要严、人格要正"的基本要求,积极打造一支"可信、可敬、可靠,乐为、敢为、有为"的思政课教师队伍。思想政治理论课教师是引导学生扣好人生第一粒扣子的人,是影响学生理想信念"总开关"的人,教师的一言一行,都可能会在学生理想信念层面播下种子。思想政治理论课教师要自觉成为学生思想政治理论的导师和人生导师,在做"有理想信念、有道德情操、有扎实学识、有仁爱之心"的好老师上走在前列、成为标杆;在做学生锤炼品格的引路人,做学生学习知识的引路人,做学生创新思维的引路人,做学生奉献祖国的引路人上走在前列、成为标杆;在坚持教书和育人相统一、坚持言传和身教相统一、坚持潜心问道和关注社会相统一、坚持学术自由和学术规范相统一上走在前列、成为标杆。教师要通过个人科研能力的提高带动教学水平的提升,讲出精彩的思想政治教育理论金课,直面各种错误观点和思潮,正确传导主流意识形态。要按照"八个相统一"的要求,继续推动思想政治理论课改革创新,不断增强思政课的思想性、理论性和亲和力、针对性。面对新情况、新挑战,思想政治理论课既要变,也要不变:变是要创新,跟上新的发展形式,吸收新的理论内涵,适应学生接受知识的新方式,达到新的学习要求;不变是要守正,即思想政治理论课的原则性、方向性、严肃性在任何时候都不能变。

华北水利水电大学的思想政治理论课要按照习近平总书记的要求，在教学内容上，将更多的"中国故事""治水故事""名人故事""华水故事"融入思政课程之中，从大事中见真言，从小事上显真知，从故事中悟真理，从生活里寻真情。在教学形式上，学校重视思政课的实践性，充分挖掘学校、社会、家庭、企业等课堂外资源，通过第一课堂和第二课堂的互动互补，真正巩固教育效果。在教学方法上，学校结合新时代互联网发展特点，综合运用新媒体技术，建好网络互动平台，加强价值引领、加深理论认知、增强师生交流，强化学习效果。

五、深刻理解和牢牢把握办好思想政治理论课必须加强党的领导

办好中国的事情，关键在党。要把思想政治理论课建设摆上重要议程，抓住制约思想政治理论课建设的突出问题，在工作格局、队伍建设、支持保障等方面采取有效措施。一是要建立党委统一领导、党政齐抓共管、有关部门各负其责、全校协同配合"大思政"的工作格局，以思想政治理论课教育教学为龙头，努力实现全员全程全方位育人。二是要坚持把从严管理和科学治理结合起来。校领导要带头走进思想政治理论课堂，带头推动思想政治理论课建设，带头联系思想政治理论课教师。要配足建强思想政治理论课教师队伍，按照1∶350的要求建设一支专职为主、专兼结合、数量充足、素质优良的思想政治理论课教师队伍。三是要搭建协同载体，建立思想政治理论课交流研讨联席会议制度，强化专业教师利用课堂加强大学生思想政治理论教育的意识，提高专业教师思想引领的能力。要完善课程设计，对学生所学的课程内容进行综合分析，实现思想政治理论与科技创新理论的无缝衔接，既提高"思政课程"的吸引力，又提高"课程思政"的引领力。四是要以河南省重点马克思主义学院建设和申报马克思主义理论博士点为契机，在已经获批第一批河南省重点马克思主义学院和马克思主义理论硕士一级学科的基础上，积极推动思想政治理论课内涵建设，不断加强学科与团队建设，凝练科研方向，总结特色成果，将学科科研与思政课建设紧密结合，为思想政治理

论课教学提供源头活水。

"青年兴则国家兴，青年强则国家强。"青年是党、国家、民族的未来和希望。我们要坚持以习近平新时代中国特色社会主义思想为指导，以社会主义核心价值观为引领，以中华优秀传统文化为基础，准确理解、深刻领悟、学用结合、精准施策，形成"学校办好思政课、教师讲好思政课、学生学好思政课"的良好氛围，筑牢夯实大学生成长成才的思想理论根基，使大学生在新时代信仰指引下实现人生价值。

以爱国主义教育筑牢立德树人之魂[①]

2019年11月12日,中共中央、国务院印发了《新时代爱国主义教育实施纲要》,对于引导全体人民弘扬伟大的爱国主义精神,为实现中华民族伟大复兴的中国梦不懈奋斗,具有非常重要的现实意义和深远的历史意义。习近平总书记强调,要坚持全员全过程全方位育人,在广大青少年中开展深入、持久、生动的爱国主义教育,让爱国主义精神牢牢扎根。习近平总书记的重要讲话为高校深入开展新时代爱国主义教育提供了根本遵循。我们要贯彻好《新时代爱国主义教育实施纲要》,用爱国主义教育筑牢立德树人之魂。

一、抓好爱国主义教育顶层设计

习近平总书记指出:"要把立德树人的成效作为检验学校一切工作的根本标准。"[②] 高校党委必须牢牢把握立德树人这个根本,把爱国主义教育贯彻工作始终。要找准新时代爱国主义教育的突破口。高校要从为党育人、为国育才的高度,深刻领会开展新时代爱国主义教育的重大意义,紧紧围绕"谁来抓、抓什么、怎么抓"的问题,找准突破口和着力点,提升爱国主义教育的针对性。要精心谋划形成工作合力。爱国主义教育具有丰富的内容,高校要把战略安排转化成为落地生根的具体"战术"要求,制定行动方案,编制任

[①] 发表于2019年12月13日《河南日报》理论版。
[②] 习近平在北京大学师生座谈会上的讲话 [N]. 人民日报,2018-05-03 (02).

务分解书、工作路线图。高校党委担负主体责任,党委书记是第一责任人,校长在党委领导下组织实施党委有关决议,班子其他成员结合业务分工抓好爱国主义教育,确保工作实效。要强化督导抓好贯彻落实。建立定期评估机制,对党委书记履行第一责任人职责的情况和领导班子成员履行"一岗双责"的情况进行检查督导,构建完善的奖惩机制,形成科学的考评方法,推动爱国主义教育由"可以做"转为"必须做认真做",由"被动配合"转为"主动工作",推动爱国主义教育走心走实。

二、发挥好主阵地主渠道作用

习近平总书记指出:"对新时代中国青年来说,热爱祖国是立身之本、成才之基。"① 高校必须把爱国主义教育贯穿思想政治教育全过程,用好主渠道主阵地,统筹利用课堂教学、思想政治理论课和实践活动,教育引导青年大学生坚定实现中国梦的信念,把奋斗精神作为永恒底色。要用好课堂教学"主渠道"。爱国主义教育要贯穿学校教育全过程,爱国主义精神要进课堂、进教材、进头脑,引导青年大学生把爱国情、强国志、报国行自觉融入坚持和发展中国特色社会主义事业、建设社会主义现代化强国、实现中华民族伟大复兴的奋斗之中。加强课程思政建设,引导专业课教师将爱国主义与专业教育相融合。专业课教师既要当好授业解惑的"经师",更要当好为人师表的"人师",把专业课程和思政课程有机结合,相互配合,形成协同效应。创新爱国主义教育形式,丰富和优化课程资源,使之不仅"有意义",而且"有意思",让广大青年学生真心喜爱、终身受益。要守好思想政治理论课"主阵地",要按照政治强、情怀深、思维新、视野广、自律严、人格正的要求,加强思想政治理论课教师队伍建设。坚持习近平总书记在学校思想政治理论课教师座谈会上提出的"八个相统一"原则,理直气壮开好思想政治理论课,提升高校爱国主义教育质量。要推动思想政治理论课改革创新,发挥学生主

---

① 习近平. 在纪念五四运动100周年大会上的讲话[N]. 人民日报,2019-05-01(02).

体作用，采取互动式、启发式、交流式教学，增强思想性、理论性、亲和力和针对性，在教育灌输和潜移默化中，让爱国主义精神在青年大学生心中牢牢扎根。要把好爱国主义教育实践活动"主动权"。爱国主义教育不仅限于课堂内和校园内，更应广泛开展实践活动，不断拓展爱国主义教育空间。要通过丰富的教育实践使学生把爱国和爱党、爱社会主义统一起来，实现课堂实践和课外实践、校内实践和校外实践相结合。高校党组织、共青团、学生会、学生社团要把爱国主义内容融入党日团日、主题班会以及各类主题教育活动之中，让广大青年自觉接受爱国主义熏陶，让青年学生从真实的历史事实中寻找源头、汲取力量、获得启示。

三、拓展丰富爱国主义活动载体

习近平总书记指出："新时代中国青年要听党话、跟党走，胸怀忧国忧民之心、爱国爱民之情，不断奉献祖国、奉献人民，以一生的真情投入、一辈子的顽强奋斗来体现爱国主义情怀，让爱国主义的伟大旗帜始终在心中高高飘扬！"[1] 加强爱国主义教育的目的是使青年大学生入脑入心，要实现这一目标，拓展更丰富的教育渠道、更活泼的教育方式是关键。要运用好网络思政平台。重视爱国主义教育网络阵地建设，通过推动媒体融合发展、建设全媒体来丰富爱国主义教育载体，形成爱国主义教育网上网下联动效果。将高校融媒体中心打造成青年学生涵养爱国情怀、继承爱国传统的精神家园，高校要占领网络阵地、坚守舆论战场，讲好"中国故事"，宣传中国精神，弘扬社会主义核心价值观，使大学生在风清气朗的网络空间汲取文化精华。要融入校园文化活动。爱国主义教育要走心，必须针对大学生的特点和需求开展丰富多彩的校园文化活动。用心从中华民族的精神基因中寻找，从党团结带领全国各族人民进行的革命、建设、改革实践中获取好的素材。用心探索更多新理念、新方法、新途径，用青年学生喜闻乐见的方式传播爱国主义知识，

---

[1] 习近平. 在纪念五四运动100周年大会上的讲话[N]. 人民日报，2019-05-01（02）.

引导大学生涵养积极进取开放包容理性平和的国民心态，理性爱国。要注重运用仪式礼仪，积极组织重大纪念活动，充分发挥传统和现代节日的涵育功能，不断提升爱国主义教育的体验感、吸引力和感染力，激发青年大学生表达爱国主义情感、践行爱国主义精神。要选树好身边典型榜样。开展爱国主义教育既要崇尚英雄、学习英雄、争做英雄，也要善用身边人、身边事，用身边人讲述身边事，用身边事教育身边人。要选树一批立得住、叫得响的优秀校友和在校学生，用"小故事"讲明"大道理"，在唱响主旋律、弘扬新风尚、践行社会主义核心价值观方面充分发挥示范引领作用，引导广大青年学生学习先进、争当先进，坚定理想信念，脚踏实地把每件事做好。

让爱国主义情怀激荡青春力量[①]
——学习习近平总书记在纪念五四运动100周年大会上的重要讲话

习近平总书记在纪念五四运动100周年大会上发表重要讲话,把"爱国主义"作为一条鲜明主线贯穿全篇,科学回答了新时代青年"为什么要爱国、怎样才是爱国、如何去爱国"的根本问题,为新时代发扬五四精神画出了新坐标,为新时代青年在赓续五四精神中书写爱国主义新篇章指明了前进方向、提供了根本遵循。

习近平总书记在讲话中指出:"五四运动,孕育了以爱国、进步、民主、科学为主要内容的伟大五四精神,其核心是爱国主义精神。"[②] "对新时代中国青年来说,热爱祖国是立身之本、成才之基。"[③] "当代中国,爱国主义的本质就是坚持爱国和爱党、爱社会主义高度统一。"[④] "新时代中国青年要听党话、跟党走,以一生的真情投入、一辈子的顽强奋斗来体现爱国主义情怀。"[⑤] 习近平总书记在讲话中先后9次提及"爱国主义",深刻阐述了五四精神的核心要义,明确强调了爱国主义之于新时代青年的时代价值,鲜明指出了新时代青年践行爱国主义的实践要求。新时代"强国一代"青年要认真学习领会习近平总书记在纪念大会上的重要讲话精神,牢记总书记对新时代

[①] 发表于2019年5月16日《河南日报》理论版。
[②] 习近平. 在纪念五四运动100周年大会上的讲话[N]. 人民日报, 2019-05-01 (02).
[③] 习近平. 在纪念五四运动100周年大会上的讲话[N]. 人民日报, 2019-05-01 (02).
[④] 习近平. 在纪念五四运动100周年大会上的讲话[N]. 人民日报, 2019-05-01 (02).
[⑤] 习近平. 在纪念五四运动100周年大会上的讲话[N]. 人民日报, 2019-05-01 (02).

中国青年的殷切希望，感党恩、听党话、跟党走，在发扬五四精神、弘扬爱国主义中担当起新时代中国青年的责任使命，在实现"两个一百年"奋斗目标和中华民族伟大复兴中国梦的历史进程中成就出彩人生。

一、用树立远大理想引领爱国之志

理想因其远大而为理想，信念因其执着而为信念。青年的理想信念关乎国家未来。青年理想远大、信念坚定，一个国家、一个民族就有了无坚不摧的前进动力。我国历史上曾经涌现过一个又一个、一批又一批伟大的爱国者，在他们心里都装着国家、装着人民，爱国主义的旗帜始终飘扬在心头。近代以来，我国青年不懈追求的美好梦想，始终与振兴中华的历史进程紧密相连。中国共产党人许党许国、矢志不渝的爱国精神和革命风范，是当代青年坚定信仰的精神力量。当前，和平与发展是时代主流，为广大青年的成长成才提供了较好的环境。面对新的时代，青年要有更加强烈的家国情怀、更加忠诚的政治品格、更加远大的理想抱负，树立对马克思主义的信仰、对中国特色社会主义的信念、对中华民族伟大复兴中国梦的信心，到人民群众中去，到新时代新天地中去，以个人梦助推中国梦，让理想信念在创业奋斗中升华，让青春在创新创造中闪光。

二、用担当时代责任诠释爱国之情

有多大担当才能干多大事业，尽多大责任才会有多大成就。时代呼唤担当，民族振兴是青年的责任。今天的中国早已摆脱了100年前积贫积弱的面貌，有着前所未有的影响力和话语权。今天"强国一代"的中国青年，正处在中华民族发展的最好时期，既面临着难得的建功立业的人生际遇，也面临着"天将降大任于斯人"的时代使命。随着中国改革的深入，无论是到2035年基本实现社会主义现代化，还是到21世纪中叶建成社会主义现代化强国，青年群体都将是发展的重要见证者和任务的主要承担者。中国特色社会主义进入新时代，把个人梦融入中国梦是爱国主义精神的新内涵，新时代青年要珍惜这个时代，担负时代使命，在担当中历练，在尽责中成长，在祖国最需要的地方建功立业。让青春在新时代改革开放的广阔天地中绽放，让人生在实现中国梦的奋进追逐中展现出勇敢奔跑的英姿，努力成为社会发展、知识积累、文化传承、国家存续、制度运行所要求的德智体美劳全面发展的社会主义建设者和接班人。

三、用勇于砥砺奋斗凝聚爱国之力

青春是用来奋斗的，奋斗本身就是一种幸福。奋斗是青春最亮丽的底色。无论在战争岁月还是和平年代，爱国从来都是具体的，需要用热血铸就，需要用奋斗书写。五四精神蕴含着爱国、进步、民主、科学的要义，更跳跃着奋斗的音符。迈入新时代，跨步新时代，当历史的接力棒传递到新时代青年人的手中，赓续革命先贤爱国奋斗精神以奏响时代最强音，让青春飞扬和时代腾飞同频共振，让爱国之志与奋斗之行同向同行，成为摆在新时代青年面前的时代问卷。今天，勇立时代潮头，担当振兴使命，为新时代谱写青春篇章，绽放青春年华，就是当代青年对五四精神的最好传承。新时代青年要有"以天下为己任"的抱负，有"勇做新时代弄潮儿"的志气，有"惟其艰难更知勇毅"的恒心，勇做走在时代前列的奋进者、开拓者、奉献者，毫不畏惧面对一切艰难险阻，在劈波斩浪中开拓前进，在披荆斩棘中开辟天地，在攻坚克难中创造业绩，用青春和汗水创造出让世界刮目相看的新奇迹。

四、用练就过硬本领支撑爱国之行

学习是成长进步的阶梯，实践是提高本领的途径。爱国是一种炽热的情感，更是一种自觉的行动。没有一身真本领，爱国热情就是空谈。新时代青年弘扬爱国精神，在新时代建功立业，也需要练就一身真本领。历史是一个接续演进的过程，每一代人有每一代人的使命，每一代人都要完成每一代人的长征。行进在新时代中国特色社会主义的征程中，新时代青年要建功立业，完成时代赋予的使命，就要树立"学不可以已"的观念，把学习作为首要任务，增强学习的紧迫感，心无旁骛、如饥似渴、孜孜不倦地求知问学，把成长的基石打深打牢。努力学习马克思主义立场观点方法，努力掌握科学文化知识和专业技能，努力提高人文素养，在学习中增长知识、锤炼品格，在工作中增长才干、练就本领，在实践中认识国情、了解社会，让勤奋学习成为青春远航的动力，让增长本领成为青春搏击的能量，以实实在在的行动投身到伟大的实践中，以真才实学服务人民，以创新创造贡献国家。

五、用锤炼品德修为涵养爱国之心

国无德不兴，人无德不立。做人做事第一位的是崇德修身，这是青年成长的基本逻辑。道德的源泉在于个人的心灵修养，一个有良知的青年必定是爱国、爱家、爱生活之人。新时代青年要牢记"从善如登，从恶如崩"的道理，把正确的道德认知、自觉的道德养成、积极的道德实践紧密结合起来，自觉树立和践行社会主义核心价值观，带头营造良好的社会风气，善于从中华民族传统美德中汲取道德滋养，从英雄人物和时代楷模的身上感受道德风范，从自身内省中提升道德修为。强化自我修炼、自我约束、自我改造，明大德、守公德、严私德，做到品德润身、公德善心、大德铸魂。长着中国脸，拥有中国心，饱含中国情，富有中国味，始终保持积极的人生态度、良好的道德品质、健康的生活情趣，追求更有高度、更有境界、更有品位的人生。以实现中华民族伟大复兴为己任，以一生的真情投入、一辈子的顽强奋斗来体现爱国主义情怀，不辜负党的期望、人民的期待、民族的重托，不辜负我们这个伟大的时代。

学习孟瑞鹏精神　传递社会正能量[①]

英雄是社会的良心、民族的脊梁、人民的骄傲，爱国的典范。一个时代的精神高地、价值坐标，精神面貌、文化气质、民族性格，总是通过那个时代的英雄人物，最集中地得以体现。华北水利水电大学学生孟瑞鹏就是这样一个当之无愧的英雄。他在少年儿童生命受到严重威胁的紧急关头，不顾个人安危、挺身而出，用宝贵生命诠释了当代青年学生的价值追求和崇高使命，展示了当代青年学生良好的综合素质和精神风貌，体现了当代青年学生高度的社会责任感和敢于担当的精神，弘扬了社会正能量。他用年轻的生命树立了一座不朽的精神丰碑。

中华民族是一个英雄辈出和崇尚英雄的民族。在中国的革命、建设、改革开放等不同时期，中国人民为了争取民族的解放、国家的独立、人民的幸福，涌现出许多可歌可泣的英雄模范。人们往往也是从历史的记忆中，从英雄的故事里，感受着英雄的事迹，净化着我们的心灵，昭示着中国未来美好发展方向，引导人们树立理论自信、道路自信、制度自信。

经过几十年改革发展，我国人民的精神面貌发生了深刻的变化。英雄人物层出不穷，思想道德领域主流健康向上。同时，随着社会的转型，网络新媒体技术的迅猛发展，当代社会呈现出多元化、娱乐化、消费化、商业化、

---

① 发表于 2015 年 7 月 28 日《河南日报》理论版。

功利化的趋势和特点。由于受西方社会思潮,特别是历史虚无主义的影响,社会上对英雄人物的看法不一。如,漠视英雄,不愿去承认、不敢去赞誉;质疑英雄,怀疑英雄事迹的真实性,怀疑人们做好事的目的和动机;甚至还出现了抹黑英雄、诋毁英雄、丑化英雄等现象。上述现象虽不是主流,但在一定程度和范围内,动摇了人们对"好人有好报"的信心,以至于出现了老人摔倒扶不扶,遇到穷人帮不帮,这些本不该是问题的问题……

"人民有信仰,民族有希望,国家有力量"。① 实现中华民族伟大复兴的中国梦,物质财富要极大丰富,精神财富也要极大丰富。在社会快速发展的今天,我们不缺少"两耳不闻天下事,一心只读圣贤书"的"学霸";也不缺少"高智商""会来事""趋利避害"的"精致的利己主义者"。缺乏的是理想远大、信念坚定、品德高尚、敢于担当、具有强烈社会责任感的优秀青年。从这个意义上讲,新形势下深入开展学习宣传孟瑞鹏活动意义重大。

"做一个有意义的人,一个为他人和社会做出贡献的人",这是孟瑞鹏的人生追求和价值目标。人如何过好自己的一生,人如何活着才有意义?这是孟瑞鹏一直在思考的问题。2009年,还是一个高中生的孟瑞鹏在日记中写道:"一辈子就是一天又一天摞起来的,如果我们能把每一天过好……每天都坚持做自己认为有意义的事情,那么这一生,就过好了。"2013年他在华北水利水电大学思想政治教育学院第二学期"思想道德修养与法律基础"开卷考试的答题中写道:"每个人都有不同的价值标准,故而每个人实际追求的目标也不尽相同。有的人为了名;有的人为了钱;有的人为了权;还有的人什么也不想要,甘愿碌碌终生;这些都是不可取的。我们要做的,是一个有意义的人;一个为他人和社会做出贡献的人。只有这样,我们才能真正体现出一个'人'的价值。"2015年2月26日,清丰县韩村乡西赵楼村莲花池,为救两名落水儿童,他用年仅23岁的生命纵身一跃,使他的诺言化作了永恒。

"理想与良心两样东西绝不能丢",这是孟瑞鹏的精神支柱和动力源泉。

---

① 习近平. 人民有信仰 民族有希望 国家有力量[N]. 人民日报,2015-03-01(01).

信仰是一个人的精神支柱和动力源泉。争取早日加入中国共产党是孟瑞鹏的不懈追求和崇高理想。"我是沐浴着党的阳光，在党的教育下成长起来的。""2007年我光荣地加入了中国共青团，那时候我就暗暗告诫自己：我一定要继续努力，争取早日加入中国共产党，为国家的社会主义现代化建设贡献自己的全部力量！""有人认为，参加共产党是在身上镀一层金，我觉得共产党员应该像金子一样闪闪发光，但不能金玉其外，败絮其中。要做一名忠实的勤务员，永远不谋私利。"针对社会上的一些不公现象，2013年9月他在《写给三年后的自己》的一封信中，是这样讲的：我们还很年轻，在今后的人生中，我们会遇到很多人，历经很多事，得到很多，也会失去很多，但无论如何，有两样东西，你绝对不能丢，一样是理想，另一样是良心。

理想远大、勇于担当、具有强烈的社会责任感是孟瑞鹏精神的核心。作为一名大学生，他认为当代大学生应多关心他人和社会。2014年4月他在写给党组织的思想汇报中是这样写道："作为一名当代的大学生，应该具有放眼国际，关注全球的意识……个人认为，郁闷和无聊等词汇使用频繁的原因之一便是思想太局限，太狭隘了。"作为家中的一名独子，他非常清楚自己应当承担的责任。"我明白我的责任，作为家里的独子，我的肩头有太多的责任，我不想让劳累一生的父母没有一个天伦般的晚年。作为一个有梦想的人，我不允许自己的梦想成空。一个真正的男子汉会把所有的责任全部扛起来！"作为一名班长，他是这样认为的："作为一名大学生，我一直担任班长这个职务，为同学们营造一个和谐美好的班级氛围，我也花过很多心思去构思……或许这样的大学生活没有其他人安逸，但是它却能让我在工作的同时，接触到更多的人，观察到更多的事，可以提高自己的组织能力和与人交流的能力……所以我会尽自己最大的努力去做好这份工作。"

诚实守信、互助友爱、见义勇为是孟瑞鹏的优秀品格和显著特征。作为一名90后青年人，他主张做人要有原则和底线。孟瑞鹏在自己的日记首页写道："做人原则：一是诚实、守信；二是真、善、美；三是辨别是非。"他认为，"底线是做人的基石，是处世的最起码准则，也是人们安身立命，维护自尊的法宝。""一个人可以没有金钱,没有地位,没有名利,但是绝不可以没有品德,修养和情操""帮助自己的唯一方法就是去帮助别人"因此,在关于"老人倒了,扶不扶?""遇到穷人帮不帮?""遇到危险上不上?"等这些社会问题时,他的回答是斩钉截铁的,必须扶!必须帮!必须上!他的回答,掷地有声,荡气回肠。"不是任何情况都允许你暂时逃避和停止,面对紧急情况,必须立即武装,立即反应,主动出击!"

英雄辈出是一个国家和民族的骄傲,如何把英雄精神发扬光大值得每个人深思。在当前,要把孟瑞鹏英雄事迹引向深入,应抓好以下四个方面的重点工作:

一、总结好、概括好、宣传好英雄的先进事迹,进一步强化对孟瑞鹏精神的实质及其时代价值的理解和认同

孟瑞鹏精神内涵虽十分丰富,但其实质和核心是"做一个有意义的人,一个为他人和社会做出贡献的人"的"大爱"精神,顾全大局、敢于担当、具有强烈社会责任感的主人翁意识,见困难上、见荣誉让,乐于助人的"傻子"精神。这是时代的呼唤,党的要求,人民的愿望,也是孟瑞鹏精神的价值所在。我们向孟瑞鹏学习,就是要学习他热爱党、热爱人民,理想与良心一样也不能丢的坚定信念;顾全大局、敢于担当、具有强烈社会责任感的主人翁意识;舍己救人、不怕牺牲的英雄主义气概;团结友爱、诚实守信的公民意识;胸怀大志,勤于思考、自强自立、锐意进取的时代精神。孟瑞鹏精神传承了中华民族的优良品德,彰显着社会主义核心价值体系的精髓要义,这是中华文化孕育的精神之花,更是社会主义先进文化的集中体现。

二、进一步挖掘、整理、宣传孟瑞鹏先进事迹,探索英雄成人成才的规律,特别是对家庭教育、学校教育、社会教育的意义和启示

孟瑞鹏在他人生命遇到危险的紧急时刻舍己救人光荣牺牲的英雄壮举,是事发偶然与施救行为必然的统一,是个人修为、家庭教育、学校教育、党

的培养的必然结果。孟瑞鹏先进事迹对家庭教育、学校教育、社会教育的重要启示在于：思想道德建设要从娃娃掀起，从学校掀起，要构建家庭、学校、社会三位一体的德育教育网络，切实把社会主义核心价值观贯穿于社会生活方方面面。要润物细无声。要通过教育引导、舆论宣传、文化熏陶、实践养成、制度保障等，使社会主义核心价值观内化为人们的精神追求，外化为人们的自觉行动。

三、认真总结、概括"四个主题"大讨论初步取得的做法和成果，持续把"四个主题"大讨论活动引向深入

用马克思主义理论教育引导大学生树立正确的世界观、人生观、价值观，牢固树立中国特色社会主义共同理想信念，是一项重大而迫切需要解决的任务。根据孟瑞鹏日记，以及当今青年大学生的思想实际，校党委顺势利导，在全校范围内开展了"学习孟瑞鹏精神、弘扬青春正能量"主题大讨论活动。主要围绕四个主题进行："大学生舍己救人值不值？""人为什么活着？""青年人靠什么改变自己的命运？""为什么说理想与良心决不能丢？"通过讨论，大家敞开了思想、提高了认识、消解了困惑、廓清了迷雾，进一步深化了青年大学生在信仰问题上的认识，并已取得了很好的效果。下一步，学校要紧密配合上级有关部门，持续把"四个主题"大讨论活动引向社会、走向深入。

四、坚持理论联系实际，要努力做到"四个结合"，把学习英雄精神化作激励我们不断前进的强大动力

一是要把学习孟瑞鹏先进事迹与传承弘扬中华民族传统美德，培育和践行社会主义核心价值观结合起来。教育引导广大青年、学生要以孟瑞鹏为榜样，树立正确的世界观、人生观、价值观、荣辱观，自觉地把个人的前途同国家和民族的命运紧密联系在一起，在奉献社会和服务人民的过程中实现自身价值，在全面建设小康社会、实现中华民族伟大复兴的历史征程中建功立业。二是要把学习宣传孟瑞鹏精神与学习"河南好人""华水英模"结合起

来。一朵鲜花打扮不出美丽的春天。正确的道德观念，只有转化为社会群体意识，才能成为改变现实的道德力量。深入挖掘和培育我们身边的平民英雄和凡人善举，发掘身边的无数个"孟瑞鹏"。学英雄思想、走英雄道路、创英雄业绩，努力营造学英雄、倡新风的浓厚氛围，使更多的平民英雄涌现出来。三是要把学习宣传孟瑞鹏精神与高等学校立德树人、履行大学历史使命的根本任务相结合。学校是育人的重要阵地，要始终把"立德树人"作为办学根本任务，紧紧围绕"培养什么人、怎么培养人"这一战略主题，不断深化对大学生成长规律和思想政治教育规律的认识，不断完善大学生思想政治教育工作领导体制、工作机制，不断创新工作方式方法，切实把"立德树人"的办学思想落到实处。四是要把学习孟瑞鹏精神与继承和弘扬华水优秀文化传统结合起来。华北水利水电大学在64年的发展过程中，逐步形成了以"育人为本、学以致用"的教育理念、"情系水利，自强不息"的办学精神和"从严治校，从严执教"的管理思想等为内核的大学文化。这些文化成果支撑并引导着华水人的精神世界和价值追求，培养了大批"下得去、吃得苦、留得住、干得好"的专业人才，也涌现出了一系列先进个人和集体。如，身患重病，带病上课，临终仍不忘教育教学事业的我校优秀教师黄和法；终生为党，把遗体和一切献给社会、献给人民的好党员曹民；河南大学生中无偿捐献造血干细胞第一人周济；为素不相识的急性白血病患者无偿捐献外周血造血干细胞大学生程俊亚；奋不顾身救火的"襄城县好人"张志远；品学兼优、重情厚义，6年不离不弃、无怨无悔照看因病离世同学父母的刘怀强……

英雄是不变的红色基因，不管时代如何变迁，英雄主义、爱国主义、集体主义始终都是一个社会高昂的旗帜和主旋律。沿着英雄孟瑞鹏的足迹前进，我们每个人都能感受到信心、温暖和力量。让我们积极行动起来，以孟瑞鹏为榜样，争做中华民族传统美德的传承者、社会主义核心价值体系的践行者、良好社会风尚的引领者，为实现中华民族伟大复兴的中国梦贡献出自己的青春、智慧和力量！

以"五个结合"为抓手
扎实推进"两学一做"教育[①]

"两学一做"学习教育是推动党内教育从"关键少数"向广大党员拓展、从集中性教育向经常性教育延伸的重要举措,是新时期加强党的思想政治建设的重要部署和龙头任务。高校党委贯彻落实"两学一做"教育,要发扬党的理论联系实际学风,突出问题导向,着眼于对实际问题的理论思考,抓住高校党建实践中的重点、难点、热点问题,以系统思维和改革创新精神扎实推进"两学一做"教育,在系统整合中推进高校党建纵深发展。

一、把"两学一做"学习教育与高等学校立德树人、履行大学历史使命的根本任务相结合,做到党建工作与中心工作两手抓、两促进

高校是人才培养的摇篮和意识形态工作的前沿阵地。随着世情国情党情的变化,当前高校处于各种思想文化交流交融交锋的前沿。坚持以社会主义核心价值体系为指导,以"两学一做"为抓手,促进大学生健康成长全面发展,是新时期党和国家赋予高等教育的重大责任和神圣使命。高校党委要站在协调推进"五位一体"总体布局和"四个全面"战略布局、贯彻落实"五大发展理念"的战略高度,深刻认识和准确把握开展"两学一做"学习教育的重要性和必要性,切实把思想和行动统一到中央部署要求上来。

---

① 发表于《党的生活》2016年5月上。

二、把"两学一做"学习教育与建立和健全高校的规章制度体系相结合，做到"思想建党"与"制度治党"同向发力、同时发力

党建工作，是做人的思想政治工作。坚持思想建党和制度治党相结合，是新时期党的建设的重要内容。思想建党是制度治党的前提和基础。但历史和实践证明，思想政治工作也不是万能的。"小智治事，中智治人，大智治制。"新形势下高校党委要把"两学一做"学习教育活动推向深入，必须坚持思想建党和制度治党相结合，根据"两学一做"的要求，及时对已有的工作制度进行梳理，坚持和完善一批行之有效的制度，废除一批不适用的制度，出台一批务实管用的制度。使思想建党和制度治党相互贯通、相互促进，形成合力，切实提高高校党的建设科学化水平。

三、把"两学一做"学习教育与加强和改进高校党的基层组织建设相结合，进一步增强基层组织的战斗堡垒作用和党员的先锋模范作用

党的基层组织是党的全部工作和战斗力的基础，开展"两学一做"学习教育重点在基层、难点在基层。高校党委要以此次学习教育为契机，坚持问题导向，注意抓薄弱环节，着力解决一些干部党员存在的理想信念模糊动摇、党的意识淡化、宗旨观念淡薄、精神不振和道德行为不端等问题；着力解决一些基层党组织软弱涣散和凝聚力、战斗力不强的问题；着力解决少数院（系）级党组织和基层党支部组织生活不严肃、不认真、不经常的问题。进一步严密党的组织体系，严肃党的组织生活，严格党员教育管理，严明党建工作责任。不断增强广大党员干部的政治意识、大局意识、核心意识、看齐意识。

四、把"两学一做"学习教育与学习身边英雄模范人物结合起来，充分发挥典型人物的示范、引领、激励作用

榜样的力量是无穷的。注重用身边的人说身边的事，用身边的事教育身

边的人,是把"两学一做"教育引向深入的重要途径。华北水利水电大学在64年的发展过程中,秉承"育人为本、学以致用"的教育理念、"情系水利、自强不息"的办学精神,为祖国培养了大批"下得去、吃得苦、留得住、干得好"的专业人才,同时,也涌现出了一系列先进个人和集体。如,舍己救人光荣牺牲的全国优秀大学生、第五届全国道德模范候选人孟瑞鹏烈士;身处基层、仰望星空,获得第73届世界性科幻文学最高奖——"雨果奖"的我校校友刘慈欣;大学毕业后,主动照顾失去双臂、生活不能自理军人的第二届全国孝老爱亲模范吴新芬……他们是社会的良心、人民的骄傲,是激励华水师生前进、生生不竭的动力。

五、把"两学一做"学习教育与反腐倡廉相结合,树立营造风清气正、干事创业的良好政治生态

反腐倡廉建设是我党五大建设内容之一,是全面从严治党的重要组成部分。把"两学一做"学习教育引向深入,一方面要继续保持惩治腐败高压态势,以零容忍态度惩治腐败;另一方面,还要大力加强廉政文化建设,加强舆论引导和正面宣传。教育引导党员干部"对党忠诚、个人干净、勇于担当",不断净化政治生态,树立风清气正,干事创业的良好环境。教育引导广大青年学生,树立正确的世界观、人生观、价值观、荣辱观,自觉地把个人的前途同国家和民族的命运紧密联系在一起,在奉献社会和服务人民的过程中实现自身价值,在全面建设小康社会、实现中华民族伟大复兴的历史征程中建功立业。

坚守理想信仰　增强"四个意识"[①]

习近平总书记在庆祝中国共产党成立 95 周年大会上的讲话中再次特别强调"全党同志要增强政治意识、大局意识、核心意识、看齐意识，切实做到对党忠诚、为党分忧、为党担责、为党尽责"[②]。增强"四个意识"，是以习近平同志为总书记的党中央全面从严治党思想的重要内容、是我们党始终成为中国特色社会主义事业坚强领导核心的必然要求、是衡量中国共产党人党性修养的重要标准、是打造忠诚干净担当的党员干部队伍的客观选择、是保持共产党人不忘初心的政治定力、永葆共产党人政治本色的根本所在。

一、准确把握"四个意识"的内涵，是对当代共产党人的客观要求

"四个意识"既有各自的规定和明确要求，又彼此联系、相互支撑，是一个内容完整、逻辑严密、相互作用的有机整体，集中体现为根本的政治方向、政治立场、政治认同、政治纪律。

政治意识是根本，强调的是政治方向，增强政治意识就是要"讲政治"。政治意识的核心就是坚定理想信念、坚定共产主义信仰、坚定中国特色社会主义信念，坚定不移跟党走。增强政治意识，就是要求每位党员不论任何时

[①] 发表于 2016 年 7 月 8 日《河南日报》理论版。
[②] 习近平在庆祝中国共产党成立 95 周年大会上的讲话 [N]. 人民日报，2016-07-02 (02).

候,特别是在复杂多变的形势下,始终保持清醒头脑,具有敏锐的观察力、鉴别力、判断力,保持思想定力、战略定力、道德定力、政治定力;把准政治方向、站稳政治立场、保持政治清醒、严守政治纪律,以确保正确的目标与方向。

大局意识是关键,强调的是政治立场,增强大局意识就是要从全局出发。大局意识,就是要胸怀全局,有全局的胸襟、有全局的视野、有全局的思维。增强大局意识,就是要求每位党员善于从全局高度、用长远眼光,自觉把国际国内两个大局、"五位一体"总体布局、"四个全面"战略布局、五大发展理念等治国理政的新理念、新观点、新思路学深学透、融会贯通;善于着眼大局、自觉把握大局、主动服务大局、坚决维护大局,以保障局部和整体的协调统一。

核心意识是保障,强调的是政治认同,增强核心意识就是要认真贯彻落实党中央的决策部署。核心意识,就是坚定不移地保持对党唯一的、彻底的、无条件的、不掺杂任何杂质的绝对忠诚。党的"领导核心"地位决定和要求每位党员干部,在思想上虔诚认同核心、在政治上坚决维护核心、在组织上绝对服从核心,认真贯彻确保党中央的各项决策部署落地生根,以保证领导权威。

看齐意识是基础,强调的是政治纪律,增强看齐意识就是要同党中央保持高度一致。看齐意识,就是要同党中央保持思想上的一致、政治上的一致、行动上的一致。要求每位党员干部靠理想、靠党性、靠纪律,主动自觉向党中央看齐,坚决贯彻党中央部署、坚决执行党中央决定、自觉团结在党中央周围,始终同以习近平同志为总书记的党中央保持高度一致,以实现队伍的整齐划一。

二、自觉将"四个意识"作为思想引领,是当代中国共产党人的必然选择

当代中国共产党人不忘初心、继续前进,应自觉将"四个意识"作为强

大思想引领。

要恪守初心、坚定理想信念。习近平总书记在"七一"讲话中指出:"我们党是否坚强有力,既要看全党在理想信念上是否坚定不移,更要看每一位党员在理想信念上是否坚定不移。"① 从某种意义上讲,党性比姓党更重要。每位党员同志,都应切实增强政治意识、坚定理想信念、树立党性观念、加强党性修养,不断提高马克思主义思想觉悟和理论水平,保持对远大理想和奋斗目标的清醒认知和执着追求,自觉把学习成果转化为提升党性修养、思想境界、道德水平的精神营养,做到真学、真懂、真信、真用,坚持"以德修身、以德立威、以德服众",坚守共产党人的精神追求。

要牢记初心、认真履职尽责。习近平总书记在讲话中指出:"每一名党员干部都要坚守'三严三实',拧紧世界观、人生观、价值观这个'总开关',做到心中有党、心中有民、心中有责、心中有戒,把为党和人民事业无私奉献作为人生的最高追求。"② "有多大担当才能干多大事业,尽多大责任才会有多大成就"③。每位党员同志,都应切实增强大局意识,坚定不移地贯彻落实党的路线、方针、政策,决不搞"选择性落实""象征性执行""变通性贯彻",坚持以大局、事业工作为重,对岗位充满热情,对工作充满激情,对群众充满亲情,永葆爱党之情、常怀忧党之心、恪尽兴党之责,在为党和人民建功立业中实现人生价值。

要忠于初心、强化组织观念。习近平总书记在讲话中指出:"各级领导干部要牢固树立正确权力观,保持高尚精神追求,敬畏人民、敬畏组织、敬畏法纪"④。党的力量来自组织,组织能使力量倍增。马克思主义政党力量的凝

---

① 习近平在庆祝中国共产党成立 95 周年大会上的讲话[N]. 人民日报,2016-07-02(02).
② 习近平在庆祝中国共产党成立 95 周年大会上的讲话[N]. 人民日报,2016-07-02(02).
③ 习近平同中央党校县委书记研修班学员座谈[N]. 人民日报,2015-01-13(01).
④ 习近平在庆祝中国共产党成立 95 周年大会上的讲话[N]. 人民日报,2016-07-02(02).

聚和运用，就在于有科学的组织。每位党员都应当增强核心意识，自觉维护中央权威，忠于组织、敬畏组织、相信组织、依靠组织、服从组织、维护组织，决不搞个人凌驾于组织之上，决不游离于组织之外，决不当"特殊干部"，决不搞"独立王国"。切实以同志的团结、班子的团结、部门的团结带动和维护党的大团结。

要守住初心、坚持步调一致。毛泽东同志讲过："一个队伍经常是不大整齐的，所以就要常常喊看齐。"① 齐是一种境界、一种精神、一种风貌，看齐则有序，看齐则有力，看齐则有效。看齐了才有思想的统一、行动的一致、力量的凝聚。每位党员干部都要增强看齐意识，经常主动自觉地向党中央看齐，向党的理论和路线方针政策看齐，向党中央关于改革发展稳定、内政外交国防、治党、治国、治军各项决策部署看齐。在主动看齐、及时看齐、经常看齐中滋养共产党人的蓬勃朝气、昂扬锐气、浩然正气，确保政治上同向、思想上同心、行动上同步，严守党的政治纪律和政治规矩，把纪律和规矩挺在前面。

---

① 李洪峰. 战略家毛泽东的道路［J］. 毛泽东思想研究，2022，39（4）：1-18.

重视理论建设　推动理论创新[1]

习近平总书记"7·26"重要讲话强调：必须高度重视理论的作用，增强理论自信和战略定力。在理论上不断拓展新视野、作出新概括。深入学习领会习近平总书记重要讲话精神，需要我们深化对讲话重大理论意义的认识，重视理论建设，坚定不移地推动理论创新。

讲话为党的十九大胜利召开做了充分的思想动员和理论准备。思想引领，理论先行。统一思想，凝聚共识，全党特别是高级领导干部，不断增强"四个意识"，自觉在思想上政治上行动上同以习近平同志为核心的党中央保持高度一致，自觉把思想和行动统一到以习近平同志为核心的党中央决策部署上来。应对新的形势，需要新的思路；指导新的实践，需要新的理论。习近平总书记强调，"能否提出具有全局性、战略性、前瞻性的行动纲领，事关党和国家事业继往开来，事关中国特色社会主义前途命运，事关最广大人民根本利益。我们党要明确宣示举什么旗、走什么路、以什么样的精神状态、担负什么样的历史使命、实现什么样的奋斗目标。"[2] 习近平总书记的重要讲话，阐明了未来一个时期党和国家事业发展的大政方针和行动纲领，为党的十九大胜利召开做了充分的思想动员和理论准备，营造良好的政治氛围和舆论

---

[1] 发表于 2017 年 8 月 25 日《河南日报》理论版。
[2] 习近平. 高举中国特色社会主义伟大旗帜　为决胜全面小康社会实现中国梦而奋斗[N]. 人民日报，2017-07-28（01）.

氛围。

讲话彰显了坚持和发展中国特色社会主义的高度理论自信。理论自信既来自社会主义实践活动的历史沉淀，也源自在创造性实践中的提升。理论自信从本质上源于社会主义伟大事业建设和成就的自信。正如习近平总书记指出，中国特色社会主义不断取得的重大成就，意味着近代以来久经磨难的中华民族实现了从站起来、富起来到强起来的历史性飞跃，意味着社会主义在中国焕发出强大生机活力并不断开辟发展新境界，意味着中国特色社会主义拓展了发展中国家走向现代化的途径，为解决人类问题贡献了中国智慧、提供了中国方案。只有理论上站得住，实践中方能行得好。习近平总书记强调指出，中国特色社会主义是改革开放以来党的全部理论和实践的主题，我们坚持和发展中国特色社会主义，必须高度重视理论的作用，增强理论自信和战略定力。讲话深化了对共产党执政规律、社会主义建设规律、人类社会发展规律的认识，是坚持和发展中国特色社会主义的政治宣言和行动纲领，是一篇马克思主义的纲领性文献，彰显了中国共产党人对坚持和发展中国特色社会主义的高度理论自信。

讲话为全党科学认识十八大以来党中央理论创新指明了前进方向。时代是思想之母，实践是理论之源。习近平总书记强调，我们党是高度重视理论建设和理论指导的党，强调理论必须同实践相统一。习近平总书记用三个"一系列"，即推出一系列重大战略举措，出台一系列重大方针政策，推进一系列重大工作，高度评价党的十八大以来的五年。高度重视理论建设和理论指导，坚持理论与实践相统一，是中国共产党的优良传统。党的十八大以来，我们党不断推动理论创新，紧紧围绕统筹推进"五位一体"总体布局和协调推进"四个全面"战略布局，提出了一系列新理念新思想新战略。习近平总书记同时又指出，在新的时代条件下，我们要进行伟大斗争、建设伟大工程、推进伟大事业、实现伟大梦想，仍然需要保持和发扬马克思主义政党与时俱进的理论品格，勇于推进实践基础上的理论创新。这为新时期推动全党理论创新提出了"理论同实践相统一"的总体要求，保持"与时俱进"的理论品格，指出了确保党和国家事业胜利前进的正确方向，发出了在迅速变化的时代中赢得主动，在新的伟大斗争中赢得胜利的号召。

讲话为引领全党进一步推动理论创新提供了行动指南。理论创新每前进一步，理论武装就跟进一步，这是我们党加强自身建设的一条重要经验。习近平总书记明确强调，要在坚持马克思主义基本原理的基础上，以更宽广的视野、更长远的眼光来思考和把握国家未来发展面临的一系列重大战略问题，在理论上不断拓展新视野、作出新概括。十九大作为中国政治生活中即将到来的重要节点，迫切要求思想理论界坚持问题导向，不断深化对习近平总书记系列重要讲话精神和治国理政新理念新思想新战略的认识，深刻领会习近平总书记关于推进理论创新的重要指示，从历史和现实、理论和实践、国内和国际等的结合上进行思考，从我国社会发展的历史方位上来思考，从党和国家事业发展大局出发进行思考，得出正确结论，提出全局性、战略性、前瞻性的行动纲领，引领中国特色社会主义伟大事业取得更大的胜利，以良好的精神状态和优异的成绩喜迎党的十九大胜利召开。

新时代高等教育高质量发展的理论创新与实践指引[①]
——深入学习《习近平谈治国理政》第三卷

高等教育是一个国家发展水平和发展潜力的重要标志。《习近平谈治国理政》第三卷收录了党的十九大以来习近平总书记关于教育特别是中国高等教育的发展和高校思想政治教育工作的新思考新观点新论断，体现了习近平新时代中国特色社会主义思想的与时俱进，有力指引高等教育工作者在新时代谱写高等教育事业发展新篇章。

一、新时代高等教育高质量发展的最新理论成果

通读《习近平谈治国理政》第三卷，关于新时代高等教育发展的要求集中于第十一部分"用新时代中国特色社会主义思想铸魂育人""发扬五四精神　不负伟大时代"和第十二部分"坚决破除制约教育事业发展的体制机制障碍"。书中的重要论述升华了对新时代高等教育高质量发展的理论认识。

坚持党的领导是新时代高等教育高质量发展的政治原则。中国最大的国情就是中国共产党的领导。习近平总书记明确指出，要顺利推进新时代中国特色社会主义各项事业，必须完善坚持党的领导的体制机制，更好发挥党的领导这一最大优势。要始终坚持党管办学方向、管改革发展、管干部、管人

---

① 2020年10月22日，在华北水利水电大学党委理论学习中心组会议上的讲话。

才，把党的教育方针全面贯彻到高等教育工作各方面，使高校成为党领导的坚强阵地。

坚持立德树人是新时代高等教育高质量发展的根本任务。习近平总书记把劳动教育纳入社会主义建设者和接班人的要求之中，提出"德智体美劳"全面发展的总体要求，并用"六个下功夫"对如何培养社会主义建设者和接班人提出明确要求，这是党的教育理论的重大创新。要遵循教育规律和人才成长规律，努力构建德智体美劳全面培养的教育体系，把立德树人贯穿到高等教育的各领域、各环节，把立德树人的成效作为检验学校一切工作的根本标准，培养全面发展的时代新人。

坚持社会主义办学方向是新时代高等教育高质量发展的根本要求。习近平总书记明确要求，我们办的是社会主义教育，要培养社会发展、知识积累、文化传承、国家存续、制度运行所要求的人，培养一代又一代拥护中国共产党和我国社会主义制度、立志为中国特色社会主义奋斗终生的有用人才。这是思考和谋划高校工作的逻辑起点，也是必须牢牢把握的正确政治方向，真正做到为党育人、为国育才。

坚持扎根中国大地办教育是新时代高等教育高质量发展的坚定自信。习近平总书记强调，我国有独特的历史、独特的文化、独特的国情，教育必须坚定不移走自己的路。新中国成立以来，在不到70年的时间里，我国高等教育总体发展水平进入世界中上行列，成就非常了不起，彰显了党的宗旨和我国的制度优势、政治优势。这些都是我们坚定教育自信的底气。我国高等教育还存在一些问题，但照搬别国经验是解决不了的，必须扎根中国大地，探索更多符合国情的办法，让中国特色社会主义高等教育发展道路越走越宽广。

坚持深化教育改革创新是新时代高等教育高质量发展的鲜明导向。习近平总书记强调，改革是教育事业发展的根本动力，必须更加注重教育改革的系统性、整体性、协同性，以改革激活力、增动力。这充分体现了党中央深化教育改革创新的坚定决心，为高等教育改革指明了方向。按照习近平总书记提出的"思想再解放、改革再深入、工作再抓实"的要求，进一步深化高校体制、办学体制和综合管理改革,加快推进高校治理体系和治理能力现代化。

坚持加强教师队伍建设是新时代高等教育高质量发展的基础支撑。习近平总书记对广大教师非常重视和关心,每年教师节都会前往学校看望师生,或致信祝贺问候,为全党作出了尊师重教的表率。习近平总书记对教师先后提出"三个牢固树立""四有好老师""四个引路人""四个相统一"的殷切希望。这些重要论述,为深化新时代教师队伍建设改革指明了方向,必将吸引和激励更多优秀人才长期从教、终身从教,培养造就一支党和人民满意的高校教师队伍。

二、新时代高等教育高质量发展的实践指引

习近平总书记关于教育特别是新时代高等教育的重要论述,系统指明了新时代高等教育发展的基本原则、目标方向和方式方法,为做好各项工作提供了"金钥匙"。

要着力推进党的建设高质量。高校党委必须扛起守好阵地的责任,把加强高校党建和思想政治工作作为重要职责,以高质量党建促进事业高质量发展。要加强党对高校工作的全面领导,严格执行中共中央组织部、中共教育部党组对新时代普通高等学校党委常务委员会会议议事决策规则和校长办公会议议事规则的新要求,坚持党管办学方向,坚持马克思主义指导地位,建立健全坚持和加强党的全面领导的组织体系、制度体系、工作机制,形成落实党的领导纵到底、横到边、全覆盖的工作格局;坚定不移贯彻落实新时代党的组织路线,强化高校党组织政治功能和基层组织建设,抓好学院党组织建设这个重点,抓实支部建设这个基础,抓住发展党员政治标准这个关键,认真落实高校党委抓党建主体责任,使高校成为坚持党的领导的坚强阵地。要全面落实第一议题制度,把学习贯彻习近平新时代中国特色社会主义思想和总书记最新重要讲话、指示批示精神作为党委会第一议题和校院两级理论学习中心组第一议题,坚持不懈学思践悟习近平新时代中国特色社会主义思

想，同学习马克思主义基本原理贯通起来，同学习党史、新中国史、改革开放史、社会主义发展史和高校办学历史结合起来，在学懂弄通做实上下功夫，在系统全面、融会贯通上下功夫，在知行合一、学以致用上下功夫，学出对党忠诚，学出理想信念，学出使命担当，筑牢做到"两个维护"的思想根基。要牢牢把握马克思主义在高校意识形态工作中的指导地位，从根本文化制度的高度，把加强马克思主义学习研究宣传作为重要职责，把加强思想政治工作摆在重要位置，把加强马克思主义学院建设当作重要工作，坚持把"马克思主义学院努力打造为第一学院，马克思主义理论学科努力打造为第一学科，马克思主义课堂努力打造为第一课堂"的工作理念，让马克思主义主旋律在校园里更加响亮。

要着力推进学生培养高标准。高校党委必须按照习近平总书记要把立德树人的成效作为检验学校一切工作的根本标准的要求，扛起立德树人的责任。要牢记为党育人为国育才的初心使命，科学谋划立德树人的顶层设计，激活"德智体美劳"育人要素，完善全员全过程全方位育人工作体系，落实好立德树人根本任务。要加强对青年大学生的政治引领，把习近平新时代中国特色社会主义思想作为最大指引，使这一当代马克思主义真正成为广大青年成长成才的"精神北斗"和"指路明灯"；把遵循中国特色社会主义道路作为最大实践，引导广大青年将个人成才梦、幸福梦，与国家富强梦、民族复兴梦紧密联系在一起，加快成长为堪当大任的"强国一代"。要创新学生培养模式，主动对标对表"双一流"和"四新"建设，围绕《深化新时代教育评价改革总体方案》，优化人才培养方案，使人才培养更加符合新时代要求；把创新教育贯彻教育教学全过程，用创新创业更好提升青年大学生素质能力，引导广大青年大学生在奋进新时代中谱写青春华章。

要着力推进服务大局高效能。高校党委必须牢牢把握"四为"这一社会主义办学方向，扛起推动科技创新、集聚人才的责任。要加强学科和平台建设，坚持突出重点，依托重点学科和优势学科，重点规划、整合资源、强化培育、寻求突破；坚持政策引领、团队铸魂，科学规划高水平平台建设方向，汇聚一流科研团队，形成团队集群，打造高水平创新型团队和平台，服务国家重大战略。要加快建设高素质强大人才队伍，实施"大师+团队"高端人才集聚模式，加大海内外学术大师柔性引聘力度；积极推进人才分类管理、分类评价，优化人才定位、细化岗位职责、深化过程管理、量化绩效考核、强化奖惩并举，更加凸显"一流人才、一流业绩、一流报酬"的导向，全面激发各类人才活力，为推动经济社会高质量快速发展厚植根基。要深化政产学研合作，主动融入国家战略，主动对接区域地方经济社会发展需求，依托办学特色和优势，推动校地合作项目落地落实；坚持融合发展、协同创新，持续推进学科交叉融合，主动寻求与国内外科研机构、地方政府和大型企业深度合作，推动共建高水平科研平台，推动创新链、产业链、人才链、资金链的深度融合，对接新发展格局，发挥好畅通国内大循环的重要动力引擎作用，引领和支撑区域经济社会发展，以新思维大视野谋划推进提升高校社会服务能力。

　　要着力推进学校治理高水平。高校党委必须深刻认识到推进高校治理体系和治理能力现代化，是实现高等教育高质量内涵式发展的重要抓手，扛起高校改革的责任。要以大学章程为核心，全面梳理学校在教学、科研、干部人事、学生事务、后勤保障服务等各方面的制度规定，全方位开展"废、改、立、留"工作，加强规章制度建设，建立完善与时俱进、务实管用的现代大学制度。要强化服务意识，管理体制机制改革要以服务学院发展为导向，构建教学、科研、人事、资产等各项工作统筹谋划、协同推进的工作机制，以优化管理服务水平全面提升治理效能。要注重对权力运行的制约和监督，大力推进党务、校务公开，建立权力运行公开机制和流程管理制度，完善考核、激励和责任追究机制，做到各种监督机制协调联动，用制度管权管事管人，确保制度严格执行、刚性运行，切实把学校的教学科研活力激发起来。

三、新时代高等教育高质量发展的有力保障

　　习近平总书记指出，人是事业发展最关键的因素。高校党委要坚持以新

时代高等教育发展的最新理论成果为指引,以政治建设为统领建好三支队伍,扛稳办学治校主体责任,加快推动新时代高等教育高质量发展。

要抓住校级领导这个少数。党委书记、校长要以社会主义政治家、教育家的标准要求自己,把坚定的政治立场、崇高的理念信念、服务国家和人民的价值追求作为终身课题。党委书记要扛稳抓牢党建主体责任,把党的建设与事业发展深度融合,坚决贯彻党委领导下的校长负责制,充分发挥党委把方向、管大局、抓班子、带队伍、作决策、保落实的领导核心作用,抓好顶层设计,把牢办学方向,统筹发展大局,管好干部;校长要有先进的教育理念,能够自觉履行党建职责,成为党建和思想政治工作的主要推动者、积极参与者,要依法行使职权,主动担当作为,与班子成员一道贯彻落实校党委决策部署,并结合学校实际创造性、科学性地开展工作,推动学校事业发展高质量;班子其他成员要各负其责,认真履行一岗双责,主动抓好分管领域的党建和思想政治工作,管好责任田,拉好手中琴,演好协奏曲。学校班子成员要带头严肃党内政治生活,全面落实民主集中制,过好双重组织生活,落实"三会一课";要一以贯之抓好党风廉政建设责任制落实,以严明政治纪律和政治规矩作保障,持续督查落实中央八项规定精神及其实施细则,深化运用监督执纪"四种形态",大力整治师生身边的不正之风和"微腐败"问题,营造廉洁干净、风清气正的治学育人环境。

要抓住中层干部这个主体。把旗帜鲜明讲政治落实到具体行动上、体现在日常工作中,牢记业务里边有政治、有大局,坚决贯彻党中央的决策部署,确保政治与业务融为一体、高度统一。要掌握马克思主义的立场观点方法,坚定理想信念,增强"四个意识",坚定"四个自信",做到"两个维护",夯实敢于斗争、善于斗争的思想根基,在解决党建问题和破解学校发展难题中增强斗争意识和斗争精神,提高斗争本领。要按照习近平总书记关于增强"八个本领"的要求,坚持不懈地学习提高,做到会写、能说、善协调,真正在破解难题上下功夫,切实锤炼真本领。要全面提升七种能力,准确把握我国经济社会进入新发展阶段、构建新发展格局的发展大转型期,与开启全面建设社会主义现代化国家新征程形成的新的"三期叠加"下,高等教育发展所带来的新形势,从融入服务国家战略、契合区域经济社会发展、符合高等教育发展规律、融合办学特色优势、吻合全体师生共同期盼的高度谋划本部门发展,既出发展思路、又抓工作落实,既抓大事要事,又抓热点难点,凝聚起心齐气顺、实干兴校的工作合力。

要抓住教师队伍这个基础。按照习近平总书记提出的"四有好老师""四个引路人""四个相统一"等一系列要求,把师德师风作为评价教师队伍素质的第一标准,全面加强教师队伍建设。要让有信仰的人讲信仰,引导教师坚定"四个自信",以身作则践行社会主义核心价值观,引导广大教师做到政治素质过硬,以德立身、以德立学、以德施教、以德育德。要按照政治强、情怀深、思维新、视野广、自律严、人格正的要求,加强思想政治理论课教师队伍建设,推动思想政治理论课改革创新,使广大思政课教师在教育教学中处理好价值、知识和信仰的关系,将正确的价值观和理想信念融入知识传授中,守好思想政治理论课"主阵地"。要加强课程思政建设,结合办学特色等因素,清晰定位课程思政特色,明确课程思政的形象设计和具体着力点,实现精准育人。充分挖掘课程思政元素,融入专业教学内容,找准切入点,让课堂"活"起来,在不断启发中进行思想引领、价值塑造,实现无声育人。加强课程思政改革,进一步拓展课程思政的方法和途径,在专业课程实践中进行思政教育,实现课程思政与思政课程有机结合,相互配合,着力推动同频共振,真正培养出能够担当民族复兴大任和具有家国情怀的时代新人。

担负起为党育人、为国育才的光荣使命[①]

胸怀中华民族千秋伟业，百年恰是风华正茂。习近平总书记在庆祝中国共产党成立100周年大会上的讲话中深情回顾并总结了中国共产党100年来为了实现中华民族伟大复兴的奋斗历程和伟大成就，鲜明指出，中国共产党为什么能，中国特色社会主义为什么好，归根到底是因为马克思主义行。中国共产党的100年就是不断推进马克思主义中国化的100年。说到底，中国共产党正是靠马克思主义起家并靠马克思主义成就了百年伟业。习近平总书记在讲话中强调，新时代的中国青年要以实现中华民族伟大复兴为己任，增强做中国人的志气、骨气、底气，不负时代，不负韶华，不负党和人民的殷切期望！高校肩负着为党育人、为国育才的光荣使命，培养具有坚定信仰的青年马克思主义者是义不容辞的责任，是党的伟大事业薪火相传的根本保证。高校要深入学习习近平总书记"七一"重要讲话精神，自觉担负起为党培养马克思主义忠实信仰者、坚定实践者的光荣使命。

一、要用马克思的伟大一生感染青年大学生

习近平总书记在庆祝中国共产党成立100周年大会上的讲话中指出，"一百年前，一群新青年高举马克思主义思想火炬，在风雨如晦的中国苦苦探寻

---

① 发表于《党的生活》2021年11月上。

民族复兴的前途"①。在中华民族的至暗时刻,马克思主义思想引领中国青年走上了光明的道路。马克思的一生,是胸怀崇高理想、为人类解放不懈奋斗的一生;马克思的一生,是不畏艰难险阻、为追求真理而勇攀思想高峰的一生;马克思的一生,是为推翻旧世界、建立新世界而不息战斗的一生。要用马克思胸怀崇高理想、为人类解放不懈奋斗的一生感染青年大学生,学习他奉献人类、服务人民的坚定信念,结合党史学习教育,挖掘党史学习实践元素,创新思政课实践教学载体,把河南丰富的红色资源融入思政课实践教学,推进思政小课堂同社会大课堂有机结合,让学生筑牢理想信念的"大坝",坚定人生航向,在体验思考中感悟真理的力量,把人生理想与国家命运紧紧联系在一起,在追梦道路上实现个人价值。要用马克思不畏艰难险阻、为追求真理而勇攀思想高峰的一生感染青年大学生,学习他不懈寻求真理、探索规律,结合党史学习教育和习近平总书记"七一"重要讲话精神,深刻感悟由科学理论孕育催生、用科学理论武装发展的中国共产党百年风华正茂的思想伟力,自觉把学习知识、追求学问、探索真理作为一种追求,培养探求事物真相的科学精神,不断磨炼会干事、干成事的真本领。要用马克思为推翻旧世界、建立新世界而不息战斗的一生感染青年大学生,学习他不惧苦难、不忘初心的执着精神,从百年党史中深刻认识中国共产党团结带领中国人民浴血奋战、艰苦奋斗,书写的是中华民族几千年历史上的恢宏史诗,找准的是为人类文明探求未来道路的成功方向,凝聚的是华夏大地生生不息的精神力量,必须坚持革命理想高于天、仰望星空、脚踏实地,从小事做起、从点滴做起,培养历史思维、辩证思维、系统思维、创新思维,提高观大势的准度、想问题的深度、办事情的精度,积蓄青春搏击的能量、奠定事业成功的基石,成为堪当民族复兴重任的时代新人。

---

① 在庆祝中国共产党成立100周年大会上的讲话[N].人民日报,2021-07-02(02).

二、要用马克思主义的科学真理引领青年大学生

习近平总书记在庆祝中国共产党成立 100 周年大会上的讲话中指出,"未来属于青年,希望寄予青年"。① 马克思主义是科学的理论、人民的理论、实践的理论和不断发展的开放的理论,要教育引导青年大学生充分认识马克思主义的科学性,用马克思主义的科学真理引领青年大学生创造更加美好的未来。要使青年大学生从百年党史中,深刻领会马克思关于人类社会发展规律的指导思想,用辩证唯物主义的基本原理解决现实问题,用马克思主义科学性引领青年发展。要教育引导青年大学生充分认识马克思主义的人民性。要使青年大学生从百年党史中,深刻认识到马克思主义政党始终坚持人民性,把植根人民、立基人民、造福人民作为一以贯之的优良传统,自觉坚守人民立场,以强烈的发展使命、民族情感和家国情怀,全身心融入新时代中国特色社会主义的伟大实践中去,用马克思主义的人民性厚植青年爱党爱国情怀。要教育引导青年大学生充分认识马克思主义的实践性。要使青年大学生从百年党史中,深刻认识到实践是检验真理的唯一标准,自觉做到一切从实际出发,把握好认识和实践的关系,做到尊重客观规律和发挥主观能动性相结合,坚持守正创新、不断超越自己,在开放中博采众长、完善自己,用马克思主义的实践性锻造青年"实事求是"的品德。要教育引导青年大学生充分认识马克思主义的开放发展性。时代是思想之母,实践是理论之源。中国共产党坚持把马克思主义基本原理与中国实际相结合,开辟了马克思主义中国化时代化大众化的新境界,领导中华民族实现从站起来、富起来到强起来的伟大飞跃,用实践证明了马克思主义的开放发展性。要使青年大学生从百年党史中,深刻认识到这一伟大思想没有结束真理的发展,而是为真理的发展开辟了道路,并且随着时代的变迁、实践的发展不断丰富自身的理论成果,完善自身的理论价值,自觉培养与时俱进的理论品格,深刻理解把握时代潮流和

---

① 在庆祝中国共产党成立 100 周年大会上的讲话[N].人民日报,2021-07-02 (02).

国家需要，敢为人先、敢于突破，树立创新意识，增强创新能力，用马克思主义的时代性激励青年以聪明才智贡献国家、开拓进取服务社会。

三、要用马克思主义中国化的最新理论成果铸魂育人

习近平总书记在庆祝中国共产党成立100周年大会上的讲话中指出，"新的征程上，我们必须坚持马克思列宁主义、毛泽东思想、邓小平理论、'三个代表'重要思想、科学发展观，全面贯彻新时代中国特色社会主义思想，坚持把马克思主义基本原理同中国具体实际相结合、同中华优秀传统文化相结合，用马克思主义观察时代、把握时代、引领时代，继续发展当代中国马克思主义，21世纪马克思主义！"① 习近平新时代中国特色社会主义思想，是党的十八大以来实践经验的集中总结，也是改革开放40多年、新中国成立70多年、中国共产党成立100年来历史经验的深刻凝练。要从党的思想发展史、理论创新史中，使青年大学生深刻领会这一重要思想是坚持和发展马克思主义的光辉典范，深切领悟这一重要思想的科学性和真理性，深入把握其重大意义、丰富内涵、科学体系、精神实质、实践要求，切实增强政治认同、思想认同、理论认同、情感认同，加深对共产党执政规律、社会主义建设规律、人类社会发展规律的认识，进一步增强对马克思主义的坚定信仰、对中国特色社会主义的坚定信念、对实现中华民族伟大复兴的坚定信心。要把学习贯彻习近平新时代中国特色社会主义思想作为青年大学生的必修课，同学习习近平总书记"七一"重要讲话精神结合起来，及时将重要讲话精神转化为鲜活的教育教学内容，用好课堂教学主阵地，提升思政课的政治高度，增强思政课的理论深度，开拓思政课的视野宽度。依托红色资源统筹推进"四史"学习教育，做深校外实践教学，做活校内实践教学，做实互动实践教学，真正做到入脑入心、固本培元、凝神铸魂，不断提升铸魂育人的系统性和实效性。要在学习习近平新时代中国特色社会主义思想中增强使命意识，胸怀

---

① 在庆祝中国共产党成立100周年大会上的讲话［N］. 人民日报，2021-07-02（02）.

"国之大者",紧扣习近平总书记对当代青年提出的要求,自觉加强斗争精神培育、制度自信涵育,主动响应时代召唤,自觉把爱国之情、报国之志融入祖国改革发展的伟大事业之中、人民创造历史的伟大奋斗之中,主动投身新时代社会主义现代化强国建设实践,听党话、跟党走,不怕困难、攻坚克难,勇于到条件艰苦的基层,受锻炼、长才干,在攻坚克难中激发斗争精神,增强斗争本领,提高应对风险、战胜挑战的能力水平,以时代的召唤在实干奋斗中成就一番事业,在青春磨砺中追求更有高度、更有境界、更有品位的人生,在实现中华民族伟大复兴中彰显青年大学生的志气、骨气、底气。

坚持把党史学习教育融入立德树人大课堂[①]

习近平总书记强调，历史是最好的教科书。我们党历来重视党史学习教育，注重用党的奋斗历程和伟大成就鼓舞斗志、明确方向，用党的光荣传统和优良作风坚定信念、凝聚力量，用党的实践创造和历史经验启迪智慧、砥砺品格。华北水利水电大学按照习近平总书记关于"'大思政课'我们要善用之"的要求，坚持把党史学习教育融入立德树人大课堂，推进思政小课堂同社会大课堂、网络新课堂结合起来，用社会实践的大平台为思政课持续注入活力，用网络空间的新阵地为思政课持续拓展空间，培养具有中国特色的时代新人。

一、学好党史理论，丰富思政课教学内容

思政课教学内容以理论知识为载体，而理论知识的充实程度决定了思政课教学内容的丰富度和深度。一部党史就是一本鲜活的思政课教科书，就是一堂生动的思想政治教育课。思政课内容取自这一本教科书，也在这一堂大思政课中不断创新发展。华北水利水电大学组织广大思政课教师围绕党史学习教育，深入开展个人自学、集体研学、支部评学、实践检学，坚持用学术讲政治、用党史增信念。

---

① 发表于《河南教育（高等教育）》2021 年第 5 期。

提升思政课的政治高度。广大思政课教师通过读原著、学原文、悟原理，重温中国共产党的百年奋斗史，感悟革命烈士、英雄人物、先进模范的奋斗精神，并结合教学实际，召开党史学术研讨会，开展中国共产党人精神谱系的研究阐释，从历史和现实相贯通的维度，用立党兴党强党历程中蕴含的宝贵精神价值为思政课教学提供丰厚的文化滋养，做到把政治追求讲鲜明。

增强思政课的理论深度。广大思政课教师深入学习习近平新时代中国特色社会主义思想，深化对马克思主义理论特征的认识，依托思想道德修养与法律基础、中国近现代史纲要、马克思主义基本原理概论、毛泽东思想和中国特色社会主义理论体系概论四门课程，把具体的党史事件、生动的党史人物和深邃的革命理论融入教学内容，进行中外纵横对比分析，做到把中国化马克思主义理论讲透彻。

开拓思政课的视野宽度。广大思政课教师牢牢把握党的历史发展的主题主线和主流本质，从历史长河中审视中国共产党的百年伟大贡献，系统梳理了中国共产党对国家的伟大贡献、对中国人民的伟大贡献、对中华民族的伟大贡献、对世界的伟大贡献，把中国共产党矢志践行初心使命的百年、筚路蓝缕奠基立业的百年、创造辉煌开辟未来的百年融入思政课教学，做到把制度自信讲明白。

二、用好红色资源，创新思政课实践教学

习近平总书记强调，要把红色资源利用好、把红色传统发扬好、把红色基因传承好。河南省是红色沃土，鄂豫皖苏区经历了第一次国内革命战争、土地革命、抗日战争、解放战争等各个时期的革命斗争活动，"28年红旗不倒"。大别山区有近百万优秀儿女为中国革命献出了宝贵的生命，涌现出燃起河南红色火种的游天洋、"国破尚如此，我何惜此头"的吉鸿昌等一大批优秀共产党人。这些红色资源为我们挖掘党史学习实践元素，创新思政课实践教学提供了载体。华北水利水电大学坚持把河南省丰富的红色资源融入思政课实践教学，推进思政小课堂同社会大课堂有机结合，让学生在体验思考中感

悟真理的力量、坚定理想信念、提升道德修养、升华思想境界。

做深校外实践教学。依托河南省红色资源，学校在焦裕禄干部学院、红旗渠干部学院、大别山干部学院、何家冲干部学院、黄柏山林场等地建立了大学生实践教育基地，组织选派学生走出教室，走进这些红色土地上的党史纪念馆、博物馆和历史事件的发生地等，并根据不同基地内容专题设计实地教学课程大纲，有针对性地引导学生身临其境感受党的历史，体验人民群众为什么选择了中国共产党、选择了马克思主义、选择了社会主义制度、选择了中国特色社会主义道路，在实践教学中统一学生思想、凝聚思政课实践教学共识、升华实践教学主题。

做活校内实践教学。学校用好丰富的党史素材和以焦裕禄、杨贵、史来贺等为代表的践行党的宗旨的河南楷模，结合思想道德修养与法律基础课程注重应用性和实践性、中国近现代史纲要课程以历史的深度和厚重见长、马克思主义基本原理概论课程的基础性和学理性强、毛泽东思想和中国特色社会主义理论体系概论课程实践特色与时代特色鲜明的这些特点，组织开展了"尚德杯"主题演讲赛、"鉴史杯"历史情景剧表演、"明理杯"辩论赛、"筑梦杯"微视频制作大赛。广大思政课教师对活动主题和形式精心设计，让学生大胆讲、努力演、机智辩、用心拍，讲好党的故事、革命的故事、英雄的故事，使广大青年学生在亲身参与中厚植爱党爱国爱社会主义的情感，更加心向党、热爱党。

做实互动实践教学。学校注重挖掘党史亲历者、党史研究者、道德模范、红色后代等人物在思政课实践教学中的价值。邀请8名抗战老兵现场讲述党的光荣历史，党史学习教育中央宣讲团成员、国防大学教授金一南，全国道德模范吴新芬和焦裕禄女儿焦守云等人走进华水，与学生充分互动交流，以典型的事例、真实的故事诠释党的初心和使命，教育引导广大青年学生更加深刻地认识到马克思主义和中国化马克思主义理论的科学性和正确性，认识到党的领导路线方针政策是正确的，使广大青年学生更加坚定拥护党的领导，服从服务于党和国家发展大局，努力为实现中华民族伟大复兴而不懈奋斗。

三、传承红色基因，引领好校园文化活动

习近平总书记强调，要注重发挥共青团、学校社团、学生自治组织的作用，调动学生参与的积极性，开展形式多样、健康向上、格调高雅的校园文化活动。华北水利水电大学既注重对学生的知识传授，又加强对其情感培育，依托学生社团和自治组织，以学生喜闻乐见的方式开展党史学习，提升学习效果，使广大青年学生在亲身参与中把红色基因沁入心扉。

把党史学习与打造红色社团结合起来。依托大学生 MMDX 学习研究会、国旗护卫队、华水新铁军等学生社团，开展"习风微语"线上党史学习推送、"华智杯"党史知识竞赛、"国旗下的演讲"、主题团日、"每日拉练"素质晨训等社团活动，使广大青年学生从理论到实践、从线上到线下，感悟马克思主义特别是习近平新时代中国特色社会主义思想的真理魅力、科学威力，确保学有所依、思有所源、用有所据、行有所循，传承好红色基因，打造一批引领学生思想的红色社团。

把党史学习与唱响红色经典结合起来。学校坚持把传唱经典红歌作为党史学习教育和传承红色基因的重要载体，作为培养学生爱国情怀的有效手段。以建党 100 周年为契机，学校组织开展了"红色华水——声临其境"配音大赛、"我为我党唱支歌"网络拉歌等活动，在耳熟能详、感人肺腑、昂扬向上的经典红色歌曲传唱中，使学生接受党史教育、爱国主义教育和革命精神教育，筑牢理想信念之基。

把党史学习与引领红色梦想结合起来。立足党史学习教育的契机，学校组织开展了"百年党史青年说"讲党史大赛、"学党史 悟思想"读书分享会等系列活动，并通过挖掘校友中的时代楷模、校史中的奋斗故事等形式，开展了"华水红色人物故事我来讲"活动。其中，学校首任校长张子林的故事被新华网《党史故事百校讲述》栏目报道，教育引导广大青年学生在党史学习的同时重温校史，进一步发扬光荣传统，传承红色基因，牢筑红色梦想。

四、建强网络平台，拓展思政课教学形式

习近平总书记强调，要加强网络空间治理，加强网络内容建设，做强网上正面宣传，做到正能量充沛、主旋律高昂，为广大网民特别是青少年营造一个风清气正的网络空间。这也为广大思政课教师用好网络平台、拓展思政课教学形式指明了方向，提供了根本遵循。华北水利水电大学创新形式、丰富载体，构建适应大学生代际特点的网络思政空间，推进思政小课堂同网络新课堂的有机结合，让思政教育在时间上无时不有、空间上无处不在。

坚持价值引领。依托教育部高校网络思想政治工作中心，结合党史学习教育，学校搭建了"今豫良言"媒体矩阵，开设了学习专栏、名师优课、豫人精神等主题栏目，把习近平新时代中国特色社会主义思想、党的十九大精神、焦裕禄精神、红旗渠精神等思想政治教育内容搬到网上，整合思想政治教育资源，在网络空间讲清楚"中国人民为什么选择了中国共产党""中国共产党为什么能""历史和人民为什么选择马克思主义""马克思主义为什么行""中国为什么会走上社会主义道路""中国特色社会主义为什么好"，大力培育和践行社会主义核心价值观，让网络成为价值引领的高地，把牢网络空间正确的政治方向，确保立德树人的根本任务落到实处。

注重内容供给。学校搭建集校报（电子校报）、新闻网、微博、微信、QQ空间、B站、抖音、快手、微视、视频号、今日头条、知乎、指点天下为一体的校园全媒体传播矩阵，开发全省高校首个融媒体工作系统，探索融媒体产品科学分发机制和媒体传播规律，形成"统一策划、一次采集、多种生成、多元发布、科学评价"的一体化线上生产流程，建设融媒体"中央厨房"。学校积极推进网络思政供给侧结构性改革，新媒体推送内容"不穿靴戴帽"，党史学习内容采用青年师生易于接受的表情包、音视频元素，主动融入青年学生话语体系，尝试从学生感兴趣的角度开展网络思政工作，以有思想、有温度、有品质的思想政治教育内容增强青年学生的认同感，站稳网络空间这一思想政治教育新课堂。

强化舆论引导。学校用技术手段建设全天候舆情监测系统，实时发现、预警负面言论，掌握师生的思想动态和关切、疑惑，及时精准开展相关工作；组建以全国高校网络教育名师为核心的舆情观察团队，加强日常网络舆情分析研判，做好高校、教育领域典型事件分析研判，为学校工作提供了可靠的着力点；开发网评员管理系统，组建核心网评员队伍，不断提升网上斗争能力，提高思想政治工作的主流音量，加强思想引导和理论辨析，引导师生树立正确的党史观，旗帜鲜明地反对历史虚无主义，筑牢意识形态阵地，确保校园网络育人空间风清气正。

明理悟道　增信铸魂
扎实推进党史学习教育[①]

今年是中国共产党成立100周年，党中央在全党开展党史学习教育，正当其时，意义重大。习近平总书记在党史学习教育动员大会上的重要讲话，深刻阐述了开展党史学习教育的重大意义和重点工作要求，系统回答了"为什么学、学什么、如何学"等重要问题，对党史学习教育进行全面动员和部署，为我们开展好党史学习教育提供了根本遵循。

一、把握重大意义，增强党史学习教育自觉

习近平总书记深刻阐述了开展党史学习教育"三大意义"，强调我们党历来重视党史学习教育，注重用党的奋斗历程和伟大成就鼓舞斗志、明确方向，用党的光荣传统和优良作风坚定信念、凝聚力量，用党的实践创造和历史经验启迪智慧、砥砺品格。学习党史是坚持和发展中国特色社会主义、把党和国家各项事业继续推向前进的必修课，这门功课不仅必修，而且必须修好。我们要充分认识党史学习教育的重要功能作用，以史为镜、以史明志，把苦难辉煌的过去、日新月异的现在、光明宏大的未来贯通起来，在乱云飞渡中把牢正确方向，在风险挑战面前砥砺胆识，开创属于我们这一代人的历史伟业。

---

① 2021年3月10日，在华北水利水电大学党史学习教育动员会上的讲话。

一要从党的非凡历程中读懂强党之路。中国共产党是中国人民和中华民族的先锋队。我们党已经发展成为一个走过百年光辉历程、在最大的社会主义国家执政70多年、拥有9100多万党员的世界上最大的马克思主义执政党，已探索出中国特色社会主义这条康庄大道，已形成习近平新时代中国特色社会主义思想这个马克思主义中国化最新成果，以习近平同志为核心的党中央领导坚强有力，党的创造力、凝聚力、战斗力空前提升。党的历史充分证明，勇于自我革命是我们党最鲜明的品格，也是我们党最大的优势。当前，同向社会主义现代化强国进军的伟大社会革命相比，党的自身建设上还存在一些不匹配、不适应的问题，依然要经受"四大考验"、防止"四种危险"，全面从严治党永远在路上。我们要从党的非凡历程中读懂强党之路，深刻领悟党永葆青春活力的基因密码，继续发扬彻底的革命精神，保持"赶考"的清醒，推进党的自我革命，把我们党建设成为始终走在时代前列、人民衷心拥护、勇于自我革命、经得起各种风浪考验、朝气蓬勃的马克思主义执政党。

二要从党的非凡历程中读懂资政之路。中国共产党从诞生、成长到壮大，历经革命、建设和改革开放，积累了治党治国治军的丰富经验。了解历史才能看得远，理解历史才能走得远。当前，百年未有之大变局对我国依然是个重要战略机遇期，但机遇和挑战都有新的发展变化。中国崛起是最大变量，既是自变量也是因变量；新冠肺炎疫情是最大考验，既是风险挑战也可危中转机。同时，我国正进入新发展阶段，构建新发展格局，推动高质量发展，向第二个百年奋斗目标迈进，人民群众对美好生活的需要日益增长，我国国家治理制度和治理体系的优势日益彰显，但发展不平衡不充分问题较为突出，依然面临诸多困难挑战。我们要学深悟透党史这部"鉴于往事、资于治道"的厚重史书，树立大历史观，从党团结带领人民不懈奋斗的艰辛探索中把握历史规律、认识历史必然、掌握历史主动，不断提高执政能力和领导水平，奋力夺取新时代中国特色社会主义事业的新胜利。

三要从党的非凡历程中读懂育人之路。党史是中国近现代以来历史最为可歌可泣的篇章，记载了我们党领导人民艰辛探索、顽强奋斗的光辉历程，充满了扭转乾坤、感天动地的强大正能量，是中国共产党人的精神家园。当前意识形态领域斗争复杂，各种错误思潮会借机泛起。我们要用党的伟大成就激励人，用党的优良传统教育人，用党的成功经验启迪人，用党的历史教训警示人，解决好世界观、人生观、价值观这个"总开关"问题，自觉做共产主义远大理想、中国特色社会主义共同理想和中国梦的坚定信仰者、忠实实践者。

二、明确学习内容，抓好党史学习教育重点

百年党史壮阔宏伟、气象万千。学好党史，既要通读博览，更要秉要执本，提高针对性和实效性。我们要坚持马克思主义立场观点方法，科学把握党史的主题和主线、主流和本质，学懂弄通党从哪里来、到哪里去等重大问题。在学习内容上，要按照习近平总书记提出的"突出六大重点"和《通知》明确的"六大方面学习内容"来部署安排。

一要在深刻领悟党的理论成果和思想伟力中学出坚定信仰。思想就是力量。马克思主义深刻改变了中国，中国也极大丰富了马克思主义。100年来，中国共产党坚持把马克思主义基本原理同中国具体实际和时代特征相结合，形成了毛泽东思想、邓小平理论、"三个代表"重要思想、科学发展观、习近平新时代中国特色社会主义思想。党的十八大以来，以习近平同志为主要代表的中国共产党人，顺应时代发展和实践要求，创立了习近平新时代中国特色社会主义思想，为新时代新征程提供了科学指引。这一伟大思想开辟了马克思主义新境界。习近平新时代中国特色社会主义思想以全新视野深化了对共产党执政规律、社会主义建设规律、人类社会发展规律的认识，取得具有划时代意义的突破性理论成果，实现了马克思主义基本原理与中国具体实际相结合的又一次飞跃，是21世纪马克思主义，是马克思主义中国化的最新成果。这一伟大思想开辟了中国特色社会主义新境界。习近平新时代中国特色社会主义思想深刻回答了新时代坚持和发展中国特色社会主义的一系列重大问题，开辟了通向中国特色社会主义现代化强国的真理道路，为实现"两个一百年"奋斗目标和中华民族伟大复兴的中国梦提供了行动指南。这一伟大思想开辟了治国理政新境界。在习近平新时代中国特色社会主义思想指引下，我们党解决了许多长期想解决而没有解决的难题，办成了许多过去想办而没有办成的大事，推动党和国家事业发生历史性变革、取得历史性成就，党的面貌、国家的面貌、人民的面貌、军队的面貌、中华民族的面貌都发生了前所未有的变化。我们要深刻认识马克思主义是我们立党立国之本，在当代中国坚持和发展习近平新时代中国特色社会主义思想，就是真正坚持和发展马克思主义，坚持不懈用习近平新时代中国特色社会主义思想武装头脑、指导实践、推动工作。

二要在深刻领悟党的领导地位和坚强核心中学出绝对忠诚。中国特色社会主义最本质的特征是中国共产党领导，中国特色社会主义制度的最大优势是中国共产党领导，党是最高政治领导力量。中国共产党的领导地位不是自封的，而是历史的必然、人民的选择。鸦片战争以后，无数仁人志士为了救亡图存进行了不懈探索，太平天国运动、洋务运动、义和团运动、戊戌变法、辛亥革命接连而起，但都以失败而告终，只有中国共产党带领人民推翻了"三座大山"，建立了新中国，彻底结束了近代以来中国内忧外患、积贫积弱的悲惨命运，站起来的中国人民和各民主党派共同选择中国共产党作为执政党。党的百年历程雄辩地证明，实现中华民族伟大复兴，离不开中国共产党的正确领导，离不开坚强有力的领导核心。党的十八大以来，面对严峻复杂的国内外形势，我们之所以能战胜一系列重大风险挑战，推动党和国家事业取得历史性成就、发生历史性变革，使"中国之治"与"西方之乱"形成鲜明对比，根本在于有以习近平同志为核心的党中央坚强领导。党的历史充分证明，在重大历史关头、重大考验面前，战胜一切艰难险阻，起决定性作用的是党中央的非凡判断力、决策力、行动力，是党中央卓越的领导力。旗帜鲜明讲政治、保证党的团结和集中统一是党的生命，也是我们党能成为百年大党、创造世纪伟业的关键所在。我们要从党史中汲取宝贵经验，坚决做到"两个维护"，自觉在思想上政治上行动上同以习近平同志为核心的党中央保持高度一致，坚决维护习近平总书记党中央的核心、全党的核心地位。

三要在深刻领悟党的光辉历程和伟大贡献中学出辩证思维。习近平总书记强调，要进一步把握历史发展规律和大势，始终掌握党和国家事业发展的历史主动。中国共产党的百年历史，是党领导人民进行新民主主义革命、进行社会主义革命和建设、进行改革开放、奋进新时代并取得伟大胜利的历史。我们党紧紧依靠人民，跨过一道又一道沟坎，取得一个又一个胜利，将被压迫被殖民的旧中国改造为巍然屹立在世界东方的社会主义大国，为中华民族作出了伟大历史贡献，集中体现在完成和推进了"四大历史伟业"。救国大业开天辟地。新民主主义革命时期，党坚持把马克思主义基本原理同中国革命具体实际相结合，团结带领中国人民找到了一条农村包围城市、武装夺取政权的正确革命道路，进行了28年浴血奋战，打败日本帝国主义，推翻国民党反动统治，建立了中华人民共和国，实现了中国从几千年封建专制政治向人民民主的伟大飞跃。立国大业改天换地。社会主义革命和建设时期，党团结带领中国人民完成社会主义革命，全面确立社会主义基本制度，消灭一切剥削制度，推进社会主义建设，实现了中国历史上最伟大、最深刻的社会变革，有力巩固了民族独立和人民解放的成果，使新中国站稳了脚跟。在这一时期，我们党对建设什么样的社会主义、怎样建设社会主义进行了艰辛探索，在"一穷二白"的基础上建立了独立的、比较完整的工业体系和国民经济体系，初步解决了几亿人的吃饭穿衣问题，为开创中国特色社会主义提供了宝贵经验、理论准备、物质基础。富国大业翻天覆地。改革开放和社会主义现代化建设新时期，党团结带领中国人民进行改革开放新的伟大革命，开辟了中国特色社会主义道路，形成了中国特色社会主义理论体系，确立了中国特色社会主义制度，实现了中国人民从站起来到富起来的伟大飞跃。强国大业惊天动地。党的十八大以来，以习近平同志为核心的党中央团结带领全国各族人民，统筹推进"五位一体"总体布局，协调推进"四个全面"战略布局，推进国家治理体系和治理能力现代化，推动中国特色社会主义进入新时代，迎来中华民族从富起来到强起来的伟大飞跃。我们要牢牢把握历史发展规律和大势，时刻铭记党的伟大贡献，深刻认识红色政权来之不易、新中国来之不易、中国特色社会主义来之不易，不断坚定"四个自信"，增强做中国人的志气、骨气、底气，并从历史长河、时代大潮、全球风云中分析演变机理、探究历史规律，增强工作的系统性、预见性、创造性。

四要在深刻领悟党的性质宗旨和初心使命中学出为民情怀。中国共产党一经成立，就把为中国人民谋幸福、为中华民族谋复兴作为初心使命，团结带领人民进行了艰苦卓绝的斗争，谱写了气吞山河、感天动地的壮丽史诗。我们党来自人民，党的根基和血脉在人民。为人民而生，因人民而兴，始终同人民在一起，为人民利益而奋斗，是我们党立党兴党强党的根本出发点和落脚点。无论是干革命、搞建设，还是抓改革、谋发展，归根到底都是为了让人民过上好日子。党的历史充分证明，江山就是人民，人民就是江山，人心向背关系党的生死存亡。实现中华民族伟大复兴，是中华民族近代以来最伟大的梦想，是我们党的历史使命。我们党一出生就是为争取民族独立、人民解放而斗争，使具有5000多年文明历史的中华民族焕发出新的蓬勃生机，以昂扬向上的姿态屹立于世界民族之林。我们要始终牢记人民是真正的英雄、是我们党执政的最大底气，坚持以人民为中心，自觉站稳人民立场、践行群众路线，永远和人民同呼吸、共命运、心连心，牢记使命、担当使命，以永不懈怠的精神状态和一往无前的奋斗姿态，努力实现中华民族伟大复兴。

五要在深刻领悟党的革命精神和优良作风中学出斗争精神。100年来，中国共产党人坚定理想信念、发扬斗争精神、推动伟大实践，在各个历史时期淬炼锻造了红船精神、井冈山精神、长征精神、遵义会议精神、延安精神、西柏坡精神、红岩精神、抗美援朝精神、"两弹一星"精神、特区精神、抗洪精神、抗震救灾精神、抗疫精神、脱贫攻坚精神等一系列伟大精神，形成了彰显党的性质宗旨和政治品格的精神谱系。我们党经过长期革命斗争，特别是经过延安整风运动后，系统形成了理论联系实际、密切联系群众、批评与自我批评的三大优良作风。这是我们党付出极大的努力和代价培育起来的，对中国革命和建设的胜利起到了至关重要的作用，具有鲜明的无产阶级政党特色,是党的精神血脉之所在。我们要始终牢记革命理想高于天、崇高精神永不过时,赓续共产党人精神血脉,鼓起迈进新征程、奋进新时代的精气神;还要从三大优良作风中体悟党的性质宗旨,自觉传承红色基因,永葆政治本色,为党和人民事业不懈奋斗。

六要在深刻领悟党的历史经验和政治优势中学出昂扬斗志。100年来,中国共产党始终坚持马克思主义政党的政治本色,坚持党对一切工作的领导,团结一切可以团结的力量,战胜各种风险挑战,不断从胜利走向胜利,积累了弥足珍贵的历史经验,充分彰显了我们党的政治优势和中国特色社会主义的制度优势。充分认识中国共产党为什么"能",我们党有远大理想追求,始终保持革命精神、奋斗姿态,能够经受一次次挫折而又一次次奋起;我们党有科学理论指引,重视思想建党、理论强党,不断创新指导思想,引领党和国家沿着正确方向前进;我们党有为人民服务的宗旨,一切为了人民、依靠人民,不断增强人民群众获得感、幸福感、安全感;我们党有选贤任能机制,重视党的组织建设和干部队伍建设,使全党始终保持统一思想、坚定意志;我们党有自我革命的勇气,敢于正视问题、克服缺点,推动全面从严治党、反腐倡廉,确保党永葆旺盛生命力和强大战斗力。充分认识马克思主义为什么"行",马克思主义具有科学性,是科学的世界观和方法论,深刻揭示了人类社会的本质及其发展规律,使真理的阳光照亮了人类社会历史;马克思主义具有人民性,是为人民谋福利的理论,反映和代表了人民大众的根本利益,致力于为人民服务,必然为亿万人民所认同;马克思主义具有实践性,是指导改造世界的理论,在中国具有广阔的实践舞台和用武之地,能够创造更加美好的未来;马克思主义具有开放性,是与时俱进的理论,特别是同中国具体实际相结合并不断实现历史性飞跃。充分认识中国特色社会主义为什么"好",最重要的是开辟了民族复兴正确道路,创造了世所罕见的经济增长、社会稳定、抗击疫情、全面脱贫"四大奇迹",中华民族伟大复兴展现出前所未有的光明前景;最根本的是适应了生产力发展要求,极大地解放和发展了当代中国的社会生产力,极大地推动了社会进步;最关键的是造福了广大人民群众，整体上彻底摆脱了绝对贫困；最基础的是完善了国家制度和治理体系，在当今世界疫情冲击、乱局交织、局部冲突和动荡不断背景下，保障了国家长治久安、社会安定有序、人民安居乐业。特别是这次抗击新冠肺炎疫情的伟大斗争，进一步彰显了党的领导和社会主义制度的显著优势，极大增强了全党全国各族人民的信心信念。当今世界，要说哪个政党、哪个国家、哪个民族能够自信的话，那中国共产党、中华人民共和国、中国人民是最有理由自信的！

三、找准学习抓手，确保党史学习教育实效

习近平总书记强调，要把学习党史同总结经验、观照现实、推动工作结合起来，把学习成效转化为工作动力和成效，防止学习和工作"两张皮"。学习的目的在于运用。我们要在结合上下功夫求实效，做好党史学习教育与学校改革发展的"结合文章"，推动学习教育与事业发展融为一体。

一要把党史学习教育与深入学习习近平新时代中国特色社会主义思想结合起来。习近平总书记在多个重要场合反复提到"理论武装"，喻之为党员干部的"必修课""基本功""看家本领"。我们要把党史学习教育的过程作为溯源党的科学理论的过程，在历史的视野中更加看清其理论品格和实践伟力。要在常学常新中强化理论武装，把好思想总开关，注重从习近平总书记关于准确把握新发展阶段、深入贯彻新发展理念、加快构建新发展格局的重要论述中汲取"十四五"开新局的前行力量，注重从习近平总书记在地方工作的领导实践中汲取创新推动工作的丰富经验，着重从习近平总书记关于教育的重要论述中汲取精准指导，推动学校事业高质量发展。要在学深学透中增强政治判断力，自觉在大局下想问题、做工作，善于从一般事务中发现政治问题，善于从倾向性、苗头性问题中发现政治端倪，善于从错综复杂的矛盾关系中把握政治逻辑，坚持政治立场不移、政治方向不偏，做到对党忠诚一心一意、一以贯之，表里如一、知行合一。要在常悟常进中增强政治领悟力，学懂弄通做实习近平新时代中国特色社会主义思想，学出视野格局、学出坚

定清醒、学出始终从政治上看问题、办事情的马克思主义立场观点方法，坚定不移运用到办学具体实践中去，使思维方式和精神世界更好适应学校事业发展需要。要在笃信笃行中增强政治执行力，主动同中央和省委精神对标对表，做到眼睛亮、见事早、行动快，勇于直面问题，敢于和善于斗争，结合学校实际创造性地开展工作，以扎实行动把中央和省委关于高等教育改革发展的决策部署落到实处、产生实效，做到始终胸怀"国之大者"。

二要把党史学习教育与坚持立德树人结合起来。习近平总书记指出，高校立身之本在于立德树人。要通过学习党史树立正确历史观，把党史教育内容作为广大党员干部和师生必修课，特别是广大党员干部和教师要充分挖掘并发挥党史教育在思政课体系中的重要价值，完整、系统地进行党史教育，在传授知识的同时准确把握并深刻理解中华民族从站起来、富起来到强起来的历史逻辑、理论逻辑和实践逻辑，以系统的"必修课"做到"学史明理"。要通过学习党史解决好思想困惑，广大党员干部和师生要准确把握党的历史发展的主题主线、主流本质，从党史中寻找理论滋养和精神支柱，坚定对马克思主义的信仰，对中国特色社会主义的信念，对中华民族伟大复兴中国梦的信心以及对党和人民的忠诚，以丰富的"营养剂"做到"学史增信"。要通过学习党史树立优秀品格，广大党员干部和师生要从国家的人物形象和民族的脊梁担当，革命烈士、英雄人物、先进模范凝结出的光荣传统和优良作风明理悟道，做到明大德、守公德、严私德，以时代楷模为榜样，秉持"江山就是人民，人民就是江山"的理念，锤炼奉献社会和服务人民的良好品格，以榜样的力量做到"学史崇德"。要通过学习党史增强使命意识，广大党员干部和师生要响应时代召唤，自觉把爱国之情、报国之志融入祖国改革发展的伟大事业之中、融入人民创造历史的伟大奋斗之中，融入推动高等教育事业发展之中，主动投身新时代社会主义现代化强国建设实践，听党话、跟党走，在攻坚克难中激发斗争精神，增强斗争本领，提高应对风险、战胜挑战的能力水平，以时代的召唤做到"学史力行"。

三要把党史学习教育与践行"四个服务"结合起来。习近平总书记指出，我国高等教育发展方向要同我国发展的现实目标和未来方向紧密联系在一起,为人民服务,为中国共产党治国理政服务,为巩固和发展中国特色社会主义制度服务,为改革开放和社会主义现代化建设服务。"四个服务"的论断彰显了我国大学的人民立场和政治属性,揭示了大学的办学目标和初心使命,这个初心使命与我们党为人民谋幸福、为民族谋复兴的初心使命高度契合。我们要把党史学习教育与构建高质量党建体系和思政体系相贯通,与服务国家战略和彰显办学特色相贯通,更加从讲政治、谋大局的高度践行好大学的初心使命。要以党的政治建设为统领,坚持党对学校工作的全面领导、坚持社会主义办学方向、全面贯彻党的教育方针,加强党性锻炼,传承红色基因,夯实忠诚纯洁可靠的思想根基,一以贯之推进全面从严治党,加快推进全国党建示范高校建设,以构建高质量党建体系推动事业高质量发展,办让党放心的华水。要提升人才培养质量,把党史学习教育融入育人体系,以教育评价综合改革为牵引,以课程、科研、服务等十大育人体系建设为抓手,巩固深化"三全育人"综合改革试点成果,构建完善立德树人落实机制,高标准建设好教育部网络思政教育中心和青少年法治教育中心,把"价值引领、知识传授、能力培养、人格塑造"融入教育教学全过程,把培养社会主义建设者和接班人作为办学之本,以构建高质量思政体系铸魂育人,办让人民满意的华水。要融入国家战略布局,围绕黄河流域生态保护和高质量发展、乡村振兴战略、生态文明建设和"四个强省、一个高地、一个家园"现代化河南建设,找到与学校工作的结合点和发力点,在为国家和社会服务中体现价值,在为国家和社会服务中获得资源,在为国家和社会服务中形成新的学术问题和研究方向,办让社会点赞的华水。要彰显学校办学特色,自觉与习近平总书记"十六字"治水思路和治水工作重要讲话指示批示精神,与党的十九届五中全会通过的"十四五"规划建议,与水利部"十四五"规划进行政治对标、思路对标、任务对标,科学分析研判,找准人才培养、科技创新的着力点,服务新时代水利事业发展,办让行业认可的华水。

四要把党史学习教育与推动事业发展结合起来。党的百年历史,就是一部矢志不渝维护好发展好最广大人民根本利益的奋斗史。我们要把党史学习教育与谋划"十四五"、建设特色骨干大学相贯通，与提升服务师生能力和育人水平相贯通，着力解决学校改革发展难题。校级领导班子成员要强化责任意识，结合分管工作，深入学院调研，从做大做强学院的高度，指导学院对接好学校"十四五"规划，重点研究解决制约学院发展的瓶颈问题，从具体问题入手，让战略思路有底层支撑，确保学校"十四五"发展目标科学合理。机关党员干部要强化服务意识，以服务学院和师生为导向，坚持学习不止、思考不息、笔耕不辍，不断完善能力结构、努力提高综合素质，做到统筹兼顾、讲求效率、强化执行，更好服务师生，实现执行力和满意度的双提升。二级学院党员干部要强化发展意识，把党史学习教育与谋划学院发展结合好，围绕特色骨干大学建设，充分调动党员师生的积极性，共同为学院发展出谋划策，汇聚集体智慧力量，更加准确、更加全面认识学院发展态势，做到心中要有"战略图"、有"画面感"、有"未来感"、有"忧患感"，掌握好家底，认识到问题，找准努力方向。广大教师要强化育人意识，从百年党史中汲取思想营养、理论营养和历史智慧、政治智慧，把学习成果转化为提升教育教学和育人水平的强大动力。特别是相关专业教师要进一步夯实马克思主义史学理论基础，突出党史研究的政治性，加强对党中央关于党史最新论述的学习，把党中央重要论述的精髓贯彻到党史研究中去，把研究成果落实到育人实践中去。

四、坚持守正创新，强化党史学习教育保障

开展党史学习教育，是党的政治生活中的一件大事，是贯穿全年工作的一项重大政治任务。各级党组织要强化政治担当，精心安排部署，高标准高质量完成学习教育各项任务。

一要加强组织领导。各级党组织要切实提高思想认识和政治站位，把主体责任扛起来，主要负责同志担负起第一责任人责任，认真抓谋划、抓推动、抓落实，切实把中央和省委的部署要求落到实处。党史学习教育领导小组办

公室要发挥好统筹协调作用，准确把握中央和省委"规定动作"，精心谋划开展好华水"自选动作"，确保党史学习教育接地气、有声势、见实效。广大领导干部要坚持以上率下，以更高要求，学党史、讲党史、懂党史、用党史，带动全校党员干部一级抓一级、层层抓落实。

二要把准政治方向。要牢固树立正确的党史观，准确把握党史发展主题主线、主流本质，正确认识和科学评价党史中的重大事件、重要会议和重要人物。要毫不动摇坚持马克思主义的指导地位，实事求是看待党史上的一些重大问题。要旗帜鲜明反对历史虚无主义，始终做到立场坚定、头脑清醒。

三要激活支部细胞。要注重以党支部为单位开展党史学习教育，做到全体党员参与、全面得到提升。要充分利用"三会一课"、主题党日等形式，充分挖掘利用党史、校史教育资源，联系实际学、融会贯通学。要以党史学习教育引领党支部建设，与创建全国"样板支部"结合起来，把党支部锻造成为坚强战斗堡垒。

四要营造浓厚氛围。要深入宣传中央和省委的精神及有关部署，宣传学习教育的重大意义、目标任务和基本要求，宣传各单位开展学习教育的好做法好经验好成果，大力营造开展学习教育和喜迎建党百年的浓厚氛围。要充分运用融媒体，开展多角度、全方位、多形式的深入宣传，打通理论宣传"最后一公里"，将宣传激发的精气神转化为推动学校发展的强大动力。要发挥好高校优势，把学习、宣传、教育、研究结合起来，增强学习教育的吸引力和感染力。

推动高校党史学习教育走深走心走实[①]

习近平总书记在党史学习教育动员大会上的重要讲话，贯穿辩证唯物主义和历史唯物主义的立场观点方法，既是对历史规律的深刻揭示，也是对现实问题的透彻分析，为我们开展好党史学习教育指明了方向、提供了遵循。我们要深刻领会讲话精神，从党史学习教育中汲取智慧和力量，推动党史学习教育走深走心走实。

把党史学习教育与坚持立德树人结合起来。习近平总书记指出，高校立身之本在于立德树人。要通过学习党史树立正确历史观，把党史教育内容作为广大党员干部和师生的必修课，特别是广大党员干部和教师要充分挖掘并发挥党史教育在思政课体系中的重要价值，完整、系统地进行党史教育，在传授知识的同时准确把握并深刻理解中华民族从站起来、富起来到强起来的历史逻辑、理论逻辑和实践逻辑，做到"学史明理"。要通过学习党史解决好思想困惑，广大党员干部和师生要准确把握党的历史发展的主题主线、主流本质，从党史中寻找理论滋养和精神支柱，坚定对马克思主义的信仰，对中国特色社会主义的信念，对中华民族伟大复兴中国梦的信心以及对党和人民的忠诚，做到"学史增信"。要通过学习党史树立优秀品格，广大党员干部和师生要从学习革命烈士、英雄人物、先进模范的优良作风中明理悟道，做到明大德、守公德、严私德，以时代楷模为榜样，秉持"江山就是人民，人民

[①] 发表于 2021 年 3 月 26 日《河南日报》理论版。

就是江山"的理念，锤炼奉献社会和服务人民的良好品格，做到"学史崇德"。要通过学习党史增强使命意识，广大党员干部和师生要响应时代召唤，自觉把爱国之情、报国之志融入祖国改革发展的伟大事业之中、融入人民创造历史的伟大奋斗之中、融入推动高等教育事业发展之中，听党话、跟党走，在攻坚克难中激发斗争精神，增强斗争本领，提高应对风险、战胜挑战的能力水平，做到"学史力行"。

把党史学习教育与践行"四个服务"结合起来。习近平总书记指出，我国高等教育发展方向要同我国发展的现实目标和未来方向紧密联系在一起，为人民服务，为中国共产党治国理政服务，为巩固和发展中国特色社会主义制度服务，为改革开放和社会主义现代化建设服务。"四个服务"的论断彰显了我国大学的人民立场和政治属性，揭示了大学的办学目标和初心使命，这个初心使命与我们党为人民谋幸福、为民族谋复兴的初心使命高度契合。要提升人才培养质量，把党史学习教育融入育人体系，以教育评价综合改革为牵引，以课程、科研、服务等十大育人体系建设为抓手，构建完善立德树人落实机制，把"价值引领、知识传授、能力培养、人格塑造"融入教育教学全过程，把培养社会主义建设者和接班人作为办学之本，以构建高质量思政体系铸魂育人，办让人民满意的大学。要彰显学校办学特色，科学分析研判自身所处方位，把传统优势学科专业做强，把国家战略急需的学科专业做精，把新兴交叉融合的学科专业做实，办让行业认可的大学。

把党史学习教育与推动事业发展结合起来。党的百年历史，就是一部矢志不渝实现好、维护好、发展好最广大人民根本利益的奋斗史。高校要把党史学习教育与建设高水平大学相贯通，与提升服务师生能力和育人水平相贯通，着力解决学校改革发展难题。校级领导班子成员要强化责任意识，重点研究解决制约学院发展的瓶颈问题，从具体问题入手，让战略思路有底层支撑，确保学校"十四五"发展目标科学合理。机关党员干部要强化服务意识，以服务学院和师生为导向，坚持学习不止、思考不息、笔耕不辍，不断完善能力结构、努力提高综合素质。二级学院党员干部要强化发展意识，把党史

155

学习教育与谋划学院发展结合好，围绕高水平大学建设，充分调动党员师生的积极性，共同为学院发展出谋划策，汇聚集体智慧力量，更加准确、更加全面认识学院发展态势，掌握好家底，认识到问题，找准努力方向。广大教师要强化育人意识，从百年党史中汲取思想营养、理论营养和政治智慧，把学习成果转化为提升教育教学和育人水平的强大动力。特别是相关专业教师要进一步夯实马克思主义史学理论基础，突出党史研究的政治性，加强对党中央关于党史最新论述的学习，把党中央重要论述的精髓贯彻到党史研究中去，把研究成果落实到育人实践中去。

第三编

大学基本使命与责任担当研究

培养社会主义建设者和接班人
深刻理解和把握大学的基本使命[①]

大学肩负着人才培养、科学研究、社会服务、文化传承与创新、国际交流合作的重要使命，其中人才培养是大学的基本使命。在中国特色社会主义新时代，更好推进大学建设，办好人民满意大学，需要着力解决好为谁培养人、培养什么样的人、怎样培养人的问题。

为谁培养人。解决好为谁培养人的问题，需要做到"四个坚持"。一是坚持为人民服务。在政治思想和价值导向上始终坚持为人民服务的根本要求，为人民办教育、为人民培养人才，依靠人民办教育、依靠人民发展教育。二是坚持为中国共产党治国理政服务。在当代中国，我们党治国理政的过程实际上就是不断发展和实现人民根本利益的过程，大学必须为党治国理政提供坚实的文化基础和人才支撑。三是坚持为巩固和发展中国特色社会主义制度服务。中国特色社会主义制度造就和发展了当代中国大学，我们的大学必须坚持中国特色社会主义前进方向，毫不动摇地为巩固和发展中国特色社会主义制度服务。四是坚持为改革开放和社会主义现代化建设服务。大学只有始终坚持这个大方向、大趋势、大战略、大方针，才能为改革开放和社会主义现代化建设源源不断地输送合格人才。

培养什么样的人。培养什么样的人，关系大学人才培养的政治方向和根

[①] 发表于2018年2月22日《人民日报》理论版。

本目标。总体而言，我国大学肩负着培养德智体美全面发展的社会主义建设者和接班人的重大任务。"德"的核心是具有坚定理想信念、健全人格和优秀品质。"智"是智慧，要求具有掌握真理和规律的能力。"体"是指要有健康的体魄。"美"的核心是和谐美好，要求具有鉴别真善美与假恶丑的能力。大学要坚持人才培养正确政治方向，切实把德才兼备、全面发展作为评价一流人才的标准。坚持立德树人根本任务，使教育真正回归常识、回归本分、回归初心、回归梦想，引导大学生勤于学习、敏于求知，注重把所学知识内化于心，形成自己的见解；既要博览专攻，又要关心国家、关心人民、关心世界，自觉担当社会责任，从而把一代又一代可爱、可信、可为的大学生培养成德智体美全面发展的社会主义建设者和接班人。

怎样培养人。人才培养必须遵循规律。一是遵循思想政治工作规律，解决好理想信念问题。理想指引人生方向，信念决定事业成败。要教育引导学生正确认识世界和中国发展大势，正确认识中国特色和国际比较，正确认识时代责任和历史使命，正确认识远大抱负和脚踏实地的关系，树立正确的理想信念。二是遵循教书育人规律，践行好社会主义核心价值观。把社会主义核心价值观贯穿到日常教学和管理工作中去，拧紧世界观、人生观、价值观这个"总开关"，坚持教书与育人相统一、言传与身教相统一、潜心问道与关注社会相统一、学术自由与学术规范相统一，引导学生提高思想水平、政治觉悟、道德品质和文化素养，争做有理想、有追求、有担当、有作为、有品质、有修为的新时代大学生。三是遵循学生成长规律，落实好以学生为本的教育理念。坚持紧紧贴近时代变化、紧紧贴近学生个性特点、紧紧贴近学生全面发展，更好教育学生、服务学生，帮助学生解决困难和困惑，为学生成长成才创造有利条件、开辟多种路径、提供丰富资源。既满足学生成长发展的共性需求和期待，又重视学生的个性需求和期待，让每一名学生都能健康成长。

办好新时代中国特色社会主义大学的思考[①]

党的十九大报告做出了"中国特色社会主义进入新时代"的历史方位的重要判断,在习近平新时代中国特色社会主义思想的指导下,中国高等教育也进入了新时代。中国特色社会主义新时代的到来,成为办好中国特色社会主义大学的最具决定性的时代背景。大学是研究学问、追求真理、培养人才的地方,承担着人才培养、科学研究、服务社会、文化传承创新、国际交流合作的职能,新时代更好更快推进中国特色社会主义大学建设,办好人民满意大学,坚持正确办学方向、聚焦根本使命、体现中国特色的统一,需要科学回答并着力解决好以下几个方面的重要问题。

一、政治方向:办好中国特色社会主义大学应着力解决好为什么办大学、办什么样的大学、怎样办大学的首要问题

办好中国特色社会主义大学首先要坚持坚定正确的政治方向,这是我国高等教育事业发展的根本遵循。因为方向涉及根本、关系全局、决定长远,发展方向同样决定高校建设成败和高等教育事业发展的水平。中国特色社会主义大学办学的正确政治方向,最根本地体现在为什么要办大学、办什么样的大学、怎样办好大学这三个基本方面。

---

① 发表于《河南教育(高等教育)》2018年第1期。

(一) 新时代更好更快推进中国特色社会主义大学建设比以往任何时期都更加迫切

高等教育发展水平是一个国家发展水平和发展潜力的重要标志,高校在人才培养和推进中国特色社会主义建设中的作用十分重要。更快推进中国特色社会主义大学建设比以往任何时期都更加迫切。中国特色社会主义高等教育必须加快发展,才能承担起实现中华民族伟大复兴中国梦赋予的历史使命。我们对高等教育的需要比以往任何时候都更加迫切,对科学知识和卓越人才的渴求比以往任何时候都更加强烈。距离实现中华民族伟大复兴的目标越近,我们越不能懈怠,越要加倍努力,越要适应日趋激烈的国际竞争中正在成为焦点的人才培养与争夺的发展态势。

(二) 中国特色社会主义的大学必须坚持中国特色社会主义

习近平总书记强调,我国有独特的历史、独特的文化、独特的国情,决定了我国必须走自己的高等教育发展道路。办好中国特色社会主义高校,要充分发挥党的思想政治工作优势,坚定地走中国特色社会主义的高等教育发展道路,扎根中国、融通中外、立足时代、面向未来,扎实办好中国特色社会主义大学,为中国特色社会主义事业培养德才兼备、全面发展的时代新人,用中国共产党领导中国人民进行伟大斗争、建设伟大工程、推进伟大事业、实现伟大梦想凝聚的中国智慧,用中国特色社会主义大学建设为世界高等教育事业发展贡献"中国方案"。

(三) 办好中国特色社会主义大学必须做到"四个坚持不懈"

"四个坚持不懈"的行动纲领不但明确了我国如何坚持社会主义办学方向,办好中国特色社会主义大学,必须以"四个坚持不懈"为行动纲领。一是要坚持不懈地传播马克思主义科学理论。把抓好马克思主义理论教育,作为高校的一项重要教学任务,理直气壮和坚持不懈地抓好,为学生一生成长奠定科学的思想基础。二是要坚持不懈地培育和弘扬社会主义核心价值观。引导广大师生做社会主义核心价值观的坚定信仰者、积极传播者、模范践行者。三是要坚持不懈地促进高校和谐稳定。培育理性平和的健康心态,加强人文关怀和心理疏导,把高校建设成为安定团结的模范之地。四是要坚持不懈地培育优良校风和学风。让高校发展做到治理有方、管理到位、风清气正,成为做好思想政治工作的重要载体和环境。

二、根本使命:办好中国特色社会主义大学应着力解决好为谁培养人、培养什么样的人、怎样培养人的关键问题

百年大计,教育为本。中国特色社会主义的大学体现了中国特色社会主义及人才培养的根本使命,肩负着培养德智体美全面发展的社会主义事业建设者和接班人的重大任务。高校思想政治工作关系着高校为谁培养人、培养什么样的人以及如何培养人这个根本问题。

(一) 办好中国特色社会主义的大学要牢记为谁培养人

一是必须坚持"为人民服务",在政治思想和价值导向上始终坚持"为人民服务"的根本要求,为人民办教育、为人民培养人才,依靠人民办教育、依靠人民发展教育。二是必须坚持"为中国共产党治国理政服务"。在当代中国,我们党治国理政的过程实际上也就是不断发展和实现人民根本利益的过程,教育必须为党治国理政提供坚实的文化基础和人才支撑。三是必须坚持"为巩固和发展中国特色社会主义制度服务"。中国特色社会主义制度造就和发展了当代中国教育,为了保证中国特色社会主义事业更好更快地发展,我们的教育事业也应当更好地坚持中国特色社会主义前进方向,毫不动摇地为巩固和发展中国特色社会主义制度服务。四是必须坚持"为改革开放和社会主义现代化建设服务"。教育只有始终坚持为改革开放和社会主义现代化建设服务这个大方向、大趋势、大战略、大方针,教育培养的人才必须是能为改革开放和社会主义现代化建设服务的德才兼备全面发展的合格人才。

(二) 办好中国特色社会主义大学要牢记培养什么样的人

培养什么样的人,关系到中国特色社会主义大学人才培养的政治方向和根本目标。总体而言,我国高等教育肩负着培养德智体美全面发展的社会主义事业建设者和接班人的重大任务。"德"的核心就是有健全人格和优秀品

质。"智"就是智慧，就是求真的能力，真就是真理和规律。"体"就是要有健康的体魄，"美"的核心就是和谐美好，培养学生鉴别真善美与假丑恶的能力。高校党的建设要紧紧围绕培养中国特色社会主义事业合格建设者和可靠接班人这个核心任务，坚持人才培养正确政治方向，切实把德才兼备、全面发展作为评价一流人才的标准。坚持立德树人根本任务，使教育真正回归常识、回归本分、回归初心、回归梦想，引导当代大学生要勤于学习、敏于求知，注重把所学知识内化于心，形成自己的见解，既要专攻博览，又要关心国家、关心人民、关心世界，学会担当社会责任。把一代又一代可爱、可信、可贵、可为的当代青年大学生培养成德智体美全面发展的社会主义事业合格建设者和可靠接班人。

（三）办好中国特色社会主义大学要牢记如何培养人

首先，自觉遵循思想政治工作规律，要解决好理想信念问题。理想指引人生方向，信念决定事业成败。办好我国高校，必须以此来带动高校其他工作，教育引导学生"正确认识世界和中国发展大势，正确认识中国特色和国际比较，正确认识时代责任和历史使命，正确认识远大抱负和脚踏实地的关系"。其次，遵循教书育人规律，要践行好社会主义核心价值观。把核心价值观贯穿到日常教学和日常管理工作中去，拧紧世界观、人生观、价值观这个"总开关"，"坚持教书与育人相统一、坚持言传与身教相统一、坚持潜心问道与关注社会相统一、坚持学术自由与学术规范相统一"，引导学生"提高思想水平、政治觉悟、道德品质和文化素养"，争做"有理想、有追求，有担当、有作为，有品质、有修为的大学生"。再次，遵循学生成长规律，要落实好以学生为本的教育理念。坚持紧紧贴近时代变化、紧紧贴近学生个性特点、紧紧贴近学生全面发展，围绕学生、关照学生、服务学生，关心学生的困难和困惑，帮助、鼓励学生解决困难，化解困惑，为学生成长成才创造有利条件，开辟多种路径，提供丰富资源，既满足学生成长发展的共性需求和期待，又重视学生的个性需求和期待，使思想政治工作更具感染力和针对性。

三、中国特色：办好中国特色社会主义大学应着力解决好大学为何、大学何为、大学何以为这三个基本问题

党的十八大以来，习近平总书记多次强调："全国高等院校要走在教育改革前列"①，要"扎根中国大地办大学"②，"办好中国的世界一流大学，必须有中国特色"③。从高等教育改革和大学发展的实践而言，一所大学要立足中国大地办出特色，首先要理清思路，对准焦点，着力解决好大学为何、大学何为、大学何以为这三个基本问题，真正把改革发展聚焦于培养人的人和培养的人这个关键点上。

（一）办中国特色大学，首要的问题是大学为何，即大学的根本任务是什么？

应当说，随着我国经济社会的发展，对大学承担任务与使命的期望和要求越来越高，人才培养、科学研究、社会服务、文化传承创新、国际交流合作等功能不断拓展，既凸显出大学在促进社会发展进步中的基础性作用，同时也容易使大学模糊自身的核心职能定位，加上高等教育体制改革相对滞后，以行政手段评价大学办学水平并配置资源的色彩较浓，让许多高校往往按照行政的"指挥棒""跟着感觉走"，不可避免地为了争取更多的资源而一味追求"大而全"，也就很难真正办出特色。所以，归根到底，培养高素质人才是大学之所以为大学的独特标志，是大学最根本的任务，其他功能必须服从和服务于人才培养。

（二）办中国特色大学，重要的问题是大学何为，即立足中国大地应当立在哪里？

首先，要立足中国特色社会主义制度，这是一个底线原则和办学方向的问题。造就一批又一批能够适应、服务并引领中国特色社会主义建设事业发展的高素质人才，始终坚持社会主义办学方向，绝不允许偏离国家意识形态、

---

① 习近平. 青年要自觉践行社会主义核心价值观 [N]. 人民日报，2014-05-05（02）.
② 习近平. 青年要自觉践行社会主义核心价值观 [N]. 人民日报，2014-05-05（02）.
③ 习近平. 青年要自觉践行社会主义核心价值观 [N]. 人民日报，2014-05-05（02）.

国家意志、国家理想这一根本原则。其次，要立足我国现有的基本国情，这是一个现实基础和改革依据的问题。中国特色社会主义进入新时代，我国社会主要矛盾已经转化为人民日益增长的美好生活需要和不平衡不充分的发展之间的矛盾，高等教育正由"大"向"强"迈进、由"精英式"向"大众化"发展，人们对高等教育的需求越来越大并对质量要求越来越高，深化高等教育改革，办中国特色大学，必须立足这些基本现实，正确选择适合于大学各自不同特点、条件、优势与资源的发展路径。最后，要立足我国的优秀文化传统，这是一个育人土壤和教育使命的问题。培育深深植根于优秀民族文化传统的现代大学精神，并将之与时代精神相结合，熔铸于各自不同的办学传统、办学精神，真正凝练出自身的独特精神气质，塑造大学之魂，汇聚发展力量，彰显出作为一所中国大学的基本特质，又能更好地本着自身的优势走特色发展之路。

（三）办中国特色大学，关键的问题是大学何以为，即打造办学特色应从哪些方面着力？

一是坚持党的领导。始终坚持和完善党委领导下的校长负责制，牢牢掌握党对高校工作的领导权，使高校成为坚持党的领导的坚强阵地；高校党委对学校工作实行全面领导，承担管党治党、办学治校两个主体责任，把方向，管大局，做决策，保落实。把党对高校的领导落实到把好办学方向、深化综合改革、推进依法治校、促进内涵发展的全过程，为建设中国特色社会主义大学提供坚强有力的思想、政治和组织保证。二是必须积极培育和践行社会主义核心价值观。把培育和弘扬社会主义核心价值观作为凝魂聚气、强基固本的基础工程，自觉地把培育和践行社会主义核心价值观融入教书育人的全过程，使社会主义核心价值观内化于心、外化于行，成为全体师生的价值追求和自觉行动。使教育者和被教育者认定并牢固确立起社会主义核心价值观，使中国特色社会主义道路自信、理论自信、制度自信和文化自信在灵魂深处扎根。三是推进习近平新时代中国特色社会主义思想"三进"工作。深刻把握习近平新时代中国特色社会主义思想的理论内涵，发挥思政课程的主渠道作用、课程思政的主阵地作用，实践环节的主战场作用，积极推动习近平新时代中国特色社会主义思想进教材、进课堂、进头脑，用习近平新时代中国特色社会主义思想来教育学生，武装学生，把习近平新时代中国特色社会主义思想融入讲稿，用马克思主义中国化最新成果占领课堂，不断提升十九大精神教学的"含新量"，确保十九大精神和习近平新时代中国特色社会主义思想刻入头脑、融入血液、直达灵魂。四是加强师资队伍建设。要放眼全球，加快构建具有全球竞争力的人才制度体系，聚天下英才而用之，打造政治立场坚定、具有国际视野、达到国际水准的高校师资队伍。引导教育广大教师坚持以德立身、以德立学、以德施教，按照"有理想信念、有道德情操、有扎实学识、有仁爱之心"的"四有"好老师标准，做学生锤炼品格的引路人，做学生学习知识的引路人，做学生创新思维的引路人，做学生奉献祖国的引路人。五是切实提高学科建设水准。抓住高校分类发展和加快一流大学和一流学科建设的契机，坚持以中国特色、世界一流为核心，以立德树人为根本，以支撑创新驱动发展战略、服务经济社会发展为导向，加快一流大学和一流学科建设步伐，实施好优势特色学科建设工程，用好学术、服务、人才三把尺子，切实提高学科建设水准。

认清形势　牢记使命
切实肩负起意识形态工作的主体责任①

党的十八大以来，以习近平同志为核心的党中央高度重视意识形态领域工作建设，发表了一系列重要讲话。"意识形态工作是党的一项极端重要的工作。"②"意识形态关乎旗帜、关乎道路、关乎国家政治安全"③"必须把意识形态工作的领导权、管理权、话语权牢牢掌握在手中，任何时候都不能旁落，否则就要犯无可挽回的历史性错误。"④ 习近平总书记的重要讲话，具有很强的战略指导性和现实针对性。当前高校党委贯彻落实这些基本要求，必须把握好以下"十个关系"。

第一，正确认识和处理好意识形态工作与学校中心工作的关系，坚持两手抓，两手都要硬的原则。高校是意识形态工作的前沿阵地，肩负着学习研究宣传马克思主义、培养中国特色社会主义事业建设者和接班人的重大任务。加强高校意识形态阵地建设，是一项战略工程、固本工程、铸魂工程。意识形态工作贯穿于学校人才培养、科学研究、社会服务、文化传承等各项工作中。意识形态事关党对高校的领导，事关全面贯彻党的教育方针，事关中国特色社会主义事业后继有人。教学工作、科研工作搞不好会出问题，意识形

---

① 发表于 2016 年 12 月 22 日《河南日报》理论版。
② 习近平. 胸怀大局把握大势着眼大事　努力把宣传思想工作做得更好[N]. 人民日报，2013-08-21（01）.
③ 坚定文化自信，建设社会主义文化强国[N]. 人民日报，2017-10-16（07）.
④ 颜旭. 有效维护我国文化安全[EB/OL]. 人民网，2022-07-18.

态工作搞不好会出大问题。当前高校处于各种思想文化交流交融交锋的前沿，意识形态工作须臾不可放松。我们必须坚持两手抓，两手都要硬。必须从战略的高度，深刻认识加强高校意识形态工作的重大意义，增强做好高校意识形态工作的责任感、使命感。

第二，正确认识和处理好学术自由与坚持正确的政治方向的关系，坚持"学术研究无禁区、课堂讲授有纪律"这个重要原则。学术性与政治性是社会主义大学的两个根本属性。坚持正确的政治方向和学术导向是大学的生命线。学术问题与政治问题既有联系，又有原则区别。在实际工作中，既不能片面强调学术为政治、经济服务，忽视学术自由；也不能片面强调学术自由、学术独立，不讲政治。学术研究无禁区、课堂讲授有纪律、公开宣传有要求，这是我们处理学术和政治关系问题的一项重要原则。对学术领域的问题，倡导"百花齐放，百家争鸣"，提倡实事求是、独立思考，通过实践检验和民主争论的办法去解决；对思想认识问题，主要用摆事实、讲道理，通过春风化雨、耐心细致的正面教育引导方法去解决；对政治问题，要立场坚定，旗帜鲜明，对否定中国共产党的领导、攻击中国特色社会主义制度等错误思潮和言论，要及时、有效、坚决地进行斗争。杜绝有损国家利益和不利于学生健康成长的言行。不给违反宪法和法律的错误观点和言论提供传播渠道。完善师德考核机制，实行师德"一票否决制"。坚持依法管理，加快形成高校意识形态工作管理的制度体系。

第三，正确认识和处理一元化与多样性之间的关系，正视差异、包容多样，坚持用社会主义核心价值观引领社会思潮。随着社会的转型，民主政治的发展，经济结构的复杂化、利益关系的多样化，特别是西方社会思潮的大量涌入，对马克思主义一元化指导地位形成较大冲击，意识形态形势更加错综复杂。从党和国家的指导思想和中华民族的整体利益上看，我们的文化价值取向必须是，也只能是一元的，不能是多元的；但从国内和国际的现实看，由于存在着不同的经济主体和政治主体，不同的利益群体和个体，国际各种思想文化交流交融交锋日趋激烈，国内各种社会矛盾和问题相互叠加，思想意识问题与现实问题相互交织，社会文化实际上是多元的，而不是一元的。做好新形势下的意识形态工作，迫切需要在多元中立主导，坚持以马克思主义引领、整合多样化社会思潮，不断增强主流意识形态的包容性、影响力、感召力，坚决抵制各种错误思潮和落后思想文化的侵袭，牢牢掌握意识形态工作的领导权、话语权和主动权。因此，在一元化和多样性关系问题上，"坚持以社会主义核心价值体系引领社会思潮，尊重差异，包容多样，最大限度地形成社会思想共识"。这是党的十六届六中全会提出的构建社会主义和谐社会的一个重要思想，也是指导当今高校意识形态领域建设的根本遵循。

第四，正确认识和处理思想问题与实际问题的关系，坚持教育疏导与解决实际问题相结合的原则，不断巩固社会主义意识形态的物质基础和群众基础。意识形态工作的实质是人的工作。做好意识形态工作，不仅要解决人们的思想问题，而且还要解决人民群众最关心、最直接、最现实的利益问题。马克思说过，人们所奋斗的一切都与他们的利益有关。思想一旦离开利益，就会使自己出丑。把握意识形态工作的这一本质属性，是做好新形势下思想政治工作的重要保证。因此，在加大对人民群众进行社会主义核心价值观教育的同时，还要坚持以人为本、着力解决和改善民生，把发展作为解决问题的金钥匙，始终把实现好、维护好、发展好人民群众的根本利益作为我们一切工作的出发点和落脚点。在大力发展社会主义生产力的基础上，不断巩固社会主义的现实基础，丰厚社会主义的价值事实，扩大社会主义核心价值的吸引力、凝聚力。正确处理学校发展、教师发展、学生发展三者之间的关系，不断巩固社会主义意识形态的物质基础和群众基础。

第五，加强大学文化建设，正确认识和处理大学文化的传承与创新的关系，充分发挥大学文化在改造落后文化、抵制腐朽文化、提升大众文化、发展社会主义先进文化中的引领与批判功能。大学作为一种功能独特的文化机构，是新知识、新观点、新方法、新技术的摇篮。同时，还担负着文化传承、文化启蒙、文化育人、文化创造和文化引领的职责。根据社会主义大学文化自身的属性和特点，新时期大学文化建设必须正确处理以下四个方面的关系：

一是正确认识和处理大学文化建设的独立性与依附性之间的关系。坚持中国特色社会主义的办学模式，坚持和完善"党的领导、校长负责、教授治学、民主管理"的现代大学制度。二是正确认识和处理大学文化建设的共性与个性之间的关系，坚持大学文化建设的世界性与民族性相统一，倡导崇尚学术、爱国崇德、独立批判、服务社会等现代大学精神。三是正确认识和处理政治性与学术性之间的统一，坚持社会主义先进文化的前进方向，用中国特色社会主义核心价值理念引领社会思潮。四是正确认识和处理大学文化建设的科学性与人文性之间的关系，坚持以人为本，全面贯彻落实党和国家的教育方针，努力促进人的全面自由发展。

第六，根据互联网自身的特点和规律，正确认识和处理新媒体的建设与管理的关系，不断拓展创新管理方法和提升引导能力。习总书记指出，人在哪儿，我们的工作重心就在哪儿。随着网络技术的发展，新媒体已构成一个新的思想文化阵地和政治斗争阵地。抓好意识形态工作的领导权，必须要高度重视互联网在意识形态领域的重要作用。遵循互联网发展规律和社会主义精神文明建设规律，统筹协调校园网络的建设与管理，正确处理好"疏"与"堵"，"背靠背"与"面对面""服务"与"引导""管住"与"管好"的关系，一手抓发展，一手抓管理，两手抓，两手都要好。要克服本领恐慌，认真了解和掌握新媒体自身的特点和传播规律，增强善待善管善用新媒体的意识和能力。要重视建设网络工作队伍，开展大规模培训，形成一支政治素质高、业务能力强的网络人才队伍。按照"谁主管、谁负责，谁主办、谁负责"的原则，综合运用技术、行政、法律和教育手段，大力推进校园网络建设的规范化、制度化、程序化，进一步提高网上舆论引导能力。遵循信息网络规律，树立正确导向，着力内容建设，营造文明健康、积极向上的网络育人环境。努力把校园网络建设成为传播社会主义先进文化和弘扬主旋律的重要渠道，加强大学生思想政治教育的重要阵地和全面服务大学生的重要平台建设。

第七，重视话语体系建设，正确处理"正确"与"有效"的关系，不断提高社会主义意识形态的吸引力和说服力。话语体系是意识形态传播的基本

载体。要创新新时期意识形态工作话语体系，提高马克思主义意识形态的说服力和感召力、传播力和影响力。做好意识形态工作，话语权至关紧要。话语权影响领导权、管理权。因此，重视话语体系建设，正确地处理"正确"与"有效"的关系，提高针对性、有效性，是不断提高社会主义意识形态的吸引力和说服力的重要方法和途径。马克思主义的意识形态理论之所以获得人们的认同，究其原因主要有三：一是有令人信服的"理"，即基础理论的真理性。"理论只要说服人，就能掌握群众；而理论只要彻底，就能说服人"；二是有科学的方"法"，灌输方式的多样性和新颖性；三是有让人信服的"效"。能够正确地指导人们认识世界和改造世界，即实践后果的可兑现性。因此，马克思主义"毫无顾忌和大公无私"追求真理的品格，在话语方式上坚持理论的彻底性和实践性，仍是我们今天重塑意识形态话语权的重要原则。推动马克思主义时代化、中国化、大众化，是党提出的战略任务，也是社科理论工作者义不容辞的重要使命。

第八，遵循意识形态的特点和发展规律，坚持建设性和批判性相统一，正确处理好正面宣传与舆论斗争的关系。"坚持团结稳定鼓劲、正面宣传为主，是宣传思想工作必须遵循的重要方针"。但坚持正面宣传为主，绝不意味着放弃舆论斗争。正面宣传与舆论斗争是思想宣传工作的重要职能，是党的宣传工作维护社会公正、促进党和国家事业发展的两个轮子。坚持建设性和批判性的统一，旗帜鲜明地反对落后文化，抵制腐朽文化，发展先进文化，是我们党加强意识形态领域建设的重要法宝之一，是我们党克服消极思想侵袭、保持健康肌体的有力武器。高校党委要认真贯彻落实党中央和上级党委关于意识形态工作的决策部署及指示精神；定期分析研判意识形态领域情况，对重大事件、重要情况、重要社情民意中倾向性的苗头性问题，有针对性地进行引导；领导组织有关部门加强对各类意识形态阵地的管理；领导组织对意识形态领域重大问题和处置，对否定中国共产党的领导、攻击中国特色社会主义制度等错误思潮和言论，应当敢抓敢管、敢于亮剑。马克思主义必须在斗争中才能发展，不但过去是这样，现在是这样，将来也必然还是这样。正确的东西总是在同错误的东西做斗争的过程中发展起来的。真的、善的、美的东西总是在同假的、恶的、丑的东西相比较而存在，相斗争而发展的。

第九，坚持"书记抓"与"抓书记"相结合的工作方法，做到只有"不甩手"，才能当好"一把手"。意识形态工作事关党和国家工作全局，做好意识形态工作必须坚持"一把手"带头、全党动手，各条战线、各个部门共同努力。落实党委主体责任，不仅要"书记抓"，还要"抓书记"。根据党要管党，从严治党，分级负责和谁主管谁负责的原则，各级党委领导班子对本地区本单位意识形态工作负主体责任；党委书记是第一责任人，应当旗帜鲜明地站在意识形态工作第一线，带头抓意识形态工作，带头管阵地把导向强队伍，带头批评错误观点和错误倾向，重要工作亲自部署、重要问题亲自过问、重大事件亲自处置。党委分管书记是直接责任人，协助党委书记抓好统筹协调指导工作。党委其他成员根据分工，按照"一岗双责"的要求，抓好分管部门、单位的意识形态工作，对职责范围内的意识形态工作负领导责任。要抓好党委书记这个"牛鼻子"，通过实行责任追究制度，严格执行倒查机制，做到有责必问、有错必究，使党委书记意识到意识形态工作不抓不行、抓得不严出了问题也不行。坚持"书记抓、抓书记"，既是新形势下强化党要管党、从严治党的根本要求，也是各级党组织负责人在党言党、在党为党的职责所在。

第十，正确认识和处理好全党动手和部门负责的关系，树立大宣传的工作理念，着力构建全党动手的大宣传格局。党委宣传部作为党委主管意识形态工作的综合职能部门，在党委领导下，履行指导、组织、协调、督察和抓好落实的职责。做好意识形态工作，宣传思想部门首当其冲、责无旁贷，必须"守土有责、守土负责、守土尽责"。必须选优配强各级宣传思想文化部门和单位领导班子，确保意识形态工作领导权牢牢掌握在忠于党、忠于人民、忠于马克思主义的人手中，确保宣传思想文化战线各级领导班子和干部队伍坚强有力。对敢抓敢管、敢于同错误倾向做斗争的同志，应当公开支持、大胆使用，对不适合、不适应的应当及时做出调整。高度重视宣传队伍自身建设，切实解决机构编制、人员配备、工作条件等方面的问题。但做好意识形态工作绝不只是宣传部门一家的事情，必须全党动手，树立大宣传的工作理念，切实形成党委统一领导、党政齐抓共管、宣传部门组织协调、有关部门分工负责的工作格局。

牢牢把握高校意识形态工作的领导权管理权话语权[①]

2015年10月3日，中共中央办公厅印发了《党委（党组）意识形态工作责任制实施办法》，2016年5月4日河南省委办公厅又印发了《党委（党组）意识形态工作责任制实施细则》，这是以习近平同志为核心的党中央在新形势下从"全面从严治党"的高度作出的一项重要部署，具有很强的战略指导性和现实针对性，是高校进一步加强和改进意识形态工作纲领性的文件，为做好新形势下高校意识形态工作提供了根本遵循。

一、我们党始终高度重视意识形态工作建设

（一）是由意识形态的性质和功能决定的

意识形态属于上层建筑，是党和国家工作的重要组成部分。意识形态是一个政党的旗帜和灵魂，是一切政策和方针的出发点。它关系到举什么旗，走什么路，以什么样的精神状态、朝着什么样的目标前进的问题。历史经验证明，能否做好意识形态工作，事关党的前途命运，事关国家长治久安，事关民族凝聚力和向心力。在党和国家事业发展中具有根本性、战略性、全局性意义。旗帜指引方向，思想凝聚人心。共同的思想基础，是一个党、一个国家、一个民族赖以存在和发展的根本前提。加强意识形态阵地建设，是以

---

① 在华北水利水电大学意识形态工作座谈会上的讲话。

习近平同志为核心的党中央从推进社会主义现代化事业发展、保证党和国家长治久安、实现中华民族伟大复兴中国梦的战略高度作出的一项重大决策。

（二）是由当今社会斗争的特点决定的

意识形态领域历来是敌对势力同我们激烈争夺的重要阵地。当今世界争夺话语权、网络控制权、信息发布权、规则制定权、文化领导权等"软实力"已成为国家综合国力竞争的焦点。毛泽东同志在八届十中全会上的讲话中说："凡是要推翻一个政权，总要先造成舆论，总要先做意识形态方面的工作。"革命的阶级是这样，反革命的阶级也是这样。习总书记指出："一个政权的瓦解往往是从思想领域开始的，思想防线被攻破了，其他防线就很难守住。"[①]我们必须充分认识意识形态工作的极端重要性，把意识形态工作的领导权、管理权、话语权牢牢掌握在手中，任何时候都不能旁落，否则就要犯不可挽回的历史性错误。牢牢占领意识形态阵地既是国家核心利益所在，也是国际较量中的重要筹码。

（三）是由当前马克思主义在我国意识形态领域面临的困境决定的

意识形态工作的核心要坚持和巩固马克思主义在意识形态领域的指导地位、用中国特色社会主义理论体系武装全党。但由于种种原因，马克思主义在我国意识形态领域中的指导地位不同程度地被削弱。主要表现为：一是对共产主义缺乏信仰，对中国特色社会主义缺乏信心；二是精神空虚，崇拜西方价值观念和社会制度，热衷于封建迷信和宗教活动；三是社会上一些形形色色非马克思主义思潮恶性泛滥；四是马克思主义理论课在部分高校边缘化，不同程度地存在着马克思主义理论课难上，马克思主义理论课教师难当，大学生对马克思主义理论兴趣不高等现象；五是部分党员政治立场不坚定，宗旨观念淡薄，政治意识、大局意识、核心意识、看齐意识不强，示范责任缺失；六是某些"公共知识分子"，受到舆论和青年追捧等。

---

① 坚定文化自信，建设社会主义文化强国［N］. 人民日报，2017-10-16（07）.

（四）是对国际共产主义运动正反两方面的经验总结

从东欧剧变、苏联解体的教训看，原因虽极为复杂，但其中一个非常重要的原因就在于，这些国家的领导人提出"意识形态多元化"，提出所谓"公开性"，放弃马克思主义在意识形态领域的指导地位，破坏全国人民团结奋斗的思想基础。这成为东欧剧变、苏联解体的一个十分重要的原因。

二、十八大以来中央和省委加强意识形态工作的主要举措

党的十八大以来，以习近平同志为核心的党中央对意识形态工作高度重视，先后作出一系列重大部署。

2013年8月19日，习近平总书记在全国宣传工作会议上发表重要讲话指出："经济建设是党的中心工作，意识形态工作是党的一项极端重要的工作。"①

2013年8月2日，教育部、国家互联网信息办公室印发《关于进一步加强高等学校网络建设和管理工作的意见》（教思政〔2013〕3号）。

2013—2015中共中央办公厅连续三年印发《关于当前意识形态领域情况的通报》。

2015年1月，中共中央办公厅、国务院办公厅印发《关于进一步加强和改进新形势下高校宣传思想工作的意见》。《意见》强调指出，意识形态工作是党和国家一项极端重要的工作，高校作为意识形态工作前沿阵地，肩负着学习研究宣传马克思主义，培育和弘扬社会主义核心价值观，为实现中华民族伟大复兴的中国梦提供人才保障和智力支持的重要任务。做好高校宣传思想工作，加强高校意识形态阵地建设，是一项战略工程、固本工程、铸魂工程，事关党对高校的领导，事关全面贯彻党的教育方针，事关中国特色社会主义事业后继有人，对于巩固马克思主义在意识形态领域的指导地位，巩固

---

① 习近平. 胸怀大局把握大势着眼大事　努力把宣传思想工作做得更好[N]. 人民日报，2013-08-21（01）.

全党全国人民团结奋斗的共同思想基础,具有十分重要而深远的意义。

2015年10月3日中央印发《党委(党组)意识形态工作责任制实施办法》;

2015年11月河南省委宣传部又印发了《河南省县级以上党委(党组)意识形态工作责任制实施细则(征求意见稿)》。

2015年12月11日,习近平总书记在全国党校工作会议上的讲话提出党校姓党。党校姓党,是党校工作的根本原则,也是做好党校工作的根本遵循。

2016年2月19日,习近平总书记在新闻舆论工作座谈会上发表重要讲话。

2016年2月29日、4月19日,相继召开中央网络安全和信息化领导小组会议和座谈会,习近平总书记发表了关于网上意识形态工作的重要讲话。

2016年5月17日,习近平总书记在哲学社会科学工作座谈会上发表重要讲话。

2016年4月22日,河南省委常委会听取了宣传部关于意识形态工作的汇报,审议并原则通过《实施细则》,谢伏瞻书记作了重要讲话。

2016年5月9日,河南省委召开了全省党委(党组)意识形态工作责任制座谈会,省委副书记邓凯总结讲话,提出了进一步做好河南省意识形态工作的具体要求。

三、中央和省委提出加强意识形态工作的背景或依据

意识形态工作的核心是要坚持和巩固马克思主义在意识形态领域的指导地位、用中国特色社会主义理论体系武装全党。但由于种种原因,目前马克思主义在我国意识形态领域中的指导地位被削弱和动摇。

(一)从世情看

一是随着苏联解体、东欧剧变,国际共产主义运动陷于低潮,导致马克思主义意识形态的合法性与科学性受到质疑。不少人对社会主义事业丧失了理论自信、道路自信、制度自信。二是随着经济的全球化、信息化、市场化

的进一步发展，西方资本主义国家凭借其政治、经济、军事和科技力量的优势，进行文化渗透，鼓吹多党制、宪政制，削弱我党的执政地位，威胁我国意识形态安全。

（二）从国情看

改革开放30多年来，随着社会的转型，民主政治的发展，经济结构的复杂化、利益关系的多样化，特别是西方社会思潮的大量涌入，我国社会出现了价值多元化、功利化、世俗化的现象。人们的思想观念、价值取向、道德准则发生了一系列的变化。目前我国社会正处改革开放的"深水区"、加快转变经济发展方式的攻坚时期，全面建成小康社会的关键时期。党的十八大又提出了"两个一百年"的奋斗目标。党面临的历史机遇与现实挑战前所未有。

（三）从党情看

党自身存在问题突出。改革开放以来，随着由计划经济向社会主义市场经济的转变，党的经济基础、群众基础、阶级基础、党员队伍结构等也发生了重大变化。党不仅临着"四大考验"（长期执政、改革开放、市场经济、外部环境），同时还面临着"四大危险"（精神懈怠、能力不足、脱离群众、消极腐败）。

（四）从校情看

高校是意识形态工作的前沿阵地，肩负着学习研究宣传马克思主义、培养中国特色社会主义事业建设者和接班人的重大任务。大学生正处于世界观、人生观、价值观逐步形成的重要时期，加强高校意识形态阵地建设，是一项战略工程、固本工程、铸魂工程。事关党对高校的领导，事关全面贯彻党的教育方针，事关中国特色社会主义事业后继有人。当前高校处于各种思想文化交流交融交锋的前沿，高校意识形态工作面临复杂的形势和严峻的挑战，意识形态工作须臾不可放松。

四、守土有责，敢于担当，重点抓好以下八个关键领域工作

（一）加强课堂教育教学管理

建立健全课堂教学管理办法和管理体系。坚持"学术研究无禁区，公开宣传有纪律"的原则。牢固树立政治意识、大局意识、责任意识和阵地意识，坚决反对各种错误政治观点和有害思想，确保哲学社会科学课堂教学的正确政治导向。对哲学、经济学、政治学、历史学、新闻学、社会学、法学等意识形态属性较强的学科专业教材的编写、选用要严把政治关。认真做好引进教材的内容审查。

（二）加强宣传思想阵地管理

按照"谁主办、谁负责，谁审批、谁监管"原则，实行对形势政策报告会、哲学社会科学类报告会、研讨会、讲座、论坛等"一会一报"制，由学校党委统一管理，宣传部门和相关职能部门负责审批，强化督查机制，严把场地、人员、内容等关键环节。规范师生接受国外媒体采访，从严管控师生参加外国驻华使领馆和境外非政府组织的活动。

（三）加强对境外基金资助管理

建立健全审批制度，严把境外基金资助的合作对象、合作内容、资金来源、协议签署关，对有敌对势力介入的境外基金组织要坚决抵制，不得接受其资助，已经接受资助的要及时查清情况，终止合作。对涉及敏感问题和以了解重要资源信息为目的的研究和调查项目，一律不予批准；对正常开展的涉外科研项目要加强保密审查和过程监督。各单位在申请、接受境外基金资助开展社会科学领域交流和合作研究之前，须按照隶属关系报上级主管部门审批。

（四）加强网络意识形态管理

加强校园网络文化建设，做大做强网上正面思想舆论。规范微博、微信管理，建立新媒体登记备案制度。凡以学校各级单位名义注册的微博、微信，

均须登记备案。按照"谁主管、谁负责,谁主办、谁负责,谁发布、谁负责"的原则,各单位应主动建立健全本单位微博、微信管理制度,明确落实专人具体负责。校内各单位微博、微信等新媒体发布和转载有关信息必须严格遵守国家有关法律、法规规定,不得发布违反法律、法规及各类规范性文件有关规定的信息。未经学校授权,校内各单位微博、微信等新媒体不得擅自发布涉及学校的重大事件、突发事件和社会热点及敏感问题的相关内容。

(五) 加强思想政治理论课教师队伍管理

实行思想政治理论课教师任职资格准入制度,严把思想政治理论课教师入口关。思想政治理论课教师必须坚持正确的政治方向,热爱马克思主义理论教育事业,具有良好的思想品德,有扎实的马克思主义理论基础和相应的教学水平、科研能力。新任教师应是中国共产党党员,具备马克思主义理论相关专业硕士以上学位。对不胜任岗位要求的教师要及时调离。在事关政治原则、政治立场和政治方向问题上不能与党中央保持一致的,不得从事思想政治理论课教学。

(六) 加强对重点人的教育管理

认真落实教育部、公安部关于加强高校重点人教育管理工作的意见,坚持"教育为主,预防在先;依法依规,综合管控;一人一组,一人一策;属地管理,形成合力"的基本原则,突出抓好教育引导、管理约束和依法处理三个关键环节,充分运用法律法规、党纪党规、校纪校规等综合手段,加强教育引导,做好转化工作。对坚持错误思想,在境内外各类媒体、互联网、出版物及讲坛论坛等公开场合发表同中央精神相违背言论,妄议党的理论和路线方针政策及重大决策部署,散布传播政治谣言的党员干部和师生,要依纪依法严肃处理。

(七) 加强各类社团管理

建立健全教育系统各类社团管理制度,坚持社团成立和年检制度,对挂靠的社会组织实行备案制,加强活动监管。加强对学生社团的管理,配备得力的指导教师，强化学生社团活动的思想政治导向。

(八) 加强抵御和防范宗教渗透

坚持教育和宗教相分离原则，严禁在学校传播宗教、发展信徒，严禁在学校设立宗教活动场所、建立宗教团体和组织、举行宗教活动、散发宗教类出版物及宣传品。

造就新时代高素质教师队伍[①]

习近平总书记在北京大学师生座谈会上发表重要讲话,明确提出办好中国特色社会主义大学,高校要紧紧围绕培养社会主义建设者和接班人这个根本任务,坚持"两个标准",抓好"三项基础性工作"。教师队伍素质直接决定大学办学能力和水平,建设高素质教师队伍是办好中国特色世界一流大学的基础性工作。党的十八大以来,习近平总书记对教师的使命责任、基本素质、实践路径、评价标准等进行了深刻阐述,是新时代高素质教师队伍建设的行动指南。深刻领会习近平总书记讲话精神,科学把握新时代教师队伍建设要求,造就一支政治素质过硬、业务能力精湛、育人水平高超的高素质教师队伍,努力培养德智体美全面发展的社会主义建设者和接班人,是高等院校当前和今后一段时期的重要任务。

一、在教师评价上,坚持师德师风第一

"师者,人之模范也。"为师亦为范的职业特性使教师的一言一行都会对学生产生巨大影响。这就决定了教师必须是道德高尚的人群,必须在思想政治素质、道德情操水平、人格品质修养上有更高追求。习近平总书记强调,评价教师队伍素质的第一标准应该是师德师风。高素质教师队伍建设,必须

[①] 发表于 2018 年 7 月 30 日《光明日报》第六版。

把师德师风建设摆在首位,既有严格规定,又有日常教育督导,切实引导教师做到"以德立身、以德立学、以德施教"。广大教师要用习近平新时代中国特色社会主义思想武装头脑,强化"四个意识",坚定"四个自信",真正成为中国特色社会主义的坚定信仰者和忠实实践者;忠诚于党和人民的教育事业,全面贯彻党的教育方针,坚持不懈培育和弘扬社会主义核心价值观、坚持不懈促进高校和谐稳定、坚持不懈培育优良校风和学风;模范遵守社会公德、职业道德、家庭美德和个人品德,把立德、修德、践德作为终身追求。

二、在使命责任上,坚持成为"四个引路人"

教师做的是传播知识、传播思想、传播真理的工作,承担着塑造灵魂、塑造人生的神圣使命。广大教师必须牢记使命、不忘初衷,承担起学生健康成长"四个引路人"的责任。成为学生锤炼品格的引路人,将思想政治工作贯穿教育全过程,让学生感悟马克思主义真理力量,践行社会主义核心价值观,使学生明大德、守公德、严私德。成为学生学习知识的引路人,倾心教学,潜心问道,不断提升教师专业能力,使学生长知识、明道理、强本领。成为学生创新思维的引路人,主动开展教学研究,不断改革教学模式,强化素质能力养成,使学生愿创新、能创新、善创新。成为学生奉献祖国的引路人,强化思想引导,使学生正确认识世界和中国发展大势、正确认识中国特色和国际比较、正确认识时代责任和历史使命、正确认识远大抱负和脚踏实地,自觉把个人理想融入国家和民族事业中,扎根人民,奉献国家。

三、在基本素质上,坚持做"四有"好教师

现代信息技术飞速发展,知识获取和传授方式、教和学关系等发生革命性变化。这对教师队伍素质提出了更高要求。从培养社会主义建设者和接班人的高度,考虑大学教师的素质要求,就必须坚持做到"四有"。有理想信念,心怀国家和民族,始终同党和人民站在一起,不断加深对中国特色社会主义的思想认同、理论认同、情感认同,自觉将道路自信、理论自信、制度

自信、文化自信转化为教书育人的自信。有道德情操，自觉提高道德修养、提升人格品质、坚守精神家园，成为社会主义核心价值观的坚定信仰者、积极传播者、模范践行者。有扎实学识，具备深厚的专业知识、科学的教育知识和丰富的通用知识，具有广阔的视野和深刻的智慧，能够主动开拓创新，掌握科学发展动态，站在知识发展前沿。有仁爱之心，热爱教育，努力担当立德树人的神圣使命；热爱岗位、履职尽责、勤于工作、甘于奉献；热爱学生，对学生严爱相济、有教无类、精心引导，给学生充分的尊重、理解和宽容。

四、在实践路径上，坚持实现"四个相统一"

高校教师贯彻落实立德树人根本任务，必须遵循思想政治教育规律、教书育人规律和学生成长规律，在教育教学活动中真正实现"四个相统一"。坚持教书与育人相统一，注重思想引导和价值塑造，把马克思主义立场观点方法贯穿到专业教学中，用社会主义核心价值观引领知识教育。不能只"授业、解惑"，而不"传道"。要既会当"经师"，又善当"人师"，成为塑造学生品格、品行、品位的"大先生"。坚持言传和身教相统一，以身作则、率先垂范，自觉成为先进思想文化的传播者、党执政的坚定支持者，带头弘扬和践行社会主义核心价值观，用坚定信念、高尚品格、优良作风引人以大道、启人以大智，不断提高学生政治觉悟、思想水平、道德品质、文化素养。坚持潜心问道和关注社会相统一，既要有学术理想，又要有服务国家和人民的价值追求，以家国情怀关注社会现实，自觉贯彻党的方针政策，在为人民服务、为中国共产党治国理政服务、为巩固和发展中国特色社会主义制度服务、为改革开放和社会主义现代化建设服务中，不断汲取养分、丰富思想。坚持学术自由和学术规范相统一，区分一般的学术问题和严肃的政治问题，做到研究有规范、言论守规矩、讲授有纪律。本着对国家负责、对社会负责、对学生负责的态度，不信口开河，不混淆误导。

五、在建设成效上，坚持学生"四个具有"

习近平总书记明确指出，要把立德树人的成效作为检验学校一切工作的根本标准。培养德智体美全面发展的社会主义建设者和接班人是大学建设高素质教师队伍的出发点，亦是落脚点。教师队伍建设，需要重师德、强改革、优管理，广大教师要身体力行、自我提升，大学要高度重视、全力支持。但教师队伍建设工作开展得好不好、成效高不高，最终还是要看培养的学生是否成为德智体美全面发展的人：要具有执着的信念，立鸿鹄志，做奋斗者，为共产主义远大理想和中国特色社会主义共同理想不懈奋斗，为实现中华民族伟大复兴的中国梦顽强拼搏。要具有优良的品德，忠于祖国、忠于人民，自觉践行社会主义核心价值观，传承中华民族伟大精神。要具有丰富的知识，明辨天下道理，掌握事物规律，求真理、悟道理、明事理。要具有过硬的本领，积极实践、扎实工作、专攻博览、开拓创新，真正成为实现中华民族伟大复兴的主力军。

我们一定要深刻领会习近平总书记重要讲话精神，深化教育改革，建设新时代高素质教师队伍，为培养社会主义建设者和接班人而努力奋斗。

法治化治理校园欺凌[1]

在校园欺凌事件日益受到社会各方关注的时候，最近，国务院教育督导委员会办公室向各地印发《关于开展校园欺凌专项治理的通知》（下称《通知》），要求各地各中小学校针对发生在学生之间，蓄意或恶意通过肢体、语言及网络等手段，实施欺负、侮辱造成伤害的校园欺凌进行专项治理。

此次专项治理覆盖全国中小学校，包括中等职业学校。将分为两个阶段进行：第一阶段为4月—7月，主要是各校开展治理；第二阶段为9月—12月，主要是开展专项督查。

《通知》部署的具体措施包括：一是加强上级部门的督导责任，要求责任督学对责任区内学校的专项治理全程监督，发现问题及时与校方沟通，做好记录并及时向当地教育督导部门报告。二是加强专题教育，从品德、心理健康和安全等方面开展教育，邀请公安、司法等相关部门到校开展法制教育，组织教职工集中学习对校园欺凌事件预防和处理的相关政策、措施和方法等，这些举措都比较有针对性。三是制定完善校园欺凌的预防和处理制度、措施，建立校园欺凌事件应急处置预案，明确相关岗位教职工预防和处理校园欺凌的职责。四是加强校园欺凌治理的人防、物防和技防建设，充分利用心理咨询室开展学生心理健康咨询和疏导，公布学生救助或校园欺凌治理的电话号

---

[1] 发表于2016年5月26日《学习时报》。

码并明确负责人。五是及时发现、调查处置校园欺凌事件，涉嫌违法犯罪的，要及时向公安部门报案并配合立案查处。

可以说，在当前校园欺凌事件时有发生，且不少事件性质较为恶劣的情况下，这些专项治理的措施只要认真落实，肯定能起到较好的作用。但校园欺凌事件有些因其恶劣程度已经超出了政策治理的范围，涉及违法犯罪，需要通过法律来调整。对涉及犯罪的，需要刑法来划定底线。道理很简单，恶性事件往往传播很快，如果处理得畸轻畸重，就会影响后续模仿者的行为。只有坚持法律罪罚相等、公平正义的原则，才能从根本上为类似事件的处理澄清方向。因此，在治理校园欺凌事件上，必须大力弘扬法治精神，培育法治文化，在涉及犯罪的欺凌事件处置上，必须以法律为准绳，既体现法律宽严相济的精神，又坚决不突破法律底线，以维护好每一个个案的公平正义。

在校园中建设法治文化，培育法治理念与法治精神。文化的浸润，是成风化俗的关键。只有在全社会培育法治文化的大环境下，学生才会耳濡目染，自幼养成遵法守法的习惯，也只有教育部门精心设计针对不同阶段学生接受能力的通俗易懂的法治教材，不断更新、跟踪教育，才能让学生确立法治概念，明白做人做事的底线。学校还应明确向学生提醒，什么样的行为是违法甚至犯罪，这些行为会导致怎样的后果。尤其要让学生区分清违纪与违法犯罪的界限，搞清违纪最终发展成违法的风险。

用法治思维打破传统的人情思维惯性，形成依法处置即是大爱的共识。不可否认，调解、教育、感化、挽救，这些人性化的手段对化解社会矛盾尤其是未成年人之间的矛盾起到了一定作用，但另一方面这些手段对校园欺凌并未起到根治的作用，某些情况下，反而形成了误导。很多时候，这类事件的处置都是在家长之间达成的，很多已触及法律甚至犯罪的事件被大事化小、小事化了，结果欺凌者未受到实质性的惩处，更没有重视违法犯罪的后果，有违法律公平正义原则。这种以情代法的处置方式不仅损害了法律的严肃性，忽视了通过刑法处置来伸张正义的问题，而且人为地降低了违法成本，导致类似事件的恶性循环，直至引发更恶劣的犯罪后果。因此，务必树立以法治作为判断是非和处理事务标准的法治思维，以法治方式处置学生违法事件。要让每一个学生和当事者清楚，法律底线不可触碰，严管就是大爱，否则会积重难返，最终害了学生。

完善立法，让立法更周全更精细，同时强化执法刚性。从公众认同角度看，手段恶劣、屡教不改、主观恶性大的未成年人犯罪不进入司法程序很难让公众认同，对同样是未成年人的受害者伤害更大。为此，必须制定更科学精细的法律制度。可考虑在接下来的刑法修正中，适当增加必要的保护人身安全的罪名，加强对包括未成年人在内公民人身安全的保护力度，以使处罚严重涉嫌犯罪的校园欺凌行为有法可依。

对新时代做好水利教育工作的认识和思考[①]

习近平总书记在 2014 年 3 月 14 日"关于保障水安全"讲话中明确提出,治水要从改变自然、征服自然转向调整人的行为、纠正人的错误行为,提出了"节水优先、空间均衡、系统治理、两手发力"的十六字治水方针。

当前,中国特色社会主义进入新时代,水利改革发展也进入了新时代,治水主要矛盾发生了深刻变化,我国治水的工作重点随之改变。水利部部长鄂竟平在 2019 年 1 月 15 日召开的全国水利工作会议上指出,当前我国治水的主要矛盾已从人民群众对除水害兴水利的需求与水利工程能力不足的矛盾,转变为人民群众对水资源水生态水环境的需求与水利行业监管能力不足的矛盾。其中,前一矛盾尚未根本解决并将长期存在,而后一矛盾已上升为主要矛盾和矛盾的主要方面。下一步水利工作的重心将转到"水利工程补短板、水利行业强监管"上来,这是当前和今后一个时期水利改革发展的总基调。

华北水利水电大学作为特色鲜明的高水平水利水电高等院校,在办学过程中,如何贯彻十六字治水方针,落实水利工作总基调,肩负起水利人才培养、水利科技创新、水利精神文化传承、水利社会服务、国际交流与合作等工作,培养符合时代需要的水利人才,讲好中国水故事,做好水利科技服务,参与水利"一带一路"建设,是当前和今后一个时期亟须回答的时代命题。

---

① 发表于《中国水利》2019 年第 12 期。

一、更新观念做好水利人才培养工作

培养什么人是教育的首要问题。我国是中国共产党领导的社会主义国家，这就决定了我们的教育必须把培养社会主义建设者和接班人作为根本任务，培养一代又一代拥护中国共产党领导和我国社会主义制度、立志为中国特色社会主义奋斗终生的有用人才。

人才是贯彻十六字治水方针、落实水利工作总基调的第一资源、第一要务。培养合格的水利人才是华北水利水电大学义不容辞的责任。作为以水利为特色的高等院校，华北水利水电大学建校70年来，虽三易其址四次搬迁，但不忘治水兴国初心，秉承为水利水电事业服务之办学传承，坚持"育人为本、学以致用"的办学理念，形成了"情系水利，自强不息"的办学精神，锤造了"下得去，吃得苦，留得住，用得上，干得好"的毕业生鲜明特质，为国家水利系统培养了大批创新科技人才和管理人才。

我们将深入贯彻新时代全国教育大会精神，围绕十六字治水方针和水利工作总基调，以培养服务"水利工程补短板、水利行业强监管"的社会主义事业接班人为根本任务。因此，在育人方面应以观念更新为先导。首先，坚持立德树人为根本任务，弘扬和培育社会主义核心价值观，把"忠诚、干净、担当、科学、求实、创新"的新时代水利精神融入水利水电人才培养全过程。其次，在全校范围内加强节水教育，实现节水观念的转变；改革课程内容和教学方式，强化实践教育，继续保持原有特色水利工程专业教学，增设监管类课程，提升监管相关素养公共选修课。最后，在全校开展持续的水情教育和水情宣传，使十六字治水方针和水利工作总基调入脑入心，使广大学生了解新老水问题，初步理解治水的地位和作用，认识到新时期对治水规律、治水实践的新认识新概括的重要性。

二、开拓创新做好新时代水利科技工作

科学技术是第一生产力，创新是引领发展的第一动力。学校坚持以水利

电力为优势和特色，发挥大学的多学科优势，利用科研组团开展联合攻关，先后主持多项国家自然科学基金重点项目、面上项目等，多次参与水利重大科技攻关，为区域经济社会发展和国家水利电力事业提供科技支撑和智力技术支持。

对于新时期水利面临的新问题，学校将采取有效措施，鼓励教师积极参与水利改革研究，参与治水技术研究，加快水利科技创新步伐，为十六字治水方针和水利工作总基调的落实提供强有力的智力支撑与智力保障。扩展科研视野，从解决单一的水灾害老问题升级为研究统筹解决水灾害、水资源短缺、水生态损害、水环境污染等新老水问题，着力于水资源节约统筹、水生态保护修复和水环境科学治理等新时期水利问题核心技术的研究。鼓励教师到国内外知名高等学府或科研院所进修学习和交流，学习和借鉴国际先进科学技术或先进水利管理经验；积极参与水利科技研发、水利科技攻关；积极参与加强监管所需水利标准、规范的制定；积极参与开展不同流域兼顾相济、多线连通、多层循环、生态健康的水网体系循环机理与应用研究，促进水资源协调均衡和合理配置等科学问题的研究等。

三、打造品牌做好水利服务工作

学校开展产学研合作共建，积极发挥学校的人才、智力、科技优势，为政府机关、企事业单位特别是水利水电行业提供咨询、培训和技术服务。与中国水利水电出版社等多家水利单位签署产学研合作协议。依托设在华北水利水电大学的水利部水务研究培训中心，长期承办水政业务培训，服务于水利水务工作需要。

面对新的治水需要和工作总要求，在传承原有工作基础上，进一步利用好学校"河南河长学院"平台，做好服务地方水利工作。积极参与全国水利工作，特别是河南水利工作，鼓励广大教师积极参与河南省"四水同治"十大水利工程建设，为河南"四水同治"提供智力支持和决策参考。以河长制培训为抓手，做好提升河长履职尽责能力课程体系的设计和授课工作，打造河南乃至全国"河长培训"品牌。选派青年博士到水利部、各大流域机构及河南地方水利部门进行实践锻炼，提升青年教师服务水利的工作能力和业务能力。为更好地开展水利服务工作，学校筹划并成立了水利监管研究中心、国家水利风景区发展研究中心，着力解决水利行业监管、水生态建设中的技术问题。

四、依托平台讲好中国水故事

学校历来重视校园文化特别是水文化建设，设有水文化研究中心，作为推进水情水文化建设、宣传、教育、培训与传播工作的专门机构。依托较为齐备的水情教育设施开展校园水情教育，推动整个校园成为具有教学、宣传、展示、实践、研究"五位一体"功能的水情教育基地，依托基地对广大学生和社会公众普及优秀中华水文化和水利文化。

为贯彻落实十六字治水方针和水利工作总基调，将依托学校是国家水情教育基地、河南省水情教育基地的平台，面向全校师生和社会公众讲好中国水故事，以水故事、水精神为载体，打造和宣传新时代水利行业新精神，传播中华优秀水文化。加强宣传教育，通过塑造主流的水利精神文化和开展多种形式的宣传教育，倡导良好的亲水护水行为，扭转人们错误的治水观念；升级治水理念，将治水从改变自然征服自然转向调整人的行为和纠正人的错误行为；通过深入广泛地宣传调整人的涉水行为、节水意识、生态文明思想，形成全社会爱水节水护水的良好氛围。

五、拓展渠道深化水利国际合作

学校秉承"开放活校"理念，凭借学校在水利电力方面的突出特色优势和良好的办学声誉，成功加入"金砖国家网络大学"，成为中方11所成员高校之一，并被教育部确立为"金砖国家网络大学"中方牵头高校，承办金砖国家网络大学年会，并按照国家及河南省"一带一路"建设行动计划，以创新、开放的发展理念，深入实施"开放活校"战略。

为更好地贯彻落实十六字治水方针和水利工作总基调，学校将进一步拓展渠道深化水利国际合作，以金砖国家网络大学及金砖国家大学联盟为依托，深度推进对外交流与合作，扩展交流内容，创新合作模式，通过科研合作、文化教育交流等多种途径深化国际合作。鼓励并促进学校师生积极参与中外国际合作，特别是"一带一路"水利建设；充分发挥学校发起成立的"一带一路"水利水电产学研联盟的作用，服务国际产能和产业合作，促进中国相关企业在"一带一路"建设中发挥更大作用，为相关企业融入"一带一路"建设贡献水利人才、水利智慧和水利技术。主动拓展渠道"走出去"，进一步开拓海外，水利专业实习项目、国际志愿者项目、青年师生赴外社会调研项目、交换生专业门类等。用好学校中外办学机构——乌拉尔学院，通过留学生培养，传播中国优秀传统文化和水文化。积极联系国际水利组织，开展跨文化沟通与协作工作，通过承办国际会议或者研讨会在国际上讲好中国水故事，多路径深化国际交流与合作。

围绕"水""电"两字做文章[①]

党的十九大对高等教育事业提出了新的更高要求，赋予了新的历史使命。华北水利水电大学以深入学习贯彻党的十九大精神为契机，以习近平新时代中国特色社会主义思想为行动指南，坚持社会主义办学方向，全面贯彻党的教育方针，落实立德树人根本任务，紧紧围绕培养什么人、如何培养人、为谁培养人这一根本问题，树立"四个意识"、坚定"四个自信"、牢记"四个服务"、自觉遵循"三大规律"，扎根中国大地、根植中原沃土、立足学校实际，把深入学习贯彻党的十九大精神融入努力办好中国特色社会主义大学的全过程和各环节。

坚持党的领导，把握正确方向。习近平总书记指出，办好我国高等教育，必须坚持党的领导，牢牢掌握党对高校工作的领导权，使高校成为坚持党的领导的坚强阵地。华北水利水电大学党委坚决维护以习近平同志为核心的党中央权威，在党的十九大刚刚闭幕之际，第一时间举行党委中心组理论学习，第一时间对全校学习宣传贯彻党的十九大精神作出安排，第一时间成立习近平新时代中国特色社会主义思想研究中心，第一时间出台学习宣传党的十九大精神工作方案，把学习宣传贯彻党的十九大精神作为首要政治任务摆上重要议事日程，确保党的十九大精神在华北水利水电大学落地生根。坚持以习

[①] 发表于2017年12月27日《光明日报》09版。

近平新时代中国特色社会主义思想为指引,坚持办学为人民服务、为中国共产党治国理政服务、为巩固和发展中国特色社会主义制度服务、为改革开放和社会主义现代化建设服务,办好人民满意的中国特色社会主义大学。

坚持立德树人,培养合格人才。习近平总书记指出:"高校立身之本在于立德树人。"[①]"办好我国高校,办出世界一流大学,必须牢牢抓住全面提高人才培养能力这个核心点,并以此来带动高校其他工作。"[②] 华北水利水电大学始终聚焦立德树人和培养人才为根本使命,坚持"育人为本,学以致用"的办学理念,不断巩固本科教育基础地位和本科教学中心地位,积极推动思想政治理论课教育教学改革,探索形成了"三讲四联动"思想政治理论课教学新模式,"华水苇渡"微博矩阵网络思政平台,涌现出了一大批以爱国拥军模范吴新芬为代表的"华水好人"先进个人和集体,形成了"下得去、吃得苦、留得住、用得上、干得好"的人才培养特色,引导教师坚持以德立身、以德立学、以德施教,坚持教书和育人相统一,言传和身教相统一,潜心问道和关注社会相统一,学术自由和学术规范相统一,争做有理想信念、有道德情操、有扎实学识、有仁爱之心的"四有"好教师;培养有理想、有追求、有担当、有作为、有品质、有修养的"六有"大学生,培养德智体美劳全面发展的社会主义合格建设者和可靠接班人。

坚持内涵发展,彰显办学特色。习近平总书记在十九大报告中强调,加快一流大学和一流学科建设,实现高等教育内涵式发展。华北水利水电大学近年来紧紧围绕人才培养、科学研究、社会服务、文化传承创新、国际交流合作的大学职能,着力实施"质量立校、人才强校、特色兴校、开放活校"的发展战略,坚定不移地走以质量提升为核心的内涵式发展道路、坚定不移地走融入地方经济社会文化生态办学之路、坚定不移地走国际化开放办学之

---

① 习近平. 把思想政治工作贯穿教育教学全过程 开创我国高等教育事业发展新局面[N]. 人民日报, 2016-12-09 (01).
② 习近平. 把思想政治工作贯穿教育教学全过程 开创我国高等教育事业发展新局面[N]. 人民日报, 2016-12-09 (01).

路，以"双一流"建设和河南高校分类发展为机遇，用好全省唯一的"金砖国家大学联盟"和"金砖国家网络大学"平台和"国家水情教育基地"平台，始终围绕"水""电"二字做文章，按照"内涵发展、转型发展、特色发展、开放发展"的要求，持续加强人才队伍建设、学科专业建设和平台建设，坚持质量、规模、结构、效益相统一，持续深化学校综合改革，全力抓好党的建设、制度建设、校园文化建设、学生成才、教工成长的保障体系建设，推动学校治理能力和治理体系现代化。

坚持服务社会，提升办学水平。华北水利水电大学作为河南重点支持的骨干大学，始终以人才队伍建设为引领，主动担负起打造"三个高地"、实现"三大提升"的使命担当，把科技创新摆在工作的突出位置，积极探索科研平台服务地方经济的新渠道，以科研创新自觉服务河南省经济社会发展大局。学校以深化实施与河南省最高自然科学研究机构—省科学院"1+9"项目合作和与河南省最高哲学社会科学研究机构—省社科院开展全面战略合作为抓手，以与开封市政府、郑煤集团、许继集团等共建产学研用合作平台为载体，用足用好创新人才培养、科技研发、服务地方经济发展的崭新平台，大力开展政产学研深度合作，全面提升办学水平，为决胜全面小康、让中原更加出彩作出学校应有的贡献，以优异的办学成绩奋力书写无愧于新时代的崭新篇章。

把握新时代治水要求　造就高素质水利人才[①]

水利部部长鄂竟平指出,当前和今后一个时期水利工作的总基调是"水利工程补短板、水利行业强监管"。作为水利类高校,要认真把握新时期水利人才培养的基本遵循,主动对接水利人才培养新要求,加快转变人才培养思路和方式,着力构建与水问题深度融合的高水平育人体系,力争为破解水利难题、服务水利发展做出新贡献。

一、认真把握新时代水利人才培养的基本遵循

必须以习近平新时代中国特色社会主义思想为指导,全面贯彻党的十九大精神,全面贯彻党的教育方针,坚持党的全面领导,坚持立德树人为本,坚持"四个服务",努力形成更高水平人才培养体系,着力培养德智体美劳全面发展的社会主义事业建设者和接班人。

必须深刻理解新时代治水方针。2014年3月,习近平总书记就保障水安全发表重要讲话时,提出了"节水优先、空间均衡、系统治理、两手发力"新时代治水方针。这一方针准确把握了我国水安全新老问题相互交织的国情水情,系统提出了新时代水利改革发展的治本之策,是新时代做好水利工作的总纲领,是新时代水利人才培养的根本遵循。

[①] 发表于2019年8月22日《中国水利报》。

必须科学把握新时代水利改革发展总基调。鄂竟平明确指出，新时代治水的主要矛盾已经从人民对除水害兴水利的需求与水利工程能力不足的矛盾，转化为人民对水资源、水生态、水环境的需求，与水利行业监管能力不足的矛盾，要将工作重心转到"水利工程补短板、水利行业强监管"上来。这一工作总基调必将深刻影响水利行业人才需求的总方向，对新时代高校水利人才培养提出了新要求。

二、主动对接新时代水利人才培养新要求

要培养德智体美劳全面发展的社会主义建设者和接班人。要引导学生不断增强"四个自信"，成为有大爱大德大情怀的人；要引导学生笃学求知、躬身践行，成为具有扎实学识和过硬本领的人；要引导学生积极生活，成为具有强健体魄和坚强意志的人；要引导学生志趣广泛，成为具有良好审美能力和人文素养的人；要引导学生崇尚劳动，成为具有拼搏和奋斗精神的人。

要培养满足"补短板、强监管"急需的各类水利人才。2019年2月，鄂竟平听取华北水利水电大学工作汇报时强调，要注意围绕我国水利改革发展趋势谋划学校发展大计。中国水利改革发展从以水旱灾害防御为主，走到了以解决水资源水生态水环境问题为主的新阶段。学校要结合水利工程建设需求减少，而水资源、水生态、水环境问题需求增大的趋势，做好学科专业优化调整，培养急需的水利人才。

要培养满足水利"走出去"需要的国际人才。近年来，我国水利行业实施"走出去"战略，国际市场份额迅速加大，合作内容扩展到工程施工、规划设计、技术咨询、成套设备等多个领域。但是国际化人才短板日益突出，熟悉专业、精通外语、掌握国际市场规则及现代管理知识的复合型水利人才需求量迅速增加。

三、加快形成新时代高水平水利人才培养体系

努力构建全面培养的教育体系。始终坚持马克思主义为指导，坚持不懈

弘扬社会主义核心价值观，围绕"水电"特色挖掘各类思想政治教育资源。一要在日常教学中涵养"忠诚、干净、担当，科学、求实、创新"的新时代水利精神；二要引导大学生树立节水意识，养成良好的"亲水、爱水、惜水、护水"行为；三要设立水文化研究中心，将水文化教育与培育公民资源道德观念相结合，培育健康向上精神风貌。不断优化人才培养方案，加强美育教育，增加劳动教育，着力提高学生知识能力水平和人文综合素养。

着力形成新型水利人才培养模式。瞄准国家发展战略中的重大涉水问题，聚焦水利工程四方面短板和行业监管六方面领域，加快形成新型水利人才培养模式。一要教学内容新，增设新课程和水利科技前沿讲座，努力使学生掌握多学科知识和新技术；二要方法手段新，推动实施智慧水利建设工作，努力解决高难度、高风险、超复杂等实践教学难题；三要育人平台新，努力开拓优质教育资源；四要教师队伍新，实施中青年教师国外研修计划和教师实践能力提升计划，努力提高教师实践能力和业务综合素养。

坚定不移提升办学水平。坚定不移走内涵式发展道路，坚持质量立校；坚定不移走融入地方和行业发展道路，坚持以贡献求发展；坚定不移走国际化办学道路，坚持开放活校。

不忘初心，方得始终。水利类高校将继续高举中国特色社会主义伟大旗帜，不断传承"情系水利，自强不息"的办学传统，不忘治水兴国之初心，主动融入新时代水利改革发展大潮，着力培养一流水利人才，建设一流特色专业，办好一流水利水电大学，努力为新时代水利事业发展做出新的更大贡献。

扛稳高校服务黄河国家战略的时代使命与责任[①]

2019年9月18日,习近平总书记在郑州主持召开黄河流域生态保护和高质量发展座谈会并发表重要讲话,强调要加强生态环境保护、保障黄河长治久安、推进水资源节约集约利用、推动黄河流域高质量发展、保护传承弘扬黄河文化,让黄河成为造福人民的幸福河,并作为国家战略进行部署。

习近平总书记重要讲话精神为高校主动融入黄河国家战略指明了方向,提供了根本遵循。要深刻理解和准确把握习近平总书记重要讲话精神,不忘初心,牢记使命,担当起高校服务黄河国家战略的时代使命与责任。

一、准确把握黄河流域生态保护和高质量发展的科学内涵

习近平总书记关于黄河流域生态保护和高质量发展的重要讲话,系统阐述了推动黄河流域生态保护和高质量发展的重大意义、指导思想、目标任务、关键举措,深刻阐明了共同抓好大保护、协同推进大治理的一系列重大理论和实践问题,为沿黄地区指明了前进方向、注入了强大动力。思路引领方向,方法决定成效,要从习近平总书记重要讲话、重要论述中找答案、找方法,找准贯彻落实的关键节点。要把握顶层设计这个核心。深入贯彻落实五大发展理念,站位流域层面,加强顶层设计和发展规划,统筹考虑经济发展和生态保护之间的关系,坚持走生态优先、绿色发展之路,使绿水青山产生巨大

---

① 发表于2020年9月18日《光明日报》。

的经济效益、社会效益，最终达到既能保护生态环境又能发展经济的目的，实现"绿水青山"与"金山银山"的有机融合。要把握全域统筹这个重点。生态环境脆弱和资源环境的高负载是流域基本态势，与"水"相关的问题和风险长期存在，要注重黄河流域生态保护和高质量发展战略的全域性、统筹性与协调性，充分考虑在上中下游治理保护各有侧重的前提下，实现源头预防、过程管控、末端治理；加强流域与区域的统筹协调，实现水资源供需平衡和空间均衡，切实做到共同抓好大保护、协同推进大治理。要把握生态保护这个底线。黄河流域水环境问题突出，2018年黄河137个水质断面中，劣Ⅴ类水占比达12.4%，明显高于全国6.7%的平均水平。要加大立法力度，进一步建立健全黄河流域水资源管理体制机制，协调解决好上游、中游、下游之间的用水矛盾，最大限度地发挥流域水资源在经济、社会与生态方面的综合效益，以法治体系保障黄河生态环境；着力补短板、强监管，大力提升监管能力水平，重点加强黄河流域水资源、河湖水域等领域的监管，让母亲河永葆生机和活力。要把握水资源这个最大刚性约束。黄河干流1919—2018年实测多年平均径流量为361.7亿立方米，在气候变化和人类活动双重影响下，黄河径流量近百年来呈显著的持续下降趋势，变化率为-2.26亿立方米/年，人均水资源仅408立方米，约为全国平均水平的1/5，低于国际公认的人均500立方米极度缺水标准，节水优先和严格的需水管理是当务之急。要围绕"以水而定、量水而行"实现对黄河水资源的合理配置和高效利用，把水资源作为最大刚性约束，推动建立与水资源支撑条件相适应的经济社会发展规模和布局，以水定城、以水定产，加快推动用水方式的节约集约化，以水资源的可持续利用支撑经济社会的可持续发展。要把握高质量发展这个追求目标。在国家统筹规划的基础上，黄河流域各省区着力进行体制机制改革，加强统一协调，督促市县抓好项目落实落地，形成沿黄各省区实现生态保护和高质量发展新的动力机制，以完善的治理体系和良好的治理效能，推动黄河流域生态保护和高质量发展行稳致远，让黄河成为造福人民的幸福河。要把握文化传承这个精神动力。系统梳理治黄史，深入挖掘治黄历史中所孕育的不屈不挠的奋斗精神和万众一心的拼搏精神，丰富新时代治黄精神的内涵。坚持"分步推进与重点突破相结合，数据整理与开发转化相结合"原则，运用现代信息技术，围绕黄河物质文化遗产、黄河非物质文化遗产、沿黄古都文化、沿黄红色文化等建设黄河文化数据库，推动黄河文化资源数字化转化，发挥好黄河文化在新时代"黄河大合唱"中的重要作用。

二、找准实现从区域经济高地到高质量发展样板的行动路径

习近平总书记在中央财经委员会第六次会议上指出，推进黄河"几"字弯都市圈协同发展。2020年7月21日，习近平总书记在企业家座谈会上强调，要逐步形成以国内大循环为主体、国内国际双循环相互促进的新发展格局。习近平总书记的重要讲话精神使我们更加坚定地认识到黄河流域生态保护和高质量发展是对接新发展格局的重大国家战略，是繁荣国内经济、畅通国内大循环的重要动力引擎，必须以新思维大视野谋划推进，发挥推动经济社会发展的内生动力作用，实现从区域经济高地到高质量发展样板的腾飞。要构建区域性创新共享机制。黄河流域各省市之间创新要素配置不均衡和创新发展不充分的问题十分突出，要积极探索共建共担共享的区域协调创新发展新机制，以创新促进要素流动与区域间均等化发展；进一步整合资源，搭建基础性创新平台，形成产学研密切联系的协同创新体系，实现基础性研究成果的共研和共享，使得协同创新成为流域发展的动力源泉。要加强体制机制创新。深化以民营经济为重点的市场化改革，充分发挥民营经济在黄河流域创新经济中的主体作用，让民营经济的创造活力充分迸发；进一步落实好简政放权，打破体制机制障碍，让政府扮演好创新"服务者"的角色，努力营造良好的创新创业环境。要促进传统产业改造升级。加强技术研发，通过严格的水环境标准倒逼企业进行技术改造和产业结构升级，构建循环生态的现代工业体系；加快培育和壮大高端装备制造、节能环保、新能源、新材料、生物医药等战略性新兴产业，推动全域经济从传统要素驱动向创新驱动转变，与京津冀、长江经济带、粤港澳大湾区、长三角等一起共同构建影响世界、

引领未来的黄河创新走廊。要积极扩大对外开放。把握区域开放发展的有利形势，通过建设一批特殊经济区、国家承接产业转移示范区等，提升对外开放层次和空间，打造沿黄开放新高地，使黄河流域成为我国创新活力迸发的黄金经济带；加快"走出去"步伐，依托中欧班列和"陆海新通道"，实现与"一带一路"的有机衔接，助推黄河流域融入全球价值链分工体系；要通过"请进来"，以市场衔接、政策互惠、产业协作、人才交流和文化融通为纽带，积极引进高质量的产业、资金、管理、技术、人才，提升黄河流域的创新能力和竞争水平。

三、主动扛稳黄河流域生态保护和高质量发展的使命担当

习近平总书记指出，一分部署，九分落实。高校要紧紧抓住重大战略机遇，坚持"谋划长远"和"干在当下"相结合，坚持"走出去"和"引进来"相结合，扣住生态保护和高质量发展两个关键，在服务国家战略上主动作为。要形成工作合力。黄河流域生态保护和高质量发展需要多学科参与共同贡献智慧，必须树立全校一盘棋的思想，依托博士点和优势特色学科等，整合优势资源，把有限的人力、物力、财力资源汇聚到一起，组建高水平学术团队，构建有利于不同学科领域和方向相互交叉融合的高水平学科，集中力量办大事；明确牵头部门和工作职责，形成上下联动的协同工作机制，发挥各学科主观能动性，创造性地开展工作，做到同向同行、合作共赢，做到一域争光、全局添彩。要凝练学术方向。坚持有所为有所不为，按照"重点突出，兼顾一般"的原则，围绕国家科技部"黄河专项""十四五"重点研发计划、国家自然科学基金项目等进一步凝练研究方向，特别是对沿黄地市的水资源承载力开展研究，通过承载力的核算提出多维调控的水资源可持续利用方案，支持流域的生态保护和高质量发展，真正做到"有多少汤泡多少馍"，而不是规划是个筐，什么都能装。要搭建科研平台。黄河流域的生态保护与高质量发展需要农学、生态学、经济学、地理学、地质学、水文地质等学科专家的共同参与，必须在发挥自身优势的基础上，主动与水利部、黄河

水利委员会、政府职能部门和相关智库对接，形成优势互补的共建格局，联合申报省部级重点实验室，共同搭建高水平科研平台，在服务黄河流域生态保护和高质量发展国家战略上唱响高校声音。要强化人才支撑。黄河流域生态保护和高质量发展，离不开人才的支撑。依托高校办学优势和特色，调整优化人才培养方案，围绕"加强生态环境保护""保障黄河长治久安""推进水资源节约集约利用""推动黄河流域高质量发展""保护、传承、弘扬黄河文化"对人才的需求，实施高等教育供给侧结构性改革，培养方案指准治黄事业落脚点，为新时代治黄工作提供更加有力的人才支撑，为锻造一支拉得出、顶得上、打得赢的治黄铁军贡献高校智慧和力量。要发挥智库作用。服务地方经济社会发展是高校的重要职能，要切实发挥好智库作用，当好地方党委政府的"参谋部"和"智囊团"，在尊重科学、尊重规律的基础上，为党委政府决策提供参考和依据。要切实发挥科学研究优势，融入沿黄各市规划纲要编制工作中，协助省级政府职能部门解决好地市大干快上的规划倾向，以现实水资源承载力和规划实施后水资源承载力为依据，助力地方政府科学合理制定规划纲要，谋划好产业发展布局，真正做到以水定城、以水定地、以水定人、以水定产，合理规划人口、城市和产业发展，倒逼产业结构调整，从根本上推动用水方式由粗放低效向节约集约转变。

以弘扬新时代水利精神拓展特色办学的思考①

2019年，新时代水利精神正式发布。"忠诚、干净、担当，科学、求实、创新"这十二个字既是对中华民族五千年治水精神的传承，也是新时代水利实践创新的需要。作为一所以水利水电为特色的高校，要努力践行新时代水利精神，以"忠诚、干净、担当，科学、求实、创新"打造一流师资队伍、建设一流干部队伍、创造一流办学业绩、培育一流学科、培养一流水利人才、产出一流科研成果，加快建设特色鲜明的高水平水利水电大学的步伐，更好服务新时代水利事业发展需要。

一、打造一流师资队伍是弘扬新时代水利精神的必然要求

习近平总书记强调，让有信仰的人讲信仰。传道者明道、信道是前提和基础。加强教师队伍建设，排在首位的是要求高校教师明立德树人的责任之道，贯彻落实新时代党的教育方针，忠诚于教育事业。作为行业特色鲜明的高校，更要践行"忠诚"这一政治品格，筑牢教育人、水利人的信仰根基，增强为党的教育事业和新时代水利事业服务的责任感和使命感。要认真学习贯彻习近平新时代中国特色社会主义思想和习近平总书记关于教育工作的重要论述，增强"四个意识"，坚定"四个自信"，做到"两个维护"，坚持正

---

① 发表于《中国水利》2020年第5期。

确办学政治方向，牢牢把握立德树人的根本任务，争做有理想信念、有道德情操、有扎实学识、有仁爱之心的新时代"四有"好老师。要深入学习新时代水利精神，将其融入日常学习、生活和工作之中，准确把握核心要义，深化认知，在接受、理解精神上先学一步、学深一层，学出共同的价值理念，学出共同的精神追求，学出教育人的报国初心，学出水利人的使命担当，学出华水人的务实作风。要始终忠诚党的教育事业，全面推动习近平新时代中国特色社会主义思想进教材、进课堂、进头脑，紧紧围绕"培养什么人、怎样培养人、为谁培养人"这一根本问题，把新时代水利精神融入人才培养全过程，筑牢青年学生投身新时代水利改革发展的思想基础，努力培养担当民族复兴大任的时代新人和适应新时代水利事业发展需要的高素质水利人才。

二、建设一流干部队伍是弘扬新时代水利精神的内在要求

"对党忠诚、个人干净、敢于担当"是习近平总书记提出的新时代好干部标准的核心要素。忠诚是为政之魂，干净是立身之本，担当是成事之要，三者相辅相成、有机统一、缺一不可。忠诚、干净、担当同样是干部队伍建设的本质要求，既为领导干部成长指明了努力的目标，也为选用干部、从严管理干部树立了风向标。要做讲政治的楷模，把"旗帜鲜明讲政治"这句话落实落细到具体行动和日常生活中，始终做政治上的明白人、老实人。坚定执行党的政治路线，坚决贯彻党中央的决策部署，全面落实河南省委和水利部党组的工作安排，确保政治与业务、大局与业务融为一体、高度统一，以实际行动诠释对党的忠诚。要做守廉洁的表率，廉洁自律是共产党员的基本要求，能否廉洁自律，最大的诱惑是自己，一旦松了这根弦，就会"一次守不住，次次做让步"。当前，全面从严治党的形势依然严峻复杂，高校也并非一片净土，违反八项规定精神的情况仍然存在，"四风"问题还有变异表现。广大党员干部要严格遵守党的纪律规矩，强化自我修炼、自我约束、自我塑造，时刻自重自省自警自励，自觉净化"朋友圈""社交圈"，自觉抵制教学、科研、管理中的各种"微腐败"，守住底线、不越红线，做到"心不动于微利之

诱，目不眩于五色之惑"，清清白白做人、干干净净做事，永葆清正廉洁的政治底色。中层干部处于"兵头将尾"的关键位置，要做带头干的榜样，要敢于担当，勇于实干，把身先士卒作为优良品质，在大是大非上敢于亮明态度，在矛盾问题上敢于迎难而上，在失败错误上敢于承担责任，在危机时刻敢于挺身而出，对歪风邪气敢于坚决斗争，以"功成不必在我""功成必定有我"的精神境界和责任担当，在发展思路上出谋划策，在狠抓落实上尽职尽责，以干事创业的实际行动践行好新时代水利精神，当好学校新长征路上的"领头雁"。

三、创造一流办学业绩是弘扬新时代水利精神的努力方向

习近平总书记指出，"办好中国的世界一流大学，必须有中国特色""我们要认真吸收世界上先进的办学治学经验，更要遵循教育规律，扎根中国大地办大学"。① 要深入贯彻习近平总书记十六字治水思路，落实"水利工程补短板、水利行业强监管"的水利改革发展总基调，主动投身国家水利水电事业，以一流的办学业绩彰显华水担当。要自觉心系大局，发挥学校科技和人才优势，用好"一带一路"水利水电产学研联盟这个平台，大力促进产学研紧密融合，满足水利事业开展国际合作交流的需要；发挥好"金砖国家大学联盟"创始成员和中方牵头单位作用，深度推进与金砖国家大学的交流与合作，进一步扩展交流内容，创新合作办学模式，不断提升国际化办学水平。要主动融入国家战略，紧紧围绕人民群众对水资源水生态水环境的需求与水利行业监管能力不足的这一主要矛盾，准确把握治水思路调整的新变化，依托水利部水务培训中心和水利行业监管研究中心，组织相关学科和研究机构开展行业培训与理论研究；成立黄河流域生态保护和高质量发展研究院，围绕黄河生态保护与修复、防洪抗旱与防灾减灾、水资源高效利用、河流泥沙治理、湿地保护等领域开展基础性、专业性、应用性研究，在黄河流域生态

---

① 习近平. 青年要自觉践行社会主义核心价值观 [N]. 人民日报，2014-05-05（02）.

保护和高质量发展上唱响华水声音。要服务行业和地方经济社会发展，依托专业优势，主动参与河南"四水同治"和"十大水利工程"建设，与河南水投共建河南水投华水研究院，开展"水资源高效利用、水生态系统修复、水环境综合治理、水灾害科学防治"机制创新研究，承担黄河生态带建设、乡村水利基础设施建设等水利科研任务；依托河南河长学院，以河长制湖长制培训为抓手，切实提升全省各级河长湖长业务水平和工作能力，在河南生态文明建设、乡村振兴中贡献华水智慧。

四、培育一流学科是弘扬新时代水利精神的责任担当

习近平总书记在党的十九大报告中指出，加快一流大学和一流学科建设，实现高等教育内涵式发展。学科建设是高校的龙头，是汇聚师资队伍、培养创新人才、产出创新成果的平台载体。只有把牢学科龙头，以"科学"精神为指引，围绕我国水利改革发展形势的变化来谋划学科发展，才能为人才培养、科学研究、社会服务等提供可持续动力。要紧跟新时代水利事业主要矛盾的发展变化，面向水利事业重大战略需求和科技发展前沿，同时结合区域社会发展的需要，强化顶层设计，以水利工程优势特色学科建设为核心，根据"新工科"的发展需要，对相关学科进行优化集成和重组，促进前沿交叉学科的产生和发展，增列水利事业发展急需的新的学科点，优化学科结构。要加大高层次人才引进力度，结合学科建设的需要及队伍现状，着力扩大师资规模、努力培养卓越教师和学科带头人、大力引进和培养领军人才、全力建设学科团队，营造一支具有国际学术视野、创新能力强、能带领本学科攀登高峰的带头人群体。特别是要抓住"千人计划""万人计划"等国家级人才计划实施的契机，采用按需引进、定向引进等方法，汇聚一批国内外一流的学科领军人才和学术大师，为学科建设提供人才支撑。要加速构建学科大平台，以省部共建为抓手，加快与水利部黄河水利委员会、黄河水利科学研究院联合申报黄河流域水环境水生态水利部重点实验室步伐，充分利用水资源高效利用与保障工程河南省协同创新中心、水利部水工结构重点实验室、

河南省水利环境模拟与治理重点实验室、河南省节水农业重点实验室、河南省农业节水工程技术研究中心等，构建有利于不同学科领域、方向相互交叉、融合的高水平学科和科研平台，为学科建设提供条件保障。

五、培养一流水利人才是弘扬新时代水利精神的根本目的

习近平总书记强调，高校立身之本在于立德树人。我们要始终坚持以人才培养为中心，全面深化教育教学改革，努力培养既有高尚道德情操，又有扎实理论基础，还有广博国际视野，更有卓越实践能力的创新型人才。要以河南省"三全育人"综合改革试点高校为依托，科学谋划立德树人顶层设计，以完善学科体系、教学体系、教材体系、管理体系为载体，以主旋律高扬有力、主渠道畅通有效、主阵地建设有序、主队伍奋发有为为重点，以改革管理体制、创新工作机制、完善评价方法为切口，健全"三全育人"工作体系，提升育人成效。要优化人才培养方案，围绕"水利工程补短板、水利行业强监管"水利改革发展总基调对人才的需求，实施高等教育供给侧结构性改革，培养方案指准水利事业落脚点，为新时代治水工作提供更加有力的人才支撑。要不忘治水兴国初心，学校 68 年的办学历史，就是一部服务于国家水利水电事业的发展史，要深刻感悟华水 68 年来的奋斗历程，不断深化对校史、校情认识，把华水校友铸就的政治过硬、爱岗敬业、务实肯干、敢于担当、无私奉献的优秀品格和"下得去，吃得苦，留得住，用得上，干得好"的特点，融入人才培养全过程，弘扬传承"情系水利，自强不息"的办学精神，在助力新时代水利事业改革发展的道路上不忘华水初心。

六、产出一流科研成果是弘扬新时代水利精神的使命所在

习近平总书记指出，创新是一个民族进步的灵魂，是一个国家兴旺发达的不竭动力，也是中华民族最深沉的民族禀赋。破解水利发展难题的根本出路在科技创新，要增强做好新时代水利科技工作的责任感和使命感，大力开展事关国计民生和水利急需的基础性、战略性、前瞻性问题研究，提高水利

自主创新能力。要围绕水利行业需求，把准水利事业科技创新的突破点，全面落实"水利工程补短板、水利行业强监管"的水利改革发展总基调，进一步凝练研究方向，整合校内外各种资源，全力构建政产学研用"五位一体"的协同创新平台，完善机制、协同联动，把学校的科技创新优势转化为服务水利事业发展的优势，以科技创新成果为水利可持续发展提供坚强有力的支撑和保障。要进一步拓展科研视野，将水灾害、水资源短缺、水生态损害、水环境污染等新老水问题统筹起来解决，而非解决单一的水灾害老问题，进一步明确主攻方向，加强对新时代水利问题核心技术的研究，例如水资源节约统筹、水生态保护修复、水环境科学治理等，在科研的强度、深度和难度上下功夫，把更多资源向这些领域集中，力争产出一批高层次成果。要创新工作机制，着力解决制约科技创新的体制机制问题，建立充满活力的科技创新管理体制和运行机制，弘扬新时代水利精神，形成良好的学术风气和创新氛围，围绕"一带一路"等国家战略，统筹用好国际国内两种创新资源，加快水利科技"引进来""走出去"，不断激发科技创新的内生动力。

新征程呼唤新作为，新使命接续新担当。华北水利水电大学将深入学习贯彻习近平新时代中国特色社会主义思想，牢牢把握立德树人的根本任务，主动扛起治水兴国的时代使命，大力践行新时代水利精神，全面落实习近平总书记调研河南时的重要讲话精神，继续发扬脚踏实地、真抓实干的作风，一步一个脚印把学校各项事业推向前进，为国家水利水电事业发展作出新的更大贡献。

建好新工科　努力开创地方高校建设新局面[①]

工程科技改变世界，工程教育领跑创新。面对新一轮科技和产业革命的蓬勃发展，国际高等工程教育正在加速变革。在我国，高等工程教育地位举足轻重，无论是专业数，还是学生数，均占到了三分之一，已成为新时代国家一系列重大战略实施的重要支撑力量。建设发展新工科，深化高等工程教育改革，形成中国特色、世界水平的工程教育体系，培养更多新型高素质工程科技人才，是深入贯彻习近平新时代中国特色社会主义思想和党的十九大精神，加快建设高等教育强国，助力实现中华民族伟大复兴中国梦的战略性举措，是新时代高等教育改革发展的重要任务。2017年，"复旦共识""天大行动""北京指南"，奏响了我国高等工程教育改革的"三部曲"，为新工科的研究与实践拉开了序幕。2019年4月，教育部联合工业和信息化部、中国工程院出台《关于加快建设发展新工科实施卓越工程师教育培养计划2.0的意见》（以下简称《意见》），进一步明确了新工科建设的总体思路、目标要求和改革任务，是高校开展新工科建设的行动指南。新工科建设已成为我国高等教育改革的大趋势，亦为各级各类高校加快发展提供了大机遇，当然也会提出诸多前所未有的大挑战。地方高校作为我国高等教育的主体，也是我国工程教育的主体，如何在这一轮改革大潮中走出属于自己的道路，发挥更

[①] 发表于《中国高等教育》2021年第2期。

好的作用，做出更大的贡献，是值得深入思考和探讨的问题。

一、充分认识新工科建设的时代价值，自觉增强使命感和责任感

新工科是国家提高竞争实力的战略选择。当前，世界正处在第四次工业革命的浪潮之中，数字技术、物理技术、生物技术有机融合产生的新技术、新业态、新产业和新模式不断涌现。现有商务模式被颠覆，生产、消费、运输和交付体系正在被重塑。其带来的巨大冲击力正引发人类经济社会前所未有的变化，世界各国综合实力的竞争进一步加剧，世界经济政治格局面临深刻调整，可能重塑国家竞争力在全球的位置。习近平总书记在出席2014年国际工程科技大会时强调，"工程科技是改变世界的重要力量，发展科学技术是人类应对全球挑战、实现可持续发展的战略选择"。科技之争、国家竞争，本质上都是人才之争。历次工业革命都会对高等教育产生变革性影响，新一轮高等工程教育变革已势不可挡。正如最新公布的《全球一流工程教育发展现状》报告中所指出的，工程教育进入了快速和根本性变革时期。实施新工科正是国家为了在国际竞争中占据先发优势，主动应对、超前布局，打造世界工程创新中心和人才高地，提升国家硬实力和国际竞争力的战略选择。

新工科是实施国家重大发展战略的客观要求。为实现"两个一百年"奋斗目标，实现中华民族伟大复兴的中国梦，国家启动了创新驱动、"中国制造2025""互联网+""一带一路""黄河流域生态保护与高质量发展"等一系列重大发展战略。国家正处在产业转型升级、新旧动能转换、经济发展由高速增长阶段向高质量发展阶段转变的关键期。人才需求的数量、结构和内容正发生急剧变化。一方面，云计算、大数据、人工智能等新技术人才无论是现实需要还是未来储备，都缺口巨大；另一方面，新产业、新业态、新模式的孕育兴起，急需大量具有国际视野、创新能力和跨界整合能力的新型工程科技人才。"回归工程""再造工程教育""工程教育范式转移"等口号在国际工程教育改革中广受关注，亦对我国工程教育改革产生深刻影响。应运而生的新工科，着力培养适应和引领新一轮技术和产业革命的新型工科人才，必

将成为支撑国家战略实施、新经济发展和现代化强国崛起的基础性力量。

新工科是高等教育加快内涵式发展的内在需要。进入新时代，内涵发展、质量提升成为高等教育发展的主题。习近平总书记强调指出，办好我国高校，办出世界一流大学，必须牢牢抓住全面提高人才培养能力这个核心点。进一步强化工科专业建设，加快推动工科人才培养模式创新，形成更高水平的工科人才培养体系，是新时代高等教育综合改革的重要内容。同时，我国工程教育地位举足轻重，毕业生数量不仅占我国的三分之一，而且占世界总数的38%，已建成世界最大体量的工程教育体系。高等工程教育改革势必具有巨大的示范效应，引领带动高等教育深刻变革，加快实现高等教育内涵发展。

二、把握共性要求，针对服务面向，突出优势特色，着力提升地方高校新型工程科技人才培养能力

新工科建设是我国高等工程教育进入新时代，面向产业、面向世界、面向未来提出的重要行动方案，旨在实现我国工程教育由大到强的根本性转变，从"跟跑并跑"到"并跑领跑"，实现全面超越，是高等院校深化工程教育供给侧改革，全面提高工程教育质量的重要契机。经济社会发展对工程科技人才的需求是多层多样的，各级各类高校办学特点各有不同，"北京指南"明确强调，新工科建设应注重分类发展。地方高校建设新工科，要紧密结合自身办学实际，找准改革切入点，明确改革侧重点，寻求合适的行动路径，才能落到实处，确保成效。不同类型高校建设新工科，在满足新工科建设的共性要求下，一般应遵循针对服务面向、发挥整体优势和突出培养特色三项原则。华北水利水电大学是河南省与水利部共建、河南省重点支持的特色骨干大学，是一所水利水电特色突出，多学科协调发展的工科院校。面对新时代工程教育改革新要求，学校以高度的责任感和使命感，准确识变、科学应变、主动求变，2018年成功获批教育部首批新工科研究与实践项目，并以此为契机，积极探索新工科建设"华水模式"，已取得明显成效。

（一）把握共性要求，明确新工科建设基本内容

准确理解"什么是新工科"，是明确"怎么建新工科"的基本前提。新工科建设是基于新经济快速发展、国家重大战略深入实施、社会主义现代化强国加快建设，迫切需要大批新型工程科技人才的背景而提出的教育改革计划。培养新型卓越工程科技人才是新工科建设的出发点和归宿点。因此，新工科的基本内涵，并非指"新的工程学科"，而是新的工科人才培养。"北京指南"明确提出，新工科建设以"一流人才培养、一流本科教育、一流专业建设"为目标。关于新工科的"新"，主要从两个方面理解。《意见》要求，高校应统筹考虑"新的工科专业、工科的新要求"，可见，所谓"新"，既包括新兴工科专业，还应包括对传统工科专业改造升级后形成的"新型工科专业"。

布局新专业，改造传统专业，是新工科建设的主要内容。《意见》提出的八项重点任务，包括：树立工程教育新理念、创新教学组织新模式、完善协同育人新机制、构建质量保障新体系、健全创新创业教育、深化国际交流合作、强化教师实践能力等，是各级各类高校开展工程教育改革创新的基本行动框架。

考虑到工程技术人才层次和类型具有多样性，新工科人才培养目标不可能完全统一。但与传统工科相比，新工科人才培养通常更加强调产业需求导向，更加注重培养具有创新创业能力、跨界整合能力、高素质的各类交叉复合型工程科技人才。

（二）针对服务面向，做好专业结构优化调整

专业作为人才培养的基本单元，在本科教育中具有基础性地位。"问产业需求建专业，构建工科专业新结构"，是新工科建设的首要任务。建设"新"工科专业，应包括"增量补充"和"存量更新"两个方面，通过布局新专业，同时改造老专业，优化形成新的专业结构。地方高校要紧密结合自身办学定位和发展实际，不可盲目上"新"，更不能止于上"新"，要统筹做好增量优化和存量调整工作，从强化专业特色，发挥专业学科群聚集优势的角度，

统筹平衡专业"上新"与更新。

华北水利水电大学现有工科专业41个，占比超过60%。与综合性大学相比，学科专业相对集中，水利特色鲜明，以服务行业和地方为主，主要培养应用型工程技术人才。据此，学校秉承"少而精，专而深"的原则，主动适应水利行业和地方发展需要，以改造传统专业、建设"新型工科"为主，以创新引领、布局"新兴工科"为辅，同时按照"增一退一"的原则消减余量，不断优化形成工科专业新结构。学校自2018年开始实施专业动态调整制度，陆续停招了交通运输、网络工程两个传统专业，新增了智能制造和人工智能两个新兴专业。同时对水利水电工程、地质工程、能源与动力工程、机械设计与制造工程、环境工程、交通工程、建筑学等传统专业进行升级改造，形成新的培养模式；推动传统专业与物联网、大数据、智能技术等高新技术融合，探索新的专业方向，力求建成有深度、有优势的新型工科专业群。

（三）突出水利特色，实施"工科+"四项改革

新一轮技术革命与产业变革，及其催生的新经济，无不是以创新驱动为重要特征，对工程人员的创新能力提出了更高要求。新形势下传统工程教育面临诸多挑战，必须做出深刻的、系统的变革，而不是局部调整，甚至有学者认为"融合创新"是工程教育的新范式。因此，对于高校新工科建设来说，新专业布局是基础，教育模式创新则是关键。吴岩指出，高等教育创新要理念新、内容新、标准新、方法新。华北水利水电大学在教学方法、教学内容、组织形式、质量评价等方面融入"工科新要求"，着力推动四项"工科+"教学改革，对传统工程教育模式进行系统升级，同时注重融入水利行业新技术、满足水利行业新需要、汇聚水利发展优质资源，进一步强化和彰显人才培养的水利特色。

"工科+新技术"，推动使用数字化、信息化教学新手段。现代信息技术，特别是智能技术，是新一轮技术革命的代表，正在极大地改变人们的生产和生活方式。华北水利水电大学加快开展工程教育信息化、数字化改造，持续推动现代信息技术、智能技术与教育教学"四融合"，包括，与理论教学相融

合，加大在线开放课程建设与应用力度；与实践教学相融合，持续推动虚拟仿真实验教学项目建设与应用；与教材相融合，专项资助新形态教材建设；与教学场景相融合，加快建设智慧教室、录播教室，搭建智慧教学系统平台，着力实现工科课堂数字化、网络化、智能化，以及人才培养个性化。

"工科+新形式"，探索创新型、综合化工科人才培养新模式。解决复杂工程问题能力、创新能力，是新工科人才必备的关键能力，这要求工程教育不断突破传统学科专业界限，更加注重工程实践和多主体协同育人。华北水利水电大学打出"组合拳"，不断创新工程教育教学组织形式。探索交叉融合人才培养模式，自动化、轨道交通信号与控制等多个工科专业实行大类招生与培养，在电气工程及自动化、土木工程等11个专业设立辅修学士学位。推动跨校区人才培养，牵头率先在河南省实行校际学分互认和课程互选。探索本硕研贯通式培养，在我校国家级一流专业建设点水利水电工程、国家级特色专业地质工程成立"汪胡桢实验班"，培养拔尖创新型工科人才。进一步深化校企协同育人，成立水利水电工程专业"卓越计划班"，实行"3+1"校企联合培养；设立多项企业校友奖学奖教金；实行"行业大师进课堂"特聘教师制度；加快筹建与知名企业共建共管的现代产业学院；校企共建高水平实践教学基地，已有5个基地被认定为河南省首批新工科校外实践教育基地等。深化创新创业改革，形成"一总纲、两体系、四保障"创新创业教育模式，将创新创业教育贯穿人才培养全过程；获批河南省大学生创新创业示范基地、河南省高校众创空间、河南省大学科技园等。

"工科+新知识"，不断优化工程教育课程新方案。专业本质上是一系列课程和教学环节的集合体。"问技术发展改内容，更新工程人才知识体系"，打通人才培养"最后一学里"，是培养新型工科人才的必然要求。新工科不是"纯"工科，培养的人才不仅要能解决复杂工程问题，还要面对经济社会问题，以及未来发展问题。更加强调综合化和高素质，是新工科人才培养的重要特征。为此，华北水利水电大学在设计新工科人才培养方案时，着重强调三点。一是，强调融入新技术，及时反映产业发展趋势和科学技术前沿，例如，适应水利行业"补短板、强监管"的治水新思路，课程中增加水资源、水生态、水环境等内容，根据"智慧水利""水利信息化"发展新趋势，增设 BIM 技术有关课程，开发农业智能节水灌溉等虚拟仿真实验教学项目等。二是，强调更多工程实践，进一步提高实践教学占比，加快改善实践教学条件，已建成河南省水利大数据分析与应用工程实验室、河南省水环境模拟与治理重点实验室、河南省水利类虚拟仿真实验教学中心等高水平现代化实验室。三是，强调德学兼修，不断完善素质教育内容。工科学生必修素质拓展学分，引导大学生参加义务劳动，必修艺术教育类、写作类课程；每门专业课必设 1—2 个课程思政教学点，强化家国情怀、工程伦理、社会意识等的培养。疫情期间，我校教师充分利用抗疫素材，结合专业课教学开展爱国主义教育、理想信念教育、生态与生命教育、社会责任感教育、规则教育、爱与感恩教育等，收到了良好成效。

"工科+新标准"，加快形成工程教育质量保障新机制。开展中国特色、世界水平的工程教育，培养具有国际竞争力的工程人才，是新工科教育的重要目标。开展国际实质等效的工程教育专业认证，实现工程教育"新质量"，是新工科建设的又一重要任务。华北水利水电大学坚持质量立校，通过两个方面确保工程教育质量。一方面积极调整专业人才培养方案，全面落实本科专业类教学质量国家标准。另一方面以工程教育专业认证为抓手，全面落实"学生中心、产出导向、持续改进"的先进理念，对照国际质量标准，严格人才培养过程管理，全面提高工程教育质量。学校已将工程教育专业认证列入学校重点工作，明确了时间表，制定了路线图，现已有 9 个专业顺利通过工程教育专业认证。

三、着眼发展全局，服务战略大局，引领带动学校办学水平整体提升

国家从促进高等教育质量提升和内涵发展，加快建设高等教育强国的全局出发，着力推动新工科、新农科、新医科和新文科建设。作为"四新"建

设的重要组成部分，新工科建设具有极强的引领作用和示范价值，为各专业人才培养和学校各方面工作带来新思想、注入新元素、生发新动力。当然，新工科建设也必须以外部生态的适切性改变和学校整体优势的充分发挥为前提，新工科如果仅限于工程教育的局部变革，将不能实现长期的、真正的成功。由此，如何处理新工科建设与学校整体发展之间的关系，以形成良性互动，便成为不可回避且值得关注的问题。华北水利水电大学坚持从本科教育的全局出发，从学校内涵提升的全局出发，从实施行业、地方和国家重大发展战略的全局出发，以新工科建设引领带动学校综合改革不断深化，全面提高人才培养能力和办学治校水平。

（一）以新工科为引领，不断深化专业建设供给侧改革，全面提高人才培养能力

新工科不仅是工程教育的一次变革，还是进一步深化专业建设供给侧改革，全面提高人才培养水平的重要契机。华北水利水电大学充分发挥新工科建设的先锋作用，着力将新理念、新方法、新模式、新标准融入其他专业建设之中，不断对传统的办学理念和办学实践进行反思和调整，促进形成了人才培养新局面。

学校及时出台了《振兴本科教育实施方案》和《一流本科专业建设"双万计划"规划》，强化了顶层设计，聚焦了领导、教师、学生等各方精力和资源投入，明确了建设任务，确保了"以本为本"和"四个回归"的贯彻落实。借鉴新工科建设经验，探索开展新农科、新文科、新商科研究与实践。贯彻综合化的人才培养理念，着力培养德智体美劳全面发展的人。坚持以德为先，全面加强学生思想政治教育，思想政治理论课"三讲四联动"教学改革成果，荣获河南省教学成果特等奖；出台《课程思政建设意见》和《课程思政建设实施方案》，通过建设示范课、修订教学大纲、开展专项研究等多种方式，将课程思政推行到全校每门课程。拓宽综合素养，强化专业交叉、文理相融，尽量打通专业类课程平台，拓宽专业口径；增设《中华水文化》《水利工程概论》两门水利特色通识课程，全校必修；增设艺术学分，全校必修；

打造"法学+水利""外语+工商""数学+金融"等跨学科课程模块。树立以学生为中心的理念，围绕学生志趣和潜能开展教学改革，出台《课堂教学质量提升计划》，提高课程的高阶性、创新性和挑战度，评选本科教学示范课堂，努力打造更多"金课"。着力形成先进的质量文化，出台《基于 OBE 的专业质量监控与持续改进指导意见》，将"学生中心、产出导向、持续改进"的工程教育理念，推广到全校各专业、各门课，内化为所有人共同的价值追求和自觉行动。加强师资建设，通过工程实践锻炼制度，提高教师工程实践能力。强化党的领导，坚持以党的建设高质量促进人才培养高质量，学校入选"全国党建工作示范高校"。

（二）面向行业、面向世界、面向未来，主动融入新战略，加快推动学校内涵式发展

地方高校争创一流，必须具有服务行业、地方，乃至国家重大战略的自信和自觉，善于抢抓重大发展机遇，努力提高教育服务能力和贡献水平。近年来，华北水利水电大学秉持变被动适应为主动引领的发展理念，积极利用行业、地方和国家新发展战略提供的时代机遇与政策平台，进行了一系列卓有成效的改革。

进一步加大服务行业和地方的力度。进入新时代，我国治水主要矛盾发生深刻变化。习近平总书记提出了"节水优先、空间均衡、系统治理、两手发力"新时代治水方针，强调和谐共生、系统治理的治水新理念，要求扭转"重建轻管"等传统做法。"水利工程补短板、水利行业强监管"已成为新时代水利工作的总基调。华北水利水电大学主动适应这一新趋势，紧密结合河南省"四水同治"工作新要求，加强人才培养，着力培养能够应用新技术、新材料、新设备的创新型、复合型水利人才。加强科学研究，组建水利监管研究中心、国家水利风景区发展研究中心等机构，重点开展节水研究、生态理论研究。加强社会服务，成立河南河长学院，提供相关教育培训、技术咨询等服务；获批国家级水情教育基地，开展生态思想宣传和水情教育活动，服务行业和地方的能力不断提升。

进一步加快国际化办学的步伐。新工科是更高层次的开放式教育，学校主动融入"一带一路"教育行动计划，着力培养国际化的水利水电人才，加快推动工程教育"走出去"，为丰富工程教育的"中国经验"贡献华水力量。学校被教育部确定为"金砖国家网络大学"中方高校牵头单位，成立了金砖国家网络大学框架下第一个实体办学机构——乌拉尔学院，设置能源动力与工程等4个工科专业。与马来西亚砂拉越科技大学共建孔子学院和华禹学院，探索"汉语+"国际化人才培养模式。与26家单位联合发起成立"一带一路"水利水电产学研战略联盟，积极开拓"一带一路"沿线国家水利水电相关的人才培养、技术开发和科学研究项目。此外，学校还与多所国外高校开展联合培养项目，实施"中外高水平大学学生交流计划"，是"河南省汉语国际推广水文化体验基地"，国际化办学前景更加广阔。

进一步提高内涵发展的水平。进入新时代，黄河流域生态保护和高质量发展上升为国家战略，为我校提供了千载难逢的重大发展机遇。学校自觉增强服务国家战略的使命感和紧迫感，主动融入，加快发展。强化科学研究，依托水利等优势特色学科，成立河南省首家"黄河流域生态保护和高质量发展研究院"，下设黄河防洪与减灾等4个研究所，深入开展相关科学研究和技术研发，着重开展应用技术研发和科技创新服务。强化社会服务，加强特色高端智库建设，建言献策多次得到省委省政府领导批示；积极参与黄河立法相关工作。强化人才培养，将黄河特色全面融入人才培养各环节。增设水资源学院，筹办黄河学院，优化整合资源，加强相关人才培养力量；增加相关教学内容和实习环节；开设《黄河文化》等公共选修课程，融合黄河传统文化精神和新时代水利精神，开展课程思政。强化文化传承与对外交流，参与"翻译河南工程"，主动讲好黄河故事；与河南省外事办共建"河南省黄河文明翻译研究中心"等，学校办学水平进一步提高。

弘扬红旗渠精神　凝聚决胜脱贫攻坚的强大动力[①]

20世纪60年代，林县县委书记杨贵带领全县人民在极其艰难的条件下，以"重新安排林县河山"的万丈豪情，凭着一锤一钎一双手，用十年之功在巍巍太行的崇山峻岭中修建了一条举世闻名的"人工天河"红旗渠，圆了林县人千百年来的盼水梦，也孕育形成了"自力更生，艰苦创业，团结协作，无私奉献"的红旗渠精神，成为我们党和国家薪火相传的宝贵精神财富。党的十九大报告把精准脱贫作为要坚决打好的三大攻坚战之一，脱贫攻坚工作是一项长期而重大的任务，更是一项崇高而伟大的事业。新时代凝聚决胜脱贫攻坚的强大动力，更加需要大力弘扬红旗渠精神。

始终坚定理想信念。理想信念是共产党人的精神之"钙"，坚定的理想信念是开凿红旗渠的支撑力量。杨贵正是怀着"誓将林县河山重新安排"的坚定信念，在林县一干就是21年。林县的几十万群众怀着对未来美好生活的无限憧憬，发扬一不怕苦、二不怕死的艰苦奋斗精神，在地势险峻、地形复杂的太行山脉，使一条1500公里长的大渠像天河、似巨龙般展现在世人面前。脱贫攻坚工作千难万险，需要我们学习弘扬红旗渠精神，胸怀共产主义的崇高理想，坚定信念，永葆共产党人的昂扬锐气，攻坚克难。

始终坚持解放思想。解放思想要"敢想""敢闯""敢干"，解放思想是开凿红旗渠的支撑力量。红旗渠的建设，从计划的提出到勘察、设计、施工，

[①] 发表于2018年5月30日《河南日报》理论版。

杨贵书记坚持解放思想，实事求是，深入考察研究，发现了漳河是可靠水源，描绘了一张"引漳入林"符合实际的蓝图。脱贫攻坚工作纷繁复杂，需要我们学习弘扬红旗渠精神，解放思想、实事求是、脚踏实地、务实进取，充分发挥民主，加强调查研究，及时解决问题。

始终保持优良作风。红旗渠跨省跨县跨流域引水，劈山填谷，凿壁穿石，工程艰巨，林县的青壮劳力几乎都上过红旗渠工地，县委书记杨贵、县长李贵更是头戴安全帽、肩扛钢钎走在修渠大军的最前列。领导、群众、技术人员同心协力，干部与群众同吃同住同劳动，遇到问题同群众商量。打赢脱贫攻坚战，优良作风是保证，需要我们学习弘扬红旗渠精神，坚持领导带头、形成群雁效应、恪守纪律规矩、传承优良作风，把红旗渠精神转化成干事创业的实际行动，转化成战胜风险挑战的坚强意志，转化成更大的责任担当和更高的目标要求。

始终牢记为民宗旨。在当年极端困难的条件下，"引漳入林"修建红旗渠，就是为了解决群众生产生活面临的严重缺水问题，体现的正是全心全意为人民服务的宗旨意识。能否打好脱贫攻坚战是践行执政为民理念的"试金石"。在脱贫攻坚的主战场上，一刻也不能忘记宗旨意识，需要我们学习弘扬红旗渠精神，把群众的期盼作为第一目标，把群众的满意作为第一标准，倾听群众呼声，了解群众疾苦。说实话、办实事、求实效，更好地福民利民惠民，为人民服务，为人民负责，尽心尽力办好群众盼望解决、亟须解决的事。

始终强化责任担当。杨贵书记在主持修建红旗渠的过程中，带领30万干部群众风餐露宿却斗志昂扬，工具简陋却迎难而上，十年如一日，矢志不渝，81位优秀儿女为了修渠而献出了宝贵的生命，引来了祖祖辈辈用生命守望的幸福之水。脱贫攻坚是当前一项重要政治任务，考验的是各级党员干部的决心、责任和担当，需要我们学习弘扬红旗渠精神，迎难而上、锐意进取、奋发有为，勇于担当、善于担当、敢于担当，特别是要敢于担责、敢于担压、敢于担难。面对矛盾敢于迎难而上，面对危机敢于挺身而出，面对失误敢于承担责任，面对歪风邪气敢于坚决斗争。

深化新时代高等教育评价改革①

教育是国之大计、党之大计。教育评价事关教育发展方向，有什么样的评价指挥棒，就有什么样的办学导向。习近平总书记在参加全国政协十三届四次会议的医药卫生界、教育界委员联组会时强调，要围绕建设高质量教育体系，以教育评价改革为牵引，统筹推进育人方式、办学模式、管理体制、保障机制改革。总书记的重要讲话，体现了更加注重改革的系统性、整体性、协同性，为深化新时代高等教育评价改革指明了努力方向，提供了根本遵循。

改进办学评价，落实立德树人根本任务。习近平总书记在全国高校思想政治工作会议上指出："高校立身之本在于立德树人。"《深化新时代教育评价改革总体方案》针对学校评价，提出坚持把立德树人成效作为根本标准，就是为了回答好培养什么人、怎样培养人、为谁培养人这个重大问题。评价高校的因素越复杂，越要聚焦在育人成效上。要坚定办学方向，把政治规矩、政治纪律作为办学治校的首要标准，增强"四个意识"、坚定"四个自信"、做到"两个维护"，严防在政治方向、价值取向上出现偏差。要强化协同意识，始终牢记为党育人、为国育才的使命，把社会主义办学方向融入思想政治教育、文化知识教育、社会实践教育各环节，贯穿学科体系、教学体系、教材体系、管理体系各方面。要完善育人体系，持续加强党对学校工作的全面领导，把社会主义办学方向内化到高等教育各领域、各方面、各环节，做

---

① 在华北水利水电大学深化教育评价改革推进会上的讲话。

到以树人为核心,以立德为根本,构建全员全过程全方位立德树人的制度体系,培养德智体美劳全面发展的社会主义建设者和接班人。

改革教师评价,履行教书育人第一职责。习近平总书记指出,教师不能只做传授书本知识的教书匠,而要成为塑造学生品格、品行、品味的"大先生"。教书育人是教师的天职,教师应该是以德施教、以德立身的楷模。要把师德师风作为教师评价的第一标准,着力加强教师队伍的理想信念教育,通过开展典型宣传、强化警示教育、深化价值引领、完善评价考核等方式,健全师德师风建设长效机制。要突出教师第一身份,坚决克服重科研轻教学、重教书轻育人等现象,把教书育人的投入与成效作为教师评价的重中之重,推进人才称号回归学术性、荣誉性。要健全教师素质提升长效机制,提升教师自我发展能力,加大对教学业绩突出教师的奖励力度,引导教师潜心教书育人,享受得天下英才而育之的职业幸福。

改进科研评价,助力国家科技自立自强。习近平总书记指出,要创造有利于基础研究的良好科研生态,建立健全科学评价体系、激励机制,鼓励广大科研人员解放思想、大胆创新,让科学家潜心搞研究。高校是科技第一生产力、人才第一资源和创新第一动力的结合点,必须健全以创新能力、质量、实效、贡献为导向的评价体系,引导教师回归研究本质功能和学术初心。要突出质量导向,坚持以能力、质量、贡献评价人才,正确把握教师学术评价中数量与质量的关系,强调学术水平和实际贡献,突出代表性成果在学术评价中的重要性。要坚持分类评价,高校文科、理科、工科和教学型、教学研究型、研究型教师特点各不相同,不同学科、不同岗位的差异性较大,不能一把尺子量到底,尤其基础研究和高技术原始创新等周期长,探索实施代表性成果评价、长周期评价和专门评价等相结合,提高科研评价的科学性。要坚守"四个服务",立足高校科研和人才优势,自觉面向经济社会高质量发展重大需求,从国家急迫需要和长远需求出发,深入开展技术、政策、理论、实践、战略研究,真正发挥外脑和参谋作用,真正致力于解决实际问题,以把论文写在祖国大地上的成效对科研进行评价。

改进学科评价，强化人才培养鲜明导向。习近平总书记指出，拥有一大批创新型青年人才，是国家创新活力之所在，也是科技发展希望之所在。人才培养是学科建设的落脚点和归宿，必须把学科评价标准聚焦人才培养。要突出学科特色，围绕优势学科构建学科体系，围绕产业链部署学科链，围绕创新链集聚人才链，实现学科、产业、创新、人才等链条的有效衔接，以人才培养高质量彰显学科评价的价值导向。要注重学科交叉，随着第四次工业革命的深入演进，专业学科和基础学科之间的界限日渐模糊，推进学科交叉融合，重组、调整学科和专业设置，建设一批交叉学科，将高校的学科地图、专业地图与经济发展的产业地图深层对接，实现人才培养与社会需求的深度对接，在紧贴产业发展方向中彰显学科贡献度。要延伸学科服务，面向经济建设需求，高校与政府、企业共建创新载体，打造一批集人才培养、科技研发、中试平台、实训平台为一体的创新载体；同时依托学科开放高校各类既有创新平台，面向一线需求开展"真问题"的研究，把学科研究成果转化为现实生产力，在服务经济社会发展中彰显学科建设水平。

坚持系统思维 汇聚工作合力
加快建设高质量高等教育体系[①]

2021年,是中国共产党建党一百周年。一百年来,我们在中华大地上全面建成了小康社会。中国的教育事业发生了翻天覆地的巨大变化,取得了举世瞩目的伟大成就,积累了宝贵经验。自改革开放以来,尤其是近20年,中国教育事业的发展步伐明显加快。我们从"跟跑"到"并跑",再到某些领域的"领跑";从"上学难"到"有学上",再到"上好学",人民群众对教育的满意度和获得感日益提升。进入新时代,中央提出了高质量发展和全面建设社会主义现代化国家的目标。实现新发展格局和新的目标需要"高质量教育体系"的支撑。十九届五中全会确定了"十四五"时期和更长时期"建设高质量教育体系"的总体要求,这为高等教育发展指明了方向,提供了根本遵循。中共河南省委书记楼阳生以前瞻30年的目光,把科技、教育、人才放在更加突出的位置,把创新驱动、科教兴省、人才强省战略作为第一战略,可以说,河南高等教育迎来了千载难逢的重大发展机遇。在这里,我想就加快建设高质量高等教育体系谈三点认识与体会,与大家分享。

一、建设高质量高等教育体系,必须准确把握历史方位

我国"十三五规划"提出的教育目标是"全面提高教育质量,促进教育

[①] 在河南省高等教育学会2021年年会上的报告。

公平"。"十四五规划和2035年远景目标"的表述是"建设高质量教育体系"。这一重大变化反映了教育理念的深化和教育发展更高的目标，也标志着高等教育地位和要素新的变化。

——从国家发展坐标看，教育是国之大计，党之大计的地位更加凸显。党中央对教育的重视程度前所未有，对教育的重大意义认识前所未有。特别是党之大计这一重要论断，把教育与党的事业，民族的命运，国家的前途紧紧地联系在一起。今天，没有哪一项事业像教育这样影响甚至决定着国家的长治久安和民族振兴，没有什么比培养社会主义建设者和接班人更重要，没有什么比这方面出问题更危险。

——从现代化建设坐标看，教育对建设现代化强国的支撑作用更加凸显。习近平总书记在清华大学考察时强调，党和国家事业发展对高等教育的需要，对科学知识和优秀人才的需要，比以往任何时候都更为迫切。之前我们经常说是高等教育对经济社会发展起基础支撑作用，现在我们更要强调高等教育支撑引领作用并重，而且引领的分量要加大。本质上讲，综合国力的竞争是高科技产业的竞争，是知识产权保护下自主创新能力的竞争，也是高等教育的竞争，更是人才培养水平的竞争。应对这样的挑战，弥补这样的差距，需要高等教育同综合国力和国际地位相匹配，中国经济社会发展要想迈向中高端可持续发展，最大的红利、最重要的牵引力就是高等教育。高等教育要提供最为需要的人才供给和智力支撑。

——从国际水平坐标看，教育改革开放趋势更加凸显。中国的发展离不开世界，世界的发展同样离不开中国。我们切身体会到，国之交在于民相亲，民相亲在于心相通。心相通的深层基础是文化，关键在教育。今天的中国大学，特别是高水平大学，要开放包容、精诚合作，把教育国际化程度作为自身实力的重要体现，把国际影响力作为衡量办学水平的重要标志。放眼全球，我国高等教育的整体质量、现代化水平以及治理能力与世界发达国家仍有较大差距，需要在更大范围，更宽领域，更深层次加强对外开放，深度参与全球教育治理，谋求各国教育共赢发展。

——从办学体量规模看，高等教育从大众化迈向普及化阶段。中国高等教育2002年进入大众化时期，毛入学率达到15%。2019年，我国高等教育毛入学率达到51.6%，已经进入普及化阶段，2020年达到54.4%。"十四五"规划期间有望达到或超过60%。由于接受高等教育日益成为普遍需要与可能，普及化高等教育阶段，是一个融合精英化、大众化优点，又超乎其上的新阶段，将形成一个更加大众化、更公平和更高质量的新形态。这意味着，高等教育的目标功能、组织形态、结构类型和文化理想等都会产生历史性变化。我们的任务就是很好地理解与应对这种变化。

——从办学结构类型看，高等教育从相对单一结构向多元多样化办学结构转变。随着新一轮科技创新和第四次工业革命加速演进，以大数据、人工智能、5G等为代表的新一代信息技术，催生了大量新知识、新产业、新业态、新模式。随着加快构建以国内大循环为主体、国内国际双循环相互促进的新发展格局成为新的历史任务，高等教育结构调整面临重大挑战与机遇。高等教育要全面深度融入经济社会发展和产业升级，必须适应产业分工从价值链中低端向中高端转变的技术结构和人才需求变化。要着力优化调整高等教育结构，调整高等教育的区域布局，优化区域教育资源配置，推动高校分类管理、分类发展，从"金字塔"转向"五指山"，为产业提质转型、经济社会高质量发展提供人才支撑。

二、建设高质量高等教育体系，必须准确把握发展方向

回顾总结中国教育改革发展的进程，展望未来世界高等教育的发展趋势，新时代高质量高等教育体系至少有六个方面的特点。这些基本特点体现着高质量高等教育体系的发展方向。

——高质量高等教育体系是以立德树人为根本任务的教育体系。高校立身之本在于立德树人。高质量教育体系最显著的本质特征，是以思想引领的"高水平人才培养体系"。任何国家的教育都有意识形态的属性，都有为谁培养人、怎样培养人的问题，这是教育的价值和责任。我们要坚持党对高等教

育的全面领导，坚持社会主义办学方向，用习近平新时代中国特色社会主义思想铸魂育人，为党育人、为国育才，遵循教育规律和人才成长规律，努力构建德智体美劳全面培养的教育体系，把立德树人贯穿到高等教育工作的各领域、各环节，培养社会主义事业的建设者和接班人。

——高质量高等教育体系是以"四为"为根本目标的服务体系。习近平总书记指出，我国高等教育发展方向要同我国发展的现实目标和未来方向紧密联系在一起，为人民服务，为中国共产党治国理政服务，为巩固和发展中国特色社会主义制度服务，为改革开放和社会主义现代化建设服务。"四为"的论断彰显了我国大学的人民立场和政治属性，揭示了大学的办学目标和初心使命，彰显了中国特色社会主义的制度优势。我们要坚持以人民为中心发展高等教育事业，培养社会发展、知识积累、文化传承、国家存续、制度运行所要求的人，提升高等教育服务经济社会发展的能力，不断满足人民日益增长的美好生活需要。

——高质量高等教育体系是以服务国家战略为根本追求的创新体系。创新型人才和科技自立自强是高质量发展的根本支撑。中共河南省委书记楼阳生在省委工作会议上指出，我们比以往任何时候都需要创新、依赖创新，不在创新发展上迎头赶上，就没有出路、没有前途。河南高等教育要紧抓构建新发展格局战略机遇、新时代推动中部地区高质量发展政策机遇、黄河流域生态保护和高质量发展历史机遇，整合资源、攥紧拳头，推进学科学院和专业设置优化配置，统筹布局科研平台、科技资源，把各种创新要素更好地聚合在一起，强化传统优势学科，发展国家战略急需学科，拓展新兴交叉融合学科，使河南高等教育适应知识生产方式变革和国家战略需求，用一流创新生态支撑国家现代化。

——高质量高等教育体系是以建设高素质师资队伍为根本支撑的育人体系。教师是立教之本、兴教之源。高等教育质量归根结底取决于教师素质。全社会尊崇教师，拥有一流的高素质专业化师资队伍，是高质量高等教育体系的显著特征。我们要牢牢抓住师资队伍建设这个"立教之本"，把人才培养引进作为重中之重，更好地吸引人才、培养人才、用好人才，着力构建高水平高校教师教育体系，完善高校教师发展机制，全面提升高校教师师德水平和教书育人能力素质，培养造就一支党和人民满意的高素质师资队伍。

——高质量高等教育体系是以国际交流合作为根本使命的开放体系。习近平总书记指出，要服务党和国家工作大局，统筹国内国际两个大局，提升教育对外开放质量和水平。高校要主动担当起率先对外开放的责任，加强国际合作交流，跟上知识更新的节奏，适应新科技革命和产业革命的需求，顺应全球化时代人才和资源的国际性流动的潮流。要处理好"国际化"和"本土化"的关系，借鉴他山之石，保持和发扬本国教育的独特优势，扎根中国大地办大学，吸引更多具有国际水平的名家名师，汇聚更多具有国际水准的教育资源，创造更多具有国际领先的科研成果，培养更多具有国际竞争力的优秀人才。

——高质量高等教育体系是以深化教育改革创新为根本导向的治理体系。习近平总书记强调指出，改革是教育事业发展的根本动力，必须更加注重教育改革的系统性、整体性、协同性，以改革激活力、增动力。我们要按照习近平总书记提出的"思想再解放、改革再深入、工作再抓实"的要求，坚持运用系统思维，用联系的、发展的、全面的观点来看待和解决高等教育深化改革，加强前瞻性思考、全局性谋划、整体性推进，坚持目标导向、问题导向、结果导向，完善办学治教体系，出台系统集成的制度体系，坚决破除制约高校发展的体制机制障碍，确保该放的放到位、该管的管到位、该服务的服务到位，形成整体大于部分之和的系统效应，推动高等教育治理能力和治理体系现代化。

三、建设高质量高等教育体系，必须充分重视发展路径

建设高质量高等教育体系，需要我们强化全局观念、系统思维、创新意识，找准行动路径，乘势而上求突破、发奋图强开新局。

——建设高质量高等教育体系就要加快构建高质量党建工作体系。充分

发挥党的领导核心作用，是办好中国特色社会主义大学的政治前提。我们要以系统观念抓党建，不断强化党对高校工作的全面领导，构建高质量党建工作体系。要把政治建设摆在首位，在"领航带动"上聚焦用力，充分发挥党委"把方向、管大局、做决策、抓班子、带队伍、保落实"的领导核心作用；创新学院党政共同负责制的实施路径，健全集体领导、党政分工合作、协调运行的工作机制。要持续强化理论武装，筑牢信念基石，深入学习习近平新时代中国特色社会主义思想，构建贯彻落实习近平总书记重要指示批示闭环管理工作机制。要坚守舆论阵地，强化意识形态工作，构建"党委统一领导、党政分工负责、部门齐抓共管"的意识形态工作体系。要强化基层党组织政治功能，在"扎根固盘"上聚焦用力，做好党建标杆院系、样板支部的培育创建工作，总结推广特色经验，形成示范带动效应。健全学校、学院、支部三级联动的工作机制，建立跨行政单位、跨学科专业的基层党支部结对机制，落实校院两级党委领导联系党支部、青年教师、学生制度，加强学校党委对统战工作的领导，增强工会、共青团、学生会等群团组织的政治性，创新群众工作机制和方式方法。要提升干部队伍素质能力，在"塑造变革"上聚焦用力，抓好中层干部队伍，建强领头雁队伍，管好党员队伍，激发干部队伍活力。把紧把严政治标准这个选人用人"硬杠杠"，持续改进完善考评考核机制，树立正确用人导向，注重对"七种能力"的培养和锤炼，建立健全干部激励机制和容错纠错机制，旗帜鲜明为那些敢于担当、踏实做事、不谋私利的干部撑腰鼓劲，最大限度地激发干部干事创业热情。要健全制度体系，在"统领整合"上聚焦用力，优化完善党建领导体制和运行机制，落实党委领导下的校长负责制，建立争先创优机制，推进高校党建工作精准破题、系统性重塑、整体性提升。要做好顶层设计，强化过程监督，明确考核问责，健全责任分解、检查监督、倒查追究的完整链条。

——建设高质量高等教育体系就要加快构建高质量思政工作体系。思想政治教育是彰显党的领导最大优势的根本保证，是推动各项事业发展的根本保证，也是保障高校安全稳定的根本保证。要系统深入地学习总书记关于教育特别是关于高等教育和思想政治工作的重要论述和重要讲话精神，认真贯彻落实中共中央、国务院《关于加强和改进新形势下高校思想政治工作的意见》精神，提升自身素养，厘清工作思路，加快构建新形势下高校思想政治教育工作体系。要提高工作的系统性，全面贯彻落实习近平总书记关于思政工作的重要讲话精神，强化责任落实，夯实保障基础，完善考核评价，从人员、办法、组织等方面注重系统集成、前后贯穿，发挥学院和书院育人主体作用，加强对辅导员、班主任、班导师的工作考核，实现三全育人职责到岗、工作到家、协同到位，提升思想政治教育治理体系和治理能力现代化水平。要提高工作的针对性，加强师生思想政治状况动态分析、科学研判和整体把握，重点掌握总体状况和年度特点，坚持分类指导、精准施策，针对不同人群、不同问题做好思想政治工作。推进思政课实践教学改革，推进课程思政与思政课程协同育人，努力把习近平新时代中国特色社会主义思想讲准、讲活、讲好。要提高工作的有效性，坚持问题导向和目标导向相结合，主动贴近大学生的生活和学习实际，不断增强思想政治工作的吸引力、感染力和针对性、实效性。持续优化育人环境，强化基础设施建设，注重实现对学校自身历史文化的价值传承，探索长效思政育人机制，既要抓重点关键、也要抓细节末端，将好的经验做法形成制度。要提高工作的创新性，坚持与时俱进、开拓创新，用好思想政治课、课程思政、网络思政等载体，把传统优势和创新举措有效结合，注重面对面开展思想工作，同时把握学生新特点新需求，真正把思想政治工作做到学生心里去。

——建设高质量高等教育体系就要加快构建高质量人才培养体系。人才培养需要从注重知识传授转变为知识、能力、素质并重的系统培养，把教育目标从培养学生从事专业岗位的工作能力，转向培养学生在日后职业生涯中作出卓著贡献的潜力。要抓好一流课程建设，以一流本科课程"双万计划"为抓手，持续打造"金课"、淘汰"水课"，提高课堂教学的"抬头率"，教学内容要体现学科发展的前沿、激发学生学习的挑战性，实现知识传授、能力培养和价值塑造相统一，注重提升学生思维表达、培养学生创造力。要构筑一流人才培养"四梁八柱"，坚持"学科建设与本科教学相结合、拓宽基础与强化实践相结合、学会学习与学会做人相结合"的人才培养新理念，以"问题导向，兴趣驱动，能力提升，人格养成"为育人宗旨，围绕人才培养供给侧结构改革，动态调整学科结构和专业体系，着力发展"人工智能+专业""大数据+专业"，推动学科专业结构优化升级，实现培养学生具有扎实宽广的基础理论，专业设置的规划布局能够与时俱进，科学知识与人文素养能够协同发展。要推进人才培养全过程一体化变革，实施本科、硕士、博士培养的系统性、整体性、协同性改进，实施以全过程质量管理为核心的人才培养模式，实现人才培养的纵向衔接与横向贯通，确保本科生要"扎好马步"，硕士生能"登堂入室"，博士生有"一席之地"。

——建设高质量高等教育体系就要加快构建高质量学科建设体系。高质量学科建设体系是事关高校内涵式发展、建设高质量高等教育体系的一项战略性系统性工程，要加强学科发展的系统性谋划，推进学科建设战略谋划和系统布局，优化学科资源配置，深化内涵建设，促进学科建设水平不断提升，统筹考虑学校办学历史传统、未来发展规划、学科发展优势、现有资源条件等关键要素，有计划、有组织、分步骤地推进高水平学科建设，加大重点学科的引才、育才力度，根据学科发展需要，加快建立高水平的学科团队。要建立学科发展的优势先导机制，健全优势学科和主干学科引领式发展机制，以建设优势学科为核心，汇聚优势资源，推进学科建设从高原到高峰转变，构建相互支撑、协同发展的高质量学科体系，做大做强学校优势学科，强化优势学科发展的引导作用，将优势学科作为学校发展的主干学科，紧紧围绕优势学科的发展需要整合资源，推动形成以主干学科为核心、基础学科和支撑学科共同发展的良好学科布局，以聚力推进优势学科的异军突起，带动学校整个学科体系的发展。要构建以需求为导向的学科发展模式，坚持以一流为起点，做到有所为有所不为、有所先为有所后为、有所大为有所小为，探索建立具有多学科特征的研究机构，实现各相关学科间的连通性，着力打造全链条的学科建设体系，要密切关注区域产业发展需求，构建学科建设与区域需求间的动态调整机制,根据区域产业发展需求动态调整学校学科建设布局,瞄准区域重大发展战略及大中型企业的人才需求,紧紧围绕主干学科整合其他相关学科,推进形成面向区域重大需求的学科发展模式局。

——建设高质量高等教育体系就要加快构建高质量科技创新体系。高校是基础研究的主力军和科技创新的主阵地,必须以服务新发展格局和高质量发展为导向,加快构建高质量高校科技创新体系,着力打造国家战略科技力量,建设顶尖学科,通过构建一流平台凝练一流创新课题,通过一流课题汇聚一流人才,产出一流成果,构建高质量科技创新体系。要搭建一流平台,创新平台是集聚创新要素的"强磁场",要瞄准国家重大战略需求和科技发展前沿,重塑创新平台体系,统筹规划、突出重点、超前部署,优化平台的管理体制和运行机制,营造有利于人才培养、科技创新、成果转化的环境条件,提升承接重大科研项目的硬实力,不断提升创新平台的建设水平。要凝练一流课题,瞄准国际研究前沿,聚焦"卡脖子"的关键核心问题,培育一批基础性、战略性、前瞻性科研项目,整合优势资源联合攻关,力争取得一批迭代性、颠覆性、原创性重大标志性科技成果,围绕基础研究重点方向,促进基础研究、应用基础研究和技术创新对接融通,力争实现更多从"0"到"1"的突破。要汇聚一流团队,坚持引培并举,实施更加灵活的人才团队引进政策,加大柔性引才、项目引才力度,支持高端领军人才牵头组建跨单位联合、产学研协同、多学科协同的创新团队,充分挖掘团队成员中的汇聚潜力,支撑创新团队的稳定高效运行,加快突破性创新成果产出。

——建设高质量高等教育体系就要加快构建高质量人才队伍体系。高校是培养人才的摇篮,也是各类人才尤其是高层次人才的聚集地,构建高质量人才队伍体系对增强高校自身"造血机能"、推动人才培养和科技创新、服务社会经济高质量发展有重要意义。高校应当以建立健全多元化科学化人才评价体制机制为突破点,加强服务保障,在打造科技领军人才和创新团队、强化青年拔尖人才培养等方面持续发力,下大气力全方位培养、引进、用好人才,构建高质量人才队伍体系。要多措并举,让人才队伍"大"起来,用活用足现有政策和资源，加大对高层次人才引进力度，优化引进机制，提升引才竞争力，持续固本培元，搭建载体，优化环境，打造人才聚集"强磁场"，提高拔尖人才总量在人才总量中的比重，为高质量人才队伍体系打下"量"的基础。要多管齐下，让人才结构"优"起来，一方面要加强人才队伍的梯度建设，处理好领军人才、拔尖人才和其他人才的关系，使其各尽所能、各得其所，形成了高端人才引领、基础人才扎实的人才队伍结构。另一方面要做好对现有人才能力提升的培育工作，支持和鼓励现有人才以访学、深造、进修等形式，实现对人才潜力潜能的"二次开发"。要多头共进，让人才队伍"强"起来，加大引进人才力度，强化需求导向，围绕"高精尖缺"，坚持因学科之需制宜，精准识才、精准引才、精准用才，既让领军拔尖人才队伍强，也让学科团队整体强，还要让实验技术及保障支撑队伍强。

——建设高质量高等教育体系就要加快构建高质量对外开放体系。从世界维度来看，习近平总书记明确指出，要以文明交流超越文明隔阂、文明互鉴超越文明冲突、文明共存超越文明优越，推动构建人类命运共同体。从中国维度来看，十九届五中全会明确提出到2035年要建成教育强国，这是党中央在新时代对教育提出的新要求。必须看到，教育强国是世界舞台上的教育强国，比拼的是国际水平的科技创新能力和人才培养能力。从大学的评价标准来看，无论是"985""211"还是"双一流"工程，或者是学科评估、学位点增列以及各种大学排名，国际合作与交流水平往往都是十分重要的指标。要拓展国际教育资源，完善以学生为中心的国际化创新人才培养体系，推动高水平双学位或联合培养项目，推进学生国际双向流动与融合学习，培养具有宽广国际视野、通晓国际规则的高素质人才，支持和鼓励教师出国访学、参加研修等，提升师资队伍国际化水平。要优化国际合作体系，深化实施战略合作伙伴发展计划，建立全面战略型、合作紧密型、交流活跃型伙伴关系，站位全球视野与境外高校广泛开展合作，打造高水平国际合作网络，提升国际学术参与度和影响力。要完善国际合作机制，加强留学生招生和培养管理，做大做强做优特色品牌，建立和完善接轨国际、面向未来的支撑保障和服务体系，明晰涉外管理服务和激励约束机制，强化法律保障和风险防范机制，不断提高国际合作的专业化水平。

——建设高质量高等教育体系就要加快构建高质量社会服务体系。扎根中国大地办大学，就是要融入国家战略和地方经济社会发展主战场，既"顶天"又"立地"。对于行业高校，特色发展既是独特优势，也是必然选择，要把服务行业发展作为时代使命、政治责任和价值所在，统筹好供给、需求和贡献的关系。要围绕国家战略需求做"顶天"学问，精心寻求国家需求与高校自身发展的契合点，发挥高校自身学科专业的特色优势，与管理部门、科研院所建立常态化沟通交流机制，建立优势互补、互联互通的合作机制，在服务国家重大战略需求中增大体量、提升质量，提供有效的人才支持与智力支撑。要围绕地方社会发展做"立地"服务，打造政、社、校、企紧密联动的产业服务链，助推区域经济发展，在深度融合中实现合作共赢和高质量发展，构建高质量社会服务体系，一方面要强化校政合作，增强人才服务行业的实用性与实效性，以地方发展需求为导向，建立校政联动机制，搭建平台载体，实现人才培养与服务发展有效衔接，建立全方位人才交流培养机制，建立人才培养和产业发展的双向互通的渠道，依托重大科研项目和工程实践，组织专业相近的博士生、硕士生和本科生深度参与，培养既有扎实基础、又有前沿视角的创新型人才，为服务社会经济发展提供支撑。要围绕行业发展做"贯通"融合，深化产教融合，促进行业企业需求侧和教育供给侧要素有效融合，推动行业企业与学校搭建对接平台，完善校企协同育人的工作平台和运行机制，构建"校企协同"培养方式，鼓励行业企业深度参与人才培养标准制定、教学内容更新和教材编写等，打造"订单+联合"培养模式，使人才培养紧贴社会发展需求，鼓励从行业企业聘请兼职教师参与教学，建设专兼职相结合的专业课教师队伍，着力打造校企协同、优势互补、资源共享的人才培养新模式。探索合作共赢、开放共享的实践育人机制，与行业企业共建实践教育基地，建设高水平实践教学平台。

——建设高质量高等教育体系就要加快构建高质量系统治理体系。习近平总书记指出："治理和管理一字之差，体现的是系统治理、依法治理、源头治理、综合施策。"① 要加强制度创新，提高制度执行力，建立健全系统完备、科学规范、运行有效的制度体系，推动用制度管权、靠制度管人、按制度办事，构建科学民主的决策体系，坚持和完善党委领导下的校长负责制，充分发挥学术委员会、教代会、学代会的功能，建立决策研判机制，完善决策落实的督查机制，要将调查研究、论证分析和跟踪评估作为高校重大决策的必经环节，确保决策的科学性和有效性。要推动形成扁平化管理体制，深化校院两级管理体制改革，加快推进管理重心下移，合理配置校院两级责权、建立清单化的工作推进机制，在"放管服"中优化对学院的支持与服务，不断激活二级学院"中场发动机"的潜能，赋予更多的人事权、财务权、学术权，强化二级学院的目标管理考核，形成二级学院和职能部门协同联动的工作优势，增强二级学院办学的主动性。要注重发挥教育评价改革的"牛鼻子"作用，贯彻落实《深化新时代教育评价改革总体方案》精神，以辩证思维破除"五唯"难题，坚持欲破先立、破中有立、破立结合，健全完善综合评价机制，以"培育一流人才、产出一流成果、发挥一流影响"为导向，做好对文件的废改立工作，着力打造以质量贡献为标准的综合评价体系。

---

① 习近平. 推进上海自贸区建设　加强和创新特大城市社会治理 [N]. 人民日报，2014-03-06（01）.

旗帜鲜明把新时代马克思主义学院建设好[①]

党的十八大以来，党和国家高度重视马克思主义学院的建设和发展。各级各类高校贯彻落实党中央有关要求，加大投入力度、加快建设步伐，马克思主义学院迅速发展起来，各方面工作取得长足进步。日前，中共中央办公厅印发了《关于加强新时代马克思主义学院建设的意见》（下称《意见》），将马克思主义学院置于党和国家事业发展全局的高度加以重视，适逢我国高等教育全面开启高质量发展新征程之际，意义重大，影响深远。然而，与新形势新要求相比，马克思主义学院在科学研究、人才培养、宣传教育等方面的功能发挥还不够充分，人才队伍、设施条件等方面建设不还够到位，引领和示范作用还不够突出，与《意见》要求的内涵式发展目标相比，还存在明显差距。高校要深刻领会、认真研究、积极行动，加快提升马克思主义学院的规范化、科学化和现代化水平。华北水利水电大学多年来切实把马克思主义学院建设纳入学校中心工作，以全国党建示范高校创建为契机，以学科建设为引领，以课程建设为核心，以协同创建为保障，努力打造"三个一流"，旗帜鲜明地推动河南省重点马克思主义学院，初步形成了马克思主义学院高质量建设"华水方案"。

---

① 发表于《中国高等教育》2022年第3期。

一、高举马克思主义伟大旗帜，切实把建好马克思主义学院作为高质量发展的基础性工作

要切实提高思想认识，充分领会新时代加强马克思主义学院建设的战略意义。进入新时代，我国高等教育必须坚定不移走高质量发展之路。习近平总书记 2021 年在清华大学考察时明确强调：我们要建设的世界一流大学是中国特色社会主义的一流大学。我们的高校是党领导下的高校，坚持以马克思主义为指导，擦亮社会主义鲜亮底色，为党和国家事业发展全局做好服务，是新时代我国高校高质量发展的本质内涵和内在要求，更是办好我国高校的独特优势和根本保障。为适应新形势新任务，党的领导只能加强，不能削弱，思想政治工作只能前进，不能停滞。马克思主义是我们立党立国的根本指导思想。如何巩固马克思主义在意识形态领域的指导性地位，是全面加强党建和思想政治工作的核心命题。马克思主义学院作为学习研究宣传马克思主义的坚强阵地，推动马克思主义学院高质量发展势在必行。习近平总书记多次强调，面对百年未有之大变局，高校要从推进伟大事业、建设伟大工程、进行伟大斗争的战略高度，腰杆硬、底气足地把思想政治教育工作贯穿教育教学全过程。高校党委也要从讲政治的高度，切实将马克思主义学院建设摆在重要位置，纳入中心工作，旗帜鲜明地把马克思主义学院建好、管好、办好。

要精准把握实践要求，努力确保马克思主义学院建设任务落地落实。《意见》的发布，为新时代马克思主义学院建设指明了方向、明确了任务、提出了要求，是新时代马克思主义学院高质量建设的行动指南。要深刻领会文件精神，精准把握实践要求，科学遵循马克思主义教育教学规律、学科发展规律和人才培养规律，结合自身办学实际，努力探索科学的、可行的、特色的建设道路。要始终高举马克思主义伟大旗帜，明确职责使命，坚持"马院姓马，在马言马"，努力建成马克思主义学习研究宣传"三位一体"的坚强阵地；要牢牢把握马克思主义学院建设的目标要求，扎实推动马克思主义学院内涵式发展；要进一步明确马克思主义学院内涵式发展的任务内容，切实在强化理论学科建设、思想政治理论课创新、加强宣传教育、加强人才培养等方面下功夫，尤其要把丰富和发展当代中国马克思主义，形成具有强大凝聚力和引领力的、具有中国特色的学科体系、学术体系、话语体系，促进马克思主义中国化最新理论成果进教材、进课堂、进头脑，作为内涵式发展的重中之重；要切实加强组织领导和统筹规划，强化政策体制机制支撑，确保马克思主义学院各项建设工作有序、有效推进。

二、坚持学科引领，努力把马克思主义理论学科打造成孕育思想的一流学科

学科建设是创造知识、孕育思想的基础工作。强化马克思主义理论学科建设，深化马克思主义理论研究，促进思想理论创新，产出一流的马克思主义中国化成果，是当前马克思主义学院加快内涵建设的首要任务。华北水利水电大学紧密结合学校工科为主的办学特色，努力做到"两个确保"，不断将马克思主义理论学科建成校内具有明显优势和鲜明特色的重点学科。

确保发挥学校优势，重点围绕马克思主义中国化的最新理论成果，找准学科方向，持续开展理论探索。马克思主义是科学的理论，具有强大的真理力量。提及马克思主义，人们总会习惯将其与意识形态教育联系在一起，过分关注其政治性与革命性。事实上，宣传倡导统治阶级的思想观念和价值取向，引导民众对之产生政治认同，这些意识形态教育活动是任何社会形态都必然具有的政治功能。尽管如此，人们对马克思主义依然抱有意识形态偏见，不愿意承认其能够解释世界的科学性。通过马克思主义理论学科建设来强化马克思主义的科学性和真理性势在必行。马克思主义又是实践的理论，是在不断发展之中的开放理论。中国共产党人坚持把马克思主义原理同中国具体实际相结合、同中华优秀传统文化相结合，推动马克思主义中国化实现了三次飞跃。加快开展当代马克思主义中国化理论创新研究，为全面建设社会主义现代化国家和实现中华民族伟大复兴提供学理支撑，是新时代马克思主义理论学科内涵建设更加重要的使命。华北水利水电大学是工科为主的水利特色高校，学校充分发挥理工科资源和人才优势，从1996年开始，以解决哲学

的普适性与精确性之间的矛盾为核心问题,在继承传统哲学精华的基础上,吸取自然科学中实验方法和数学方法的优点,原创了新兴交叉学科广谱哲学。25年来,广谱哲学提出了哲学数学化等近百个概念、原理、模型和定理,同时,马克思主义学院围绕新时代建党精神、人类命运共同体等新时代党和国家事业重大时代课题进行了广泛的理论探索,研究成果已经延伸到了经济学、管理学、政治学、运筹学等十多个领域,受到国内学界广泛关注。

确保马学科优先建设,充分发挥示范引领作用,带动学校哲学社会科学繁荣发展。华北水利水电大学党委大力推进马克思主义理论学科建设,把马克思主义学科列入校级特色优势学科进行重点培育,把马克思主义学科列入博士学位授权点申报培育学科进行重点建设,在政策、资金、设备和人员引进等方面给予优先支持。经过长期建设,马克思主义学科建设不断深化,持续迈上新台阶。2006年获批马克思主义基本原理、思想政治教育两个二级学科硕士点,2012年马克思主义基本原理获批河南省重点二级学科,2018年获得马克思主义理论一级学科硕士学位授权点,2019年获批河南省高校哲学社会科学创新团队,2020年获批河南省高校人文社科重点研究基地。马克思主义学科正逐步成长为定位准确、方向明确、优势凸显、特色鲜明的重点学科,为推进学校思想政治理论课创新、马克思主义优秀人才培养、马克思主义研究宣传以及学校哲学社会科学整体繁荣提供了有力的思想引领和学理支撑。

三、坚持育人为本,努力把思想政治理论课打造成立德树人的一流课程

习近平总书记多次强调,思政课是落实立德树人根本任务的关键课程。我们党历来高度重视思想政治理论课建设,在百年发展历程中开设过"马列主义基础""中国革命运动史""党的建设"等思想政治教育课程。尽管这些课程名称不同,但立德树人、培养党的接班人始终是贯穿其中的教育主题和价值导向。《意见》强调指出,思想政治理论课是马克思主义学院坚持用习近平新时代中国特色社会主义思想铸魂育人的主渠道。深化思想政治理论课改

革创新，全面提高教学实效性，是新时代马克思主义学院内涵建设的关键任务。理直气壮办好思想政治理论课，是建好新时代马克思主义学院的主要职责和核心要求。华北水利水电大学多年来紧紧围绕立德树人根本任务，以提升思想政治理论课教学实效性为核心目标，坚持做到"八个相统一"，着力做好"两个增强"，大力推动思想政治理论课在教学方法、组织模式、载体渠道等方面开展一系列改革创新，充分发挥课堂教学主渠道的关键作用，努力为党育人、为国育才。

着力增强思政课教学的思想性和理论性。长期以来人们对思想政治理论课抱有一定偏见，认为思政课教学是可有可无的政治说教，是单纯的意识形态教育，再加上有些教师基础知识薄弱，表达能力不强，教学效果堪忧，思政课立德树人根本任务没有得到较好实现。对大学生进行政治引导和价值塑造，促进学生自觉坚定理想信念，把社会主义核心价值观内化于心、外化于行，是思政课的本质属性，是思政课的基本功能。但是办好思政课，绝不能只有简单的政治宣传和空洞的政治口号，而是要用科学的知识教育、透彻的学理分析做支撑。华北水利水电大学在坚持"八个相统一"办好思政课的具体实践中，着力扭转"思政课不是科学"的错误认识，引导教师"站在政治的立场讲好学术"的同时，更要努力做到"站在学术立场讲好政治"。在课程教学中注重凸显马克思主义理论的科学性，特别是其世界观和方法论的普遍意义和实践价值，用透彻的学理分析说服学生；注重凸显马克思主义理论的知识性，用厚重的历史经验和生动的社会现实吸引学生，让知识性、真理性回归成为高校思政课教学的显著特征。

着力增强思政课教学的亲和力和针对性。思想政治理论课普遍存在的突出问题是，教学重理论轻实践，内容抽象空洞，缺乏针对性；教学方法单一刻板，组织形式传统落后，不能满足学生的新需求新期待，缺乏时代感和亲和力；思政课教学"孤岛化"，只有思政课教师"单兵作战"，难以形成协同效应等。华北水利水电大学聚焦制约思政课的关键问题，从 2010 年开始，历经 11 年，相继推动了"三模块"课堂教学改革、"3+2"教学与考核模式改革、"尚德·鉴史·明理·筑梦"四课联动实践教学改革、"三讲四联动"全员全程全方位育人改革等系列创新举措，逐步形成了"学生愿意学、老师认真教、全校共同办"的良好局面，思政课教学针对性、亲和力明显提升。尤其是在解决理论脱离实践这一关键问题方面，"四课联动"实践教学进行了卓有成效的探索。这项改革从 2014 年开始实施，已连续举办七届，惠及 4 万多名本科生。从课下海选、课堂选拔到初赛预热、复赛角逐和决赛搏杀，每年举办近千场课堂比赛，实现了学生全员参与、全程实践，教师全部动员、全程指导的全覆盖。2017 年开始，学校设立专项经费，充分利用焦裕禄精神、红旗渠精神等本地红色教育资源，建设校外实践教学基地，拓展延伸实践范围，开展更加生动的社会实践考察。2021 年，学校以书院制育人模式改革为契机，借助江淮校区独具的大别山红色教育优势，进行思政专题实践，是学校思政课实践教学模式改革的又一重要成果。

四、坚持一体化推进，努力把马克思主义学院打造成开展思想政治工作的一流阵地

习近平总书记强调，学校思想政治工作不是单纯一条线的工作，而应该是全方位的。建好新时代马克思主义学院，必须坚持系统思维，将马克思主义学院建设纳入学校整体规划之中，纳入思想政治教育工作全局之中，进行统筹规划；必须树立全员全程全方位观念，调动全部要素和资源，构建协同工作大格局。华北水利水电大学始终将马克思主义建设摆在优先位置，通过"三个强化"，加强组织领导和一体化推进，努力构建上下同步、左右一致的工作体系，形成马克思主义学院建设与学校其他工作相互促进、共同发展的良好局面。

强化党的领导。学校多年来坚持实施校领导"四个带头"工作制度，有效落实了学校党委主体责任，切实形成了党委统一领导、党政齐抓共管的工作机制。一是带头推动马克思主义学院建设工作，校党委书记亲自联系马克思主义学院，定期听取汇报、研究部署各项工作；学校党委将建好马克思主

义学院作为有力抓手,列入全国党建示范校创建、意识形态领域等重点工作范畴,经常研究、严格监督、强力推动。二是带头学习宣传马克思主义理论,主动定期为师生、为支部讲党课,经常深入基层宣讲党的方针政策。三是带头推动思政课建设,实施领导干部听课制度,每学期开学第一天,全体校领导必须走进思政课堂,开展听课调研;实施校党委书记联系思政课教师支部制度,定期参加思政课集体备课,进行经常性业务指导。四是带头开展马克思主义理论研究,主动舆论发声,牵头开展高层次科研攻关、承担重大教学研究改革项目、规划布局推动学科建设等,为马克思主义学院优先发展提供了强有力的组织保障。

强化多元协同。《意见》要求,要建立协同育人机制,实现课程思政与思政课程同向同行、日常思政工作与思政课程同频共振。华北水利水电大学通过实施"三讲四联动"思政课教学改革,将传统的课堂教学模式,拓展为"课上老师精讲,课下专家活讲,校园文化常讲"的"三讲"新模式,有效实现了课上与课下、校内与校外的有机联动,形成了多元化思政课教学体系;将马克思主义学院"单兵作战"工作模式,拓展为思政课各门课程间联动、传统教学与新媒体联动、思政课程与专业课程联动、马克思主义学院与职能部门联动的"四联动"工作"大格局",课程思政"双百计划"、MMDX 学习研究会、"华水苇渡"微博矩阵、河南省高校网络思想政治工作中心等,均已成为协同工作的重要平台。

强化支持保障。学校在队伍建设、政策经费、平台搭建等方面持续发力,努力为马克思主义学院快速发展提供有力条件。多措并举,包括严格按照教育部要求,优先引进、足额配置了思政课教师,贯彻落实了党中央有关思政课教师职称评审的"三单独"精神,按照习近平总书记提出的"六要"标准,有计划地开展师资教育培训等,加快提高了思政课师资队伍建设水平。统筹各类资源,加大投入,按照生均 40 元的标准向马克思主义学院拨付建设经费,并按照 1.2∶1 的标准配套了重点马院建设经费,为马克思主义学院快速发展提供了充足的资金保障。拓展省内外优质资源,加强与中央党校韩庆祥团队、水利部发展研究中心、河南省政府发展研究中心、河南省社会科学院等高水平科研平台的合作，面向国家、地区、行业发展重点课题，拓展发展空间，聚集优势资源，已经建成了"黄河流域生态文明研究中心"省级高校重点人文社科研究基地等多个高水平教学科研平台，正逐步形成高质量的发展平台支持体系。